所得税の実証分析

基幹税の再生を目指して

望月正光
野村容康
深江敬志

日本経済評論社

はしがき

　「租税は、国家の創成に加わっただけではない。その後の形成についても与(あずか)っている。租税制度は、その発展が他の器官の発展と歩調を同じくする器官であった。国家は手中にある租税徴収権をもって、私経済に介入し、たえず増大するそれへの支配力を獲得した。そして、租税は、貨幣経済と打算的精神のなお存在しないところに、それらをもちこみ、そして租税を発展させた機構に、形式的な反作用をおこなう。その種類と大きさ［額］を決定するのは社会構造であるが、しかしひとたび生ずると、一つの把手(とって)となって、この構造を変革するために、社会的勢力の利用するところとなるのである。しかし、この観点がどんなにみのりの多いものであるかということは、ここでは、ただ暗示するにとどめざるをえない。」（J. A. シュムペーター著、木村元一訳『租税国家の危機』勁草書房、1951年、61-62頁より転載。）

　個人に対する所得課税は、納税者のさまざまな経済的諸事情を考慮できる直接税であり、また累進税率の適用による所得の再分配が可能であることから、実行可能な税制の中でも「公平」な税であるといわれている。また、歳入面からも、わが国の個人所得税は、戦後ほぼ一貫して最大の構成比率を占めてきたことから、主要な税収をもたらす基幹税として位置づけられている。したがって、個人への所得課税は、現行の租税体系においてなお最も重要な租税であることは言をまたないであろう。

　わが国の戦後税制は、いわゆる「シャウプ勧告」によって形づくられ、その基盤の上に制度改正が重ねられてきた。そして、この勧告において、所得税（厳密には、法人税も含む）が最大の税収源たるべきであり、また所得税がその役

割を果たすよう改革案が提案されたのであった。もちろん、実施された改革内容のすべてがシャウプ勧告に基づいたものでなく、また実現されなかった部分も多かったことは改めて指摘するまでもない。だが、戦後税制の確立期において、わが国の税制がシャウプ勧告を基盤とした所得税中心主義の下で施行されてきたことは否定できない。

しかしながら、わが国の地方税を含めた個人所得税は、昭和40年代以降の度重なる制度改正において、課税最低限の引き上げ、あるいは税率の引き下げやその適用範囲の拡大などを通じて度重なる減税が行われてきた。昭和の末期には、抜本的税制改革と称して、消費税創設による増税と引き換えの形で、過去最大規模な所得税と住民税の減税が実施された。平成に入ってからも、長びく景気の低迷を背景として、累進税率構造の緩和や特別減税・定率減税などを通じて、相次いで所得税・住民税の負担軽減が図られてきた。その結果、わが国における個人所得税の負担水準は、諸外国と比べて極端に低くなっており、近年、その財源調達機能と所得再分配機能の低下に対する懸念が強まっている。

こうした個人所得税の負担軽減は、資産所得課税の改定という経路を通じても行われてきた。シャウプ税制の成立後、時を置かずに利子所得や配当所得などが一部、非課税あるいは低率の源泉分離課税が適用されたほか、土地等の譲渡所得についても申告分離課税、株式等の譲渡所得に至っては原則非課税とされるなど、さまざまな形態の資産所得に対する課税の局面において、シャウプ税制が基盤とした総合所得税から大きく乖離するようになったのである。とりわけ、申告所得税については、土地等の譲渡所得に対する分離課税の導入とその後の軽減税率適用による影響が大きく、2度にわたって「ボトム効果」とわれわれが呼ぶところの、再分配効果の顕著な低下をもたらしている。

また、平成19年には、地方分権推進の目的から、いわゆる「三位一体改革」の一環として国から地方への3兆円の税源移譲が実現するなかで、個人住民税は10％に比例税率化される一方で、国税の所得税についても累進税率構造の見直しが図られた。この税源移譲にともなう税制改正によって、これまで税制の再分配機能の一部を担ってきた地方住民税の役割が後退することが予想される。

本書は、このような今日までの個人所得税の変遷について、これを基本的な財源調達および再分配機能の側面から実証的に明らかにすることを目的とした研究書である。本書がこうした視角からの分析を行うのも、今後のわが国における中長期的税制のあり方を展望する際、何よりも基幹税としての所得課税がその政策効果の点で、これまで現実にどのように機能してきたかを客観的なデータに基づいて検証する作業が不可欠であると考えたからである。そうした意味で、本書は、これまで試みられることの少なかったこの種の実証分析を通じて、今後の税制改革、とりわけ所得税改革に向けた議論のための基礎的材料を提供することを意図している。

　この目的に沿って、本書は3部、全7章から構成される。以下、簡単に本書の内容を要約しておく。第Ⅰ部（第1章～第2章）では、個人所得税の財源調達機能の観点から、近年におけるわが国所得課税ベースの動向について検討する。第1章では、93 SNA による『国民経済計算』等のマクロ統計を用いて、所得税の課税ベースを推計している。ここで推計の対象ないし目標としたのは、①要素所得のみ、②発生主義に基づいた包括的所得、③実現主義に基づいた包括的所得、の3つの課税ベースである。推計の結果、要素所得の課税ベースが1990年代を通じて130～160兆円程度といくぶん安定的に推移してきたのとは対照的に、発生キャピタル・ゲイン（ロス）を加えた包括的所得課税ベースの年度間の動きは激しかった。一方、株式の実現キャピタル・ゲインを加えた所得課税ベースは、この間における資産価格の急激な変動にもかかわらず比較的安定的に推移していることが確認された。これは、主として、税負担の軽減が得られる損失相殺がきわめて限定的であったこれまでの株式譲渡益課税制度の下で、納税者がキャピタル・ゲイン（ロス）実現の均霑化を図った結果であるとみられる。これらの事実は、キャピタル・ロスの控除を資本所得に限定する二元的所得税の考え方が、税収の安定性という観点から今後の所得税改革における一つの有力な指針となりうることを示唆している。

　第2章では、第1章での推計結果を基礎にして、現行所得税を二元的所得税に転換した場合、税収中立の仮定の下で、勤労所得と資本所得にどのような負

担の変化が生じるかをシミュレーションにより検討している。その際、課税対象となる資本所得の範囲を、① 利子・配当等の要素所得のみ、② ①に実現キャピタル・ゲインを加えたもの、③ ②に帰属家賃等を加えたもの、の3つに分け、それぞれのケースにおいて、現実の所得税収を維持しながら資本所得に対する税率を一定の水準に設定した場合に、勤労所得にかかる実効税率がどの程度になるかを推計した。その結果、資本所得に対する税率を20％に設定することによって、勤労所得にかかる実効税率は、現行所得税の課税所得全体に対する負担率よりも低下する可能性が高いことが明らかとなった。また、課税ベースを安定的に維持しながら勤労所得に対する負担増を回避するためには、帰属家賃への課税が所得税政策における重要な鍵となることが示唆された。

第Ⅱ部（第3章～第5章）では、税制の再分配機能の観点から、わが国個人所得税の再分配効果を実証的に明らかにする。第3章は、税務統計データに基づき、国税の申告所得税の再分配効果について検証している。本書の分析上の特徴として、再分配効果の定量的評価にあたっては、主としてその要因分解が容易なタイル尺度を採用していることがあげられる。これにより、申告所得税全体の再分配効果を所得者別・所得階層別に把握するとともに、税率に起因する部分（税率効果）と控除に起因する部分（控除効果）に分解することが可能となる。

分析により、申告所得税全体の再分配効果が長期的に低下傾向にあるなかで、昭和44年～50年および昭和62年～平成3年における効果は急激な低下（ボトム効果）をともなうことが明らかとなった。こうした再分配効果の動きに対しては、所得者別には譲渡所得者を含む「その他所得者」の効果が、また所得階層別には高所得階層の効果が、それぞれ同時に強い影響を及ぼしており、とりわけ2度のボトム効果は主に高所得階層における税率効果の急激な低下によって生じている。これら2度にわたって税率効果の急落をもたらしたのが土地譲渡所得課税の変更であるとみられる。すなわち、これらの期間、長期譲渡所得に対する分離比例課税の導入が申告所得税全体の再分配効果を大幅に低下させたものと推察されるのである。

第4章は、地方所得税の実態の一端を明らかにする目的から、市町村民税所得割の再分配効果について、第3章と同様の手法を用いて分析している。その結果、所得税と同様、市町村民税も再分配効果を有しており、その効果は申告所得税の約30～40％に及ぶことが示された。市町村民税全体の再分配効果に対しては、高所得階層の影響が強くなっているほか、控除効果と比較して税率効果の寄与度が大きかった。また、平成に入って以降、市町村民税全体の累進性が低下傾向にあるが、これには、通常の税率構造のフラット化だけでなく、分離課税の対象となる土地等の長期譲渡所得に対する税率引き下げが影響したとみられる。

　第5章は、道府県民税を含む個人住民税の再分配効果について改めて検討し、個人所得税全体の再分配政策における個人住民税の位置づけを明らかにしている。それによると、これまで道府県民税の再分配効果は、その税率構造の相対的に低い累進性が反映され、市町村民税の効果の2分の1程度で推移してきている。一方、市町村民税については、分析の対象期間において、再分配面での国税の源泉所得税に対する相対的重要性が高まってきている。そうした状況の下で両者の再分配係数に有意な負の相関が認められたことから、住民税のフラット化が実現する以前の市町村民税は、国と地方を通じた個人所得税全体の再分配政策のなかで、国税所得税の果たすべき機能の一部を補完する役割を担ってきたものと考えられる。

　第Ⅲ部（第6章～第7章）では、引き続き税収効果と再分配機能の観点から、平成19年度の国から地方への税源移譲をともなう税制改正について検証する。第6章は、このときの地方住民税のフラット化が地方税収とその再分配効果に対してどのような影響を与えたかについて、それまでに実現された所得分布を所与として、これに新たな税制が適用されたとした場合の仮想的な効果を分析している。

　シミュレーションの結果、まず税収面では、こうした地方住民税の10％へのフラット化が住民税全体として、その課税所得に対して2.2～2.5％分の増収効果をもたらすことが示された。一方、分配面では、このときの改正によって地

方住民税の再分配効果は2分の1に低下し、その低下の主要な部分が市町村民税による税率効果の減退によって生じることが予測される。分配面での変化は、税源移譲前と比較した場合、課税標準額が120万円以下の階層における再分配効果の上昇と同120万円超の階層における再分配効果の低下という形であらわれる。こうした結果から、平成19年の税源移譲は、地方住民税の公平性を大きく損なうと予想されるが、同時に税率フラット化の側面は、より効率的な所得課税を実現するとともに、住民税を本来の負担分任原則に近づけるものになると評価される。

　第7章では、第6章でのフラット化による住民税の再分配機能の後退を受けて、税源移譲後における国税所得税の再分配効果について検証する。税源移譲をともなう国と地方を通じた所得課税の改革が個人レベルでの分配中立を意図して行われたことから、これにより現実に国税所得税の再分配機能が強化されたかどうかは重要な問題となるからである。

　分析により、改正が行われた平成19年において国税としての源泉所得税および申告所得税の再分配効果はともに高まっていることが確認された。所得階層別の効果をみると、源泉所得税については、「より高い所得階層ほど再分配効果が大きくなる」というように、改正による限界税率上昇の影響が顕著にみられた。しかし、申告所得税については、そうした傾向が所得1,200万円までの低中所得階層であらわれるものの、1,200万円超の高所得階層では認められなかった。この点は、このような高所得階層での限界税率上昇によるプラスの再分配効果が、土地譲渡所得等に適用される低率の分離比例課税の作用を通じて逆進的な負担構造が強まったことによるマイナスの効果によってほぼ相殺されたためであるとみられる。これらの結果は、所得の高い階層ほど分離課税の対象となる譲渡所得の実現を操作する余地が大きくなることから、所得税の最高税率引き上げを通じた再分配の強化にはある程度の限界が存在することを示唆している。

　以上のとおり、本書では、財源調達機能と再分配機能の両観点から、わが国における個人所得税の実態に数量的に接近することを試みた。しかし、これら

の作業を通じて、われわれは必ずしも今後の所得課税のあり方について明確な結論を導出するには至っていない。それは、われわれの研究がもっぱら所得税の課税ベースやその再分配効果の変化を定量的に把握することを主眼としたもので、その分析視覚と範囲がきわめて限定的であると考えるからである。その意味で、本書は、「所得税の実証分析」という大きなテーマを目標とした研究の通過点にすぎず、なお多くの問題を含んでいることを率直に認めなければならない。それらの中でも、特に基本的なものは以下の点である。

第一に、所得税の課税ベースや再分配効果の変化に関して、所得控除、税額控除、税率構造の改定といった所得税制や住民税制との対照などによる要因分析が必ずしも十分でないことである。今後の個人所得税のあり方を探究していくという政策的観点に立てば、例えば個別の非課税所得や再分配係数の変動について、その背後にある制度変更、さらにはわが国の社会経済情勢との関連性を含めてより精細に検証する必要があるだろう。この点、本書での背景説明は、個々の現象を生じさせた要因のいくつかを一つの可能性として示したにすぎない。

第二に、第一の点と関連して、再分配効果の評価にあたって、課税が所得分配に与える直接的な作用の部分だけを問題にしていることである。しかしながら、所得への課税は、周知のように家計の労働供給や貯蓄行動の変化を通じて課税前の所得分配にも無視できない影響を及ぼす。いわゆる課税の効率面に与える効果である。そのため税制の再分配機能を適正に評価するには、実証的に非常に困難な課題であるとはいえ、それが課税前の分配に与えるミクロ的な効果をもあわせて推定しなければならない。

第三に、本書において所得税の課税ベースや再分配効果を推計する際に、所得の種類による捕捉率の違いは一切考慮に入れていない（すべての所得について100％の捕捉率を想定している）。だが、「クロヨン」という言葉に象徴されるように、各種所得間で捕捉率が異なり、とりわけ事業所得と譲渡所得では過少申告の可能性は否定できないと考えられる。現実にそのような過少な申告所得を前提とすれば、当然ながら所得税の課税ベースは過少に推計されることに

なるし、所得税の再分配効果は過大に評価されやすくなるだろう。

以上のような問題に接近するには、本書におけるような、税務統計という限られた集計データに基づいた分析のみでは明らかに不十分であり、少なくともミクロの個票データ等を活用した、より精緻で多角的な解析が必要になると考えられる。これらの点については今後の課題としたい。

なお、本書の各章は、われわれがこれまで6年間に発表してきた一連の共同論文に大幅に加筆・修正を加えたものである。そのため、当然ながら、各章の分析に際して使用した資料・データはすでに最新ではなく、基準年次も改訂されているものもある。しかし、各章の基礎となる資料・データは、その時点でのわれわれの問題意識の背景となっていることから、データの更新はあえて行わず、初出論文と同じ分析期間のままで掲載することにした。掲載を許可していただいた関係機関の方々には感謝申し上げる。

本書はわれわれ3名による共同研究の成果であるとはいえ、このような形で本書を取りまとめることができたのも数多くの方々のおかげである。まず初期の研究成果について学会（日本財政学会、日本地方財政学会）、研究会等で報告を行った際には、毎回、討論者の先生をはじめとして、多くの諸先生方から有益なコメントと助言を頂戴した。また、公益財団法人日本証券経済研究所には、主催する証券税制研究会を通じて論文発表の機会をいただいた。特に、2003年12月に開催されたこの研究会での報告がわれわれの共同研究の契機となった。

本書の基礎となる研究に対して、日本学術振興会科学研究費補助金（基盤研究（C）、課題番号19530293）による助成を受けることができた。さらに、地方住民税の研究に際しては、総務省自治税務局市町村税課より、関連する詳細な資料を提供していただいた。ここに記して関係各位に謝意を表したい。

最後に、出版事情が厳しい昨今にあって本書の刊行をご快諾いただいた日本経済評論社には深く感謝申し上げる。同社の谷口京延氏には遅筆の著者3人による原稿の提出を辛抱強く待っていただいたうえ、校正に際して一方ならぬお

力添えを賜った。刊行の遅れをお詫びするとともに、心からお礼を申し述べたい。

 2010年5月

著者一同

初出一覧

第1章　「マクロ統計による所得課税ベースの推計（上）」『証券経済研究』第45号、財団法人日本証券経済研究所、2004年3月、19-31頁。
　　　　「マクロ統計による所得課税ベースの推計（下）」『証券経済研究』第46号、財団法人日本証券経済研究所、2004年6月、197-212頁。

第2章　「二元的所得税のマクロ推計」証券税制研究会編『二元的所得税の論点と課題』財団法人日本証券経済研究所、2004年6月、175-208頁。

第3章　「わが国における所得課税の再分配効果──タイル尺度に基づく実証分析──」『証券経済研究』第59号、財団法人日本証券経済研究所、2007年9月、57-81頁。
　　　　「申告所得税における所得者別・所得階層別の再分配効果」日本財政学会編『格差社会と財政──財政研究』第3巻、有斐閣、2007年9月、123-141頁。

第4章　「市町村民税における所得階層別・種類別の再分配効果」『地方財政』第45巻第6号、地方財務協会、2006年6月、166-191頁。

第5章　「個人所得税の再分配政策──市町村民税所得割を中心として──」日本地方財政学会編『地域経済の再生と公・民の役割』勁草書房、近刊予定。

第6章　「地方住民税のフラット化による税収予測と再分配効果」『地方財政』第47巻第2号、地方財務協会、2008年2月、241-257頁。

第7章　「『三位一体改革』による所得課税の再分配効果」『経済系』第242集、関東学院大学経済学会、2010年1月、51-61頁。

目　　次

はしがき　i

初出一覧　x

第Ⅰ部　わが国所得税の課税ベースの動向

第1章　マクロ統計による所得課税ベースの推計 …………… 3

Ⅰ．はじめに　3

Ⅱ．要素所得課税ベースの推計　4

　1．推計方法　5

　2．要素所得課税ベースの区分　12

　3．推計結果　12

Ⅲ．発生キャピタル・ゲインおよび
　　ロスを加えた所得課税ベースの推計　18

　1．推計方法　18

　2．発生キャピタル・ゲインおよびロス　21

　3．発生キャピタル・ゲインおよびロスを加えた所得課税ベース　23

Ⅳ．株式キャピタル・ゲインの推計　25

　1．実現キャピタル・ゲイン　25

　2．発生キャピタル・ゲイン　29

　3．実現キャピタル・ゲインを加えた所得課税ベース　34

Ⅴ．むすび　37

第2章　二元的所得税のマクロ推計 ……………………………… 41

　　　Ⅰ．はじめに　41
　　　Ⅱ．二元的所得課税ベースの推計　42
　　　　　1．推計方法　42
　　　　　2．推計結果　44
　　　Ⅲ．二元的所得税の下での平均実効税率の推計　49
　　　　　1．推計方法　49
　　　　　2．推計結果　50
　　　Ⅳ．むすび　58

　　第Ⅱ部　わが国所得税の再配分効果

第3章　申告所得税における所得者別・所得階層別の
　　　　再分配効果 ……………………………………………… 65

　　　Ⅰ．はじめに　65
　　　Ⅱ．分析方法　66
　　　　　1．ジニ係数　66
　　　　　2．タイル尺度　67
　　　　　3．グループ内タイル尺度とグループ間タイル尺度　69
　　　　　4．税率効果と控除効果　72
　　　Ⅲ．分析結果　74
　　　　　1．全体の効果　74
　　　　　2．所得者別の効果　76

3．所得階層別の効果　86
　Ⅳ．むすび　94

第4章　市町村民税における所得階層別・種類別の再分配効果　101

　Ⅰ．はじめに　101
　Ⅱ．分析方法　102
　　　1．所得階層別の分析　102
　　　2．所得種類別の分析　103
　Ⅲ．分析結果　105
　　　1．全体の効果　105
　　　2．グループ内タイル尺度とグループ間タイル尺度　108
　　　3．税率効果と控除効果　113
　　　4．所得種類別の効果　116
　Ⅳ．むすび　125

第5章　個人所得税の再分配政策
　　　　――地方住民税所得割を中心として　129

　Ⅰ．はじめに　129
　Ⅱ．地方住民税全体の再分配効果　130
　　　1．推計方法　130
　　　2．市町村民税と道府県民税の概観　132
　Ⅲ．市町村民税の再分配効果　133
　　　1．課税方式別の全体効果　133
　　　2．税率効果と控除効果　135

Ⅳ．道府県民税の再分配効果　142
　　　　1．税率効果と控除効果　142
　　　　2．制度的背景　143
　　Ⅴ．国税所得税との比較　145
　　　　1．所得税の概観　145
　　　　2．地方住民税の相対的重要性　146
　　　　3．地方住民税と所得税との関係　148
　　Ⅵ．むすび　150

　　第Ⅲ部　三位一体改革による税源移譲の効果

第6章　地方住民税のフラット化による税収予測と
　　　　再分配効果 …………………………………………………… 155

　　Ⅰ．はじめに　155
　　Ⅱ．基本モデル　156
　　Ⅲ．フラット化の税収予測　159
　　　　1．分析方法　159
　　　　2．分析結果　161
　　Ⅳ．税源移譲による再分配効果の変化　164
　　　　1．分析方法　164
　　　　2．分析結果　164
　　Ⅴ．所得階層別にみた再分配効果の変化　168
　　　　1．分析方法　168
　　　　2．分析結果　169
　　Ⅵ．むすび　172

第7章　税源移譲後における所得税の再分配効果 …………… 175

Ⅰ．はじめに　175

Ⅱ．税源移譲前後における再分配効果の変化　177

Ⅲ．税率効果と控除効果　178

Ⅳ．所得階層別の効果　179

　1．源泉所得税のケース　180

　2．申告所得税のケース　181

Ⅴ．最高所得階層における効果　183

　1．階級別の平均税率　183

　2．分離課税の効果　187

Ⅵ．むすび　190

索　引　193

第Ⅰ部　わが国所得税の課税ベースの動向

第1章　マクロ統計による所得課税ベースの推計

I. はじめに

　本章の目的は、わが国の所得税の課税ベースをマクロ統計（93 SNA による国民経済計算）によって推計することである。推計の対象は、①要素所得課税ベース、②発生キャピタル・ゲインおよびロスを加えた包括的所得課税ベース、③実現キャピタル・ゲインおよびロスを加えた包括的所得課税ベースである。3つの所得課税ベースの推計からわが国の所得課税ベースの動向を把握し、望ましい所得課税ベースの選択について分析することを意図している。

　すでに、Park [1996]、Park [1998] は、①要素所得課税ベースについて、マクロ統計である経済分析局（BEA）の国民所得推計とミクロの統計である内国歳入庁（IRS）の調整総所得（AGI）推計を比較検討し、両者のギャップを AGI ギャップとして明らかにしている。また、Slemrod and Bakija [1996] は、マクロ統計である BEA の国民所得推計を基礎として、IRS の AGI から得られる各種の控除等を除くことによって、要素所得課税ベースを推計し、家計部門の要素所得に対する比率が低位に止まることを示している。森信・前川 [2000]、森信・前川 [2001] は、わが国の要素所得課税ベースについて、Slemrod and Bakija [1996] とほぼ同様の分析を行い、わが国の要素所得課税ベースがアメリカに比較して、社会保障制度の課税上の相違や大きな諸控除制度等によってさらに狭められていることを明らかにした。

　その後、UN [1968] に基づく68 SNA は大幅に見直されて、UN [1993] による93 SNA に改訂された[1]。その際、93 SNA では、発生キャピタル・ゲイ

ンおよびロスを実質保有利得および損失としてマクロ的に推計することを勧告し、わが国でも『平成13年度版国民所得経済計算年報』から公表されている。これにより、②発生キャピタル・ゲインおよびロスを加えた包括的所得課税ベースの推計が可能となり、③実現キャピタル・ゲインおよびロスを加えた包括的所得課税ベースの推計との比較が可能となった。

　本章の構成は、以下のとおりである。まず、Ⅱにおいて、要素所得課税ベースについて、93 SNAに基づいて改訂された『国民経済計算年報』と税務統計を用いることによって、わが国の要素所得課税ベースを推計する。Ⅲでは、発生キャピタル・ゲインを加えた包括的所得課税ベースについて、93 SNA基準に従って推計する。その結果、発生キャピタル・ゲインおよびロスを加えた包括的所得課税ベースの場合、損益通算制度が重要な役割を果たすことを示す。また、最近議論されている二元的所得税の課税ベースの考えに従い、損益通算を財産所得に限定した場合の所得課税ベースについても推計する。Ⅳでは、実現キャピタル・ゲインおよびロスを加えた包括的所得課税ベースについて分析する。ただし、分析の焦点は、発生キャピタル・ゲインおよびロスがどのように実現しているかに置かれており、代表的な資産である株式の実現キャピタル・ゲインおよびロスの推計に限定している。最後のⅤで、本章で明らかにされた結果を要約することでむすびに代える。

Ⅱ．要素所得課税ベースの推計

　本節における要素所得課税ベースの推計は、森信・前川［2001］を参考とし、93 SNAにおける「家計部門の受け取り」から「個人の収入として課税ベースに算入されないもの」、「制度上非課税扱いとして収入に加算されないもの」、「課税対象とならない社会保障」および「所得控除」を控除することにより要素所得課税ベースを平成2年から平成12年までについて推計した。さらに、各年において推計された要素所得課税ベースを勤労所得および資本所得に区分して把握した。以下、要素所得課税ベースの推計方法について説明する[2]。

1. 推計方法

(1) 家計部門の受け取り

「家計部門の受け取り」については、93 SNA 制度部門別所得支出勘定の家計における第1次所得配分勘定の「営業余剰・混合所得（純）」[3]、「雇用者報酬（受取）」および「財産所得（受取）」、ならびに所得の第2次分配勘定の「現物社会移転以外の社会給付（受取）」および「その他の経常移転（受取）」の合計額とした。

(2) 個人の収入として課税ベースに算入されないもの

「個人の収入として課税ベースに算入されないもの」については、93 SNA 制度部門別所得支出勘定の家計における第1次所得配分勘定の「営業余剰（持ち家）（純）」を用いた。

93 SNA においては、従来までの営業余剰のみの概念から、家計部門においては、新たに混合所得という概念が導入された。そのため、93 SNA の家計部門については、68 SNA の営業余剰が、家計部門の持ち家分のみを明示する「営業余剰」と賃金・俸給の受取という形式をとらない家計（個人企業）の経済活動ベースの営業余剰・混合所得から持ち家分を差し引いた残差である「混合所得」に区分される。したがって、推計では、帰属家賃に対する課税は日本では行われていない点を考慮し、「個人の収入として課税ベースに算入されないもの」として「営業余剰（持ち家）（純）」を「家計部門の受け取り」から控除した。なお、データの制約上、現物給付等のフリンジ・ベネフィットは推計にあたり考慮していない。

(3) 非課税扱いとして収入に加算されないもの

「非課税扱いとして収入に加算されないもの」については、93 SNA 制度部門別所得支出勘定の家計における第2次所得配分勘定の「その他の経常移転（受取）」および『国税庁統計年報書』に記載されている「老人等非課税・財形

貯蓄非課税分支払額」、「その他非課税分支払額」を用いた。

　93 SNA における「その他の経常移転（受取）」は、「非生命保険金」と「他に分類されない経常移転」に分けられる。非生命保険とは、68 SNA に基づくわが国の体系において「損害保険」と呼ばれていたものであり、93 SNA においては、生命保険以外のすべてのリスク（事故・疾病・火災等）を網羅する概念である。93 SNA において「非生命保険金」は、家計に対する社会給付の形での支払いを除く、当該会計期間中に支払うべきものとなった保険金の決済で支払われる金額と定義されている。また、「他に分類されない経常移転」には、家計間の仕送り・贈与金等の経常移転取引が含まれる。

　「老人等非課税・財形貯蓄非課税分支払額」には、老人等の郵便貯金の利子非課税のほか、老人等の少額預金利子等の非課税、老人等の少額公債利子の非課税、勤労者財産形成住宅貯蓄の利子等の非課税および勤労者財産形成年金貯蓄の利子等の非課税が含まれる。また、「その他非課税分支払額」としては、公共法人等および公益信託にかかわる非課税のほか、納税準備預金の利子非課税および金融機関等の受ける利子に対する源泉徴収の不適用等がある。

(4) 課税対象とならない社会保障

　「課税対象とならない社会保障」について、ここでは給付にかかわる分を「課税対象とならない社会保障1」、拠出にかかわる分を「課税対象とならない社会保障2」と区分して推計を行った。「課税対象とならない社会保障1」については、93 SNA 制度部門別所得支出勘定の家計における第1次所得配分勘定の「雇用者報酬（受取）」の内訳項目である「雇主の現実社会負担」、第2次所得分配勘定の「無基金雇用者社会給付」、「社会扶助給付」および『国民経済計算年報』の「一般政府から家計への移転の明細表（社会保障関係）」の記載項目である「社会保障給付」のうち公的年金部分を除いたものの合計額を用いた。

　「雇主の現実社会負担」とは、雇主による社会保障基金（医療・年金等）および民間金融機関である年金基金に対する負担金のことである。「雇主の現実社会負担」は、さらに雇主の強制的現実社会負担」と「雇主の自発的現実社会

負担」に区分される。「雇主の強制的現実社会負担」には、組合の健康保険、児童手当制度等の社会保障基金が含まれ、「雇主の自発的現実社会負担」には、厚生年金基金、勤労者退職金共済機構等の年金基金が含まれる。

「無基金雇用者社会給付」には、雇主による公務災害補償や労働災害に対する見舞金の支払等のほか、68 SNA において「その他雇主負担」として雇用者所得の一部を構成していた退職一時金分も含まれる。「社会扶助給付」は、社会保険制度の枠組みの中で給付でなく、政府部門（中央政府、地方政府）または対家計民間非営利団体が家計に対して支払う社会給付を指し、政府による生活保護、恩給、公費負担の医療給付分の支払等が含まれる。

「社会保障給付」のうち公的年金部分を除く理由は、制度上、公的年金等は雑所得として課税対象となるからであり、後述するように公的年金等にかかわる課税ベースから控除が認められている。「社会保障給付」のうち、厚生年金、国民年金、船員保険のうち年金給付、共済組合のうち長期経理および年金基金を公的年金部分として控除した。

「課税対象とならない社会保障2」については、『税務統計から見た民間給与の実態』（以下、『民間給与』と省略する）および『税務統計から見た申告所得税の実態』（以下、『申告所得』と省略する）に記載されている社会保険料控除額を用いた。なお、本稿では、社会保険料控除を公的年金にかかわる保険料とそれ以外に区分している。区分方法は、『家計調査年報』の「1世帯当たり年平均1カ月間の収入と支出」に記載されている「公的年金保険料」と「それ以外の保険料」の割合で社会保険料控除を按分し区分した[4]。

(5)「所得控除」

「所得控除」について、本稿では所得税法にて定められる所得控除のうち、経費的性格を有する控除を「所得控除1」および人的控除等を「所得控除2」と区分して推計を行った。

A.「所得控除1」について

「所得控除1」については、「給与所得控除」、「公的年金等控除」および「退職所得控除」を考慮した。以下、各控除の推計方法について説明する。

①給与所得控除

給与所得控除額の算定については、『民間給与』にその実額の記載がないため、『民間給与』における給与所得者数、給与総額および各年における給与所得控除額の算定式から当該控除の総額を推計した。具体的には、まず、給与階級ごとに給与総額を給与所得者数で除することにより平均給与額を算定する。次に、給与所得控除額の算定式から、平均給与額のもとでの給与所得控除額を給与階級ごとに算定する。最後に、給与所得控除額に、当該給与階級の給与所得者数を乗じ、給与階級ごとの総給与所得控除額を算定し、その総和を求めることにより給与所得控除の総額を推計した。

②公的年金等控除

公的年金等控除額の算定については、『申告所得』にその実額の記載がないため、『申告所得』における「公的年金等収入階級別表」および各年における公的年金等控除額の算定式から当該控除の総額を推計した[5]。具体的には、公的年金等収入階級ごとの平均公的年金等収入額を算定し、その平均収入額に公的年金等控除額の算定式を適用することにより、階級ごとの控除額を算定する。そして、その控除額に当該階級の人員を乗じ、階級ごとの総公的年金等控除額を算定し、その総和を求めることにより公的年金等控除の総額を推計した。

③退職所得控除

退職所得控除額の算定については、税務データに実額での記載がないため、本稿では、『申告所得』、『民間給与』、『国税庁統計年報書』および各年における退職所得控除額の算定式から当該控除の総額を推計した。具体的には、まず、退職所得控除額の算定方法を基礎とした以下の算定式に基づき、給与所得者における退職所得控除額を算定する。

ここで、退職所得控除額を x、収入金額（税込み）を A、所得税率を B、退職所得にかかわる源泉徴収税額を C とすると算定式(1)が与えられる。

$$\left\{(A-x) \times \frac{1}{2}\right\} \times B = C \tag{1}$$

算定式(1)を x について解くと算定式(2)が導かれる。

$$x = A - \frac{2C}{B} \tag{2}$$

収入金額（税込み）および退職所得にかかわる源泉徴収税額は、『国税庁統計年報書』の記載事項である。また、所得税率については、データの制約上、退職所得を得ている者の所得税の平均税率を算定し用いている[6]。算定式(2)に各年の収入金額（税込み）、所得税率、退職所得にかかわる源泉徴収税額を代入することにより、給与所得者における退職所得控除額が算定される。

次に、申告所得者における退職所得控除額は、算定式(2)で求めた退職所得控除額を、退職所得を得た給与所得者の人員で除し、給与所得者にかかわる1人当たりの退職所得控除額を算定する。その1人当たりの退職所得控除額に退職所得を得た申告所得者の人員を乗じることにより、申告所得者における退職所得控除額が算定される。

最後に、給与所得者および申告所得者それぞれの退職所得控除額を合計し、総退職所得控除額を算定する。

B.「所得控除2」について

「所得控除2」については、「雑損控除」、「医療費控除」、「小規模企業共済等掛金控除」、「生命保険料控除」、「損害保険料控除」、「寄付金控除」、「障害者控除」、「障害者特別控除」、「老年者控除」、「寡婦控除」、「特別寡婦控除」、「寡夫控除」、「勤労学生控除」、「配偶者控除」、「配偶者特別控除」、「扶養控除」および「基礎控除」を考慮した。以下、各控除の推計方法について説明する。

①雑損控除

雑損控除については、『申告所得』にその実額が記載されており、その額を用いた。

②医療費控除
　医療費控除については、『申告所得』にその実額が記載されており、その額を用いた。

③小規模企業共済等掛金控除
　小規模企業共済等掛金控除については、『民間給与』および『申告所得』にその実額が記載されており、その額を用いた。

④生命保険料控除
　生命保険料控除については、『民間給与』および『申告所得』にその実額が記載されており、その額を用いた。

⑤損害保険料控除
　損害保険料控除については、『民間給与』および『申告所得』にその実額が記載されており、その額を用いた。

⑥寄付金控除
　寄付金控除については、『申告所得』にその実額が記載されており、その額を用いた。

⑦本人控除（障害者控除、障害者特別控除、老年者控除、寡婦控除、特別寡婦控除、寡夫控除、勤労学生控除）
　本人控除については、『民間給与』および『申告所得』に当該控除の対象となった実人のみが記載されている。したがって、本稿では各年における控除額に、実人を乗じることにより総控除額をそれぞれ算定している。

⑧配偶者控除

　配偶者控除については、『申告所得』にはその実額が記載されている。しかしながら、『民間給与』には、控除対象配偶者の実人のみが記載されている[7]。したがって、ここでは各年における控除額に、実人を乗じることにより総控除額を算定し、『申告所得』との合計額をもって配偶者控除の総額としている。

⑨配偶者特別控除

　配偶者特別控除については、『民間給与』および『申告所得』にその実額が記載されており、その額を用いた。

⑩扶養控除（一般扶養控除[8]、特定扶養控除、老人扶養控除、同居特別障害者）

　扶養控除については、『民間給与』および『申告所得』には、当該控除の対象となった実人のみが記載されている。したがって、ここでは各年における控除額に、実人を乗じることにより総控除額をそれぞれ算定している。また、各扶養控除の同居特別障害者分について、『申告所得』には、各扶養控除の内訳項目として記載されているが、『民間給与』については、同居特別障害者数の総額が記載されているのみで、各扶養控除の内訳項目としての記載はない。したがって、本稿では同居特別障害者の総数に各年における控除の加算額を乗じることにより、同居特別障害者控除加算分を総額で別掲している。

⑪基礎控除

　基礎控除については、『申告所得』にその実額が記載されており、その額を用いた。また、『民間給与』に関しては、基礎控除に関する直接的な記載がない。したがって、『民間給与』における給与所得者数に各年における控除額を乗じることにより総控除額を算定し、『申告所得』との合計額をもって基礎控除の総額としている。

2. 要素所得課税ベースの区分

要素所得課税ベースに発生主義に基づくキャピタル・ゲインおよびロスを加味した所得課税ベースの推計を次節にて行う。そのために、要素所得課税ベースを勤労所得と資本所得に区分する必要がある。なぜなら、キャピタル・ゲインおよびロスは土地・株式等の財産から発生するものであり、当然それは資本所得に加味されなければならないからである。また、課税ベースの構成要素たる両者を区分することにより、発生主義に基づくキャピタル・ゲインおよびロスを加味した所得課税ベースの変化要因を探ることも可能になる。

資本所得は、93 SNA の「家計部門の受け取り」のうち「混合所得」に含まれる資本所得分と「財産所得」の合計額として把握される。「混合所得」に含まれる資本所得分は、93 SNA（ストック編）の家計の期末貸借対照表勘定の「生産資産」に国債流通利回り（長期国債10年物）の年平均利率を乗じて推計した。その推計額と93 SNA の「財産所得」の合計値をもって、要素所得課税ベースのうち資本所得分としている。また、勤労所得は、要素所得課税ベースから資本所得分を控除することにより算定している。

3. 推計結果

ここでは、要素所得課税ベースの推計結果を検討する。表1-1は、上記の推計方法に従って算定された、平成2年から平成12年における家計部門の受け取り、家計部門の受け取りから控除される項目および要素所得課税ベースの推計金額ならびに要素所得課税ベースの家計部門の受け取りに対する割合を明示している。また、表1-2は、平成12年における家計部門の受け取りに対する各項目の割合をより詳細に示している。

まず、93 SNA ベースでの家計部門の受け取り金額をみると時系列的に増加傾向にある。平成2年と平成12年を比較すると387兆円から449兆円へと増加しており、その増加率は16.0%となっている。

次に、要素所得課税ベースは、平成2年から平成4年においては拡大傾向に

あり、その増加率は20.2%である。その後、平成4年から平成7年までは比較的安定的であるが、平成7年から平成8年にかけて9.1%の増加率で増大し、平成8年から平成12年にかけては、減少傾向にあり－9.6%の変化率を示した。

　また、要素所得課税ベースの家計部門の受け取りに対する割合は、要素所得課税ベースの金額とほぼ同様な推移を示し、平成8年が36.9%と最も高く、平成3年が32.4%と最も低い割合であった[9]。

　すべての期間を通じて、家計部門の受け取りが増加傾向にあるのに対して、要素所得課税ベースは平成8年以降において減少傾向にある。これは、家計部門の受け取りから課税対象として除外される各項目がこれ以降全体として増大傾向にあることを物語っている。

　要素所得課税ベースおよび家計部門の受け取りから控除される各項目の家計部門の受け取りに対する割合をみてみよう。控除項目の中では、課税対象とならない給付にかかわる社会保障および経費的控除の性格を有する所得控除が高い割合で推移しており、平成12年におけるそれぞれの割合は、18.6%および16.6%であった。それらの内訳は、課税対象とならない給付にかかわる社会保障のうち社会保障給付（公的年金を除く）が7.2%、雇主の現実社会負担が7.0%と高く、経費的控除の性格を有する所得控除のうち給与所得控除が13.5%と高い割合であった。また、非課税扱いとして収入に加算されないものの割合が平成3年から平成8年にかけて18.4%から8.3%へと大きく減少しており、特に、老人等非課税・財形貯蓄非課税分支払額およびその他非課税分支払額の減少が影響しているといえる。

　次に、要素所得課税ベースを勤労所得と資本所得に区分し、平成2年から平成12年における両者の推移を示したのが図1－1である。要素所得ベースの課税所得、勤労所得および資本所得金額の各年のバラツキ度合いを示す変動係数をみると、要素所得ベースの課税所得は0.066、勤労所得は0.210および資本所得は0.281という値を示した。変動係数の値からは、要素所得ベースの課税所得は非常に安定的であるのに対し、資本所得は不安定であることが理解できる。

　さらに、各課税所得の伸張性を検討するために、各課税所得の推移の傾向線

表1-1 要素所得課税ベースの

			平成2年	平成3年
A	新SNAでの家計部門の受け取り	家計部門の受け取り	386,821	418,674
		うち営業余剰・混合所得（純）	41,240	45,631
		うち雇用者報酬	230,572	248,744
		うち財産所得	50,393	56,069
		注：営業余剰・混合所得から控除された支払利子の金額	6,073	7,040
a1	個人の収入として算入されないもの	営業余剰（持ち家）（純）	19,101	20,616
a2	非課税扱いとして収入に加算されないもの	その他の経常移転	20,147	22,036
		うち非生命保険金	2,234	2,638
		うち他に分類されない経常移転	17,914	19,398
		老人等非課税・財形貯蓄非課税分支払額	13,376	10,117
		その他非課税分支払額	27,723	44,903
a3	課税対象とならない社会保障1	雇主の現実社会負担	22,488	24,267
		うち雇主の強制的現実社会負担	19,145	20,574
		うち雇主の自発的現実社会負担	3,343	3,693
		無基金雇用者社会給付	11,563	12,678
		社会扶助給付	6,545	6,820
		社会保障給付（公的年金は除く）	19,492	20,648
a4	課税対象とならない社会保障2	社会保険料控除	14,830	16,252
		うち公的年金等保険料	—	—
		うちその他の保険料	—	—
b1	所得控除1	給与所得控除	46,330	48,744
		公的年金控除	2,780	2,664
		退職所得控除	7,992	9,247
b2	所得控除2	雑損控除	3	4
		医療費控除	199	211
		小規模企業共済等掛金控除	337	374
		生命保険料控除	1,873	1,997
		損害保険料控除	116	120
		寄付金控除	34	37
		障害者控除	140	153
		特別障害者控除	98	107
		老年者控除	1,186	1,194
		寡婦控除	115	122
		特別寡婦控除	98	100
		寡夫控除	18	20
		勤労学生控除	11	10
		配偶者控除	5,026	5,044
		配偶者特別控除	4,478	4,470
		一般扶養控除（含年少扶養控除）	8,572	8,283
		特定扶養控除	3,135	3,414
		老人扶養控除	2,092	2,151
		同居特別障害者加算分	95	95
		基礎控除	15,953	16,264
C	課税所得	課税所得	130,876	135,514
	割合（%）		33.83	32.37

推計結果

(単位：10億円)

平成4年	平成5年	平成6年	平成7年	平成8年	平成9年	平成10年	平成11年	平成12年
428,694	435,625	436,676	441,561	444,120	452,509	453,092	449,154	448,627
49,967	51,828	52,858	50,627	51,676	52,166	53,162	52,873	50,013
257,028	262,740	267,768	272,560	276,983	284,513	281,784	277,157	279,617
51,982	48,601	41,089	38,600	35,484	32,239	31,882	30,494	29,643
6,600	6,075	5,581	5,057	4,213	3,461	2,899	2,608	2,381
22,446	24,630	25,848	26,544	27,329	28,219	28,623	29,351	30,166
23,170	22,931	23,313	23,676	23,191	23,828	23,902	23,783	23,569
2,771	3,244	3,047	2,932	2,844	2,851	2,935	3,052	3,226
20,399	19,687	20,265	20,744	20,347	20,977	20,967	20,732	20,343
7,024	8,086	9,155	7,093	3,202	1,853	1,533	1,443	5,976
29,966	28,159	22,619	20,489	10,259	15,046	17,176	17,636	12,019
25,628	26,507	27,088	28,755	29,769	31,333	31,926	31,478	31,549
21,595	22,105	22,501	24,091	24,920	25,840	25,931	25,617	25,770
4,033	4,402	4,587	4,665	4,850	5,494	5,995	5,861	5,778
10,616	11,221	10,708	11,583	10,185	11,114	11,231	11,569	12,066
7,062	7,234	7,487	7,930	8,076	8,341	8,133	8,248	7,403
22,364	23,542	24,931	26,433	27,607	27,780	28,117	29,395	32,339
17,030	17,646	18,488	19,954	20,838	21,803	22,082	21,591	21,969
—	—	—	12,839	13,475	14,114	14,270	13,902	13,863
—	—	—	7,116	7,363	7,689	7,812	7,689	8,106
50,148	51,869	53,193	55,722	57,490	60,758	61,775	60,758	60,605
2,867	2,921	2,990	3,107	3,413	3,734	2,855	3,715	3,788
8,565	9,303	9,780	11,022	9,066	10,787	11,038	10,402	9,930
5	3	4	4	2	4	5	1	3
223	215	204	218	232	246	217	236	244
394	420	409	406	452	439	420	426	450
2,090	2,193	2,254	2,308	2,392	2,395	2,301	2,346	2,294
125	131	130	139	144	147	137	140	137
34	32	32	42	27	37	31	32	31
151	144	148	139	137	133	115	146	121
107	107	111	123	127	116	100	127	126
1,358	1,462	1,592	1,612	1,674	1,520	1,271	1,509	1,529
125	118	96	110	102	95	93	91	78
101	103	101	102	107	113	113	129	121
24	19	14	18	16	21	17	19	23
13	16	14	16	17	16	17	19	15
5,102	5,320	5,470	5,792	5,825	5,917	5,619	5,796	5,757
4,440	4,695	4,614	5,122	5,015	4,619	4,345	4,610	4,473
8,095	7,938	7,714	8,182	8,229	8,151	7,830	9,171	7,606
3,253	3,567	3,188	3,684	3,689	3,697	4,094	4,217	4,054
2,245	2,218	1,835	2,314	2,440	2,374	2,214	2,190	2,188
106	109	72	115	123	119	125	143	125
16,493	16,911	17,093	18,658	19,130	19,166	18,609	19,906	19,841
157,323	155,855	155,982	150,150	163,815	158,587	157,029	148,531	148,034
36.70	35.78	35.72	34.00	36.89	35.05	34.66	33.07	33.00

表 1-2 要素所得課税ベースの推計（平成12年）

(単位：10億円、%)

家計部門の受け取り	448,627	100.00
うち営業余剰・混合所得（純）	50,013	11.15
うち雇用者報酬	279,617	62.33
うち財産所得	29,643	6.61
注：営業余剰・混合所得から控除された支払利子の金額	2,381	0.53
個人の収入として算入されないもの	30,166	6.72
営業余剰（持ち家）（純）	30,166	6.72
非課税扱いとして収入に加算されないもの	41,564	9.26
その他の経常移転	23,569	5.25
うち非生命保険金	3,226	0.72
うち他に分類されない経常移転	20,343	4.53
老人等非課税・財形貯蓄非課税分支払額	5,976	1.33
その他非課税分支払額	12,019	2.68
課税対象とならない社会保障1	83,356	18.58
雇主の現実社会負担	31,549	7.03
うち雇主の強制的現実社会負担	25,770	5.74
うち雇主の自発的現実社会負担	5,778	1.29
無基金雇用者社会給付	12,066	2.69
社会扶助給付	7,403	1.65
社会保障給付（公的年金は除く）	32,339	7.21
課税対象とならない社会保障2	21,969	4.90
社会保険料控除	21,969	4.90
うち公的年金等保険料	13,863	3.09
うちその他の保険料	8,106	1.81
所得控除1	74,323	16.57
給与所得控除	60,605	13.51
公的年金控除	3,788	0.84
退職所得控除	9,930	2.21
所得控除2	49,215	10.97
雑損控除	3	0.001
医療費控除	244	0.05
小規模企業共済等掛金控除	450	0.10
生命保険料控除	2,294	0.51
損害保険料控除	137	0.03
寄付金控除	31	0.01
障害者控除	121	0.03
特別障害者控除	126	0.03
老年者控除	1,529	0.34
寡婦控除	78	0.02
特別寡婦控除	121	0.03
寡夫控除	23	0.01
勤労学生控除	15	0.003
配偶者控除	5,757	1.28
配偶者特別控除	4,473	1.00
一般扶養控除（含年少扶養控除）	7,606	1.70
特定扶養控除	4,054	0.90
老人扶養控除	2,188	0.49
同居特別障害者加算分	125	0.03
基礎控除	19,841	4.42
課税所得	148,034	33.00

第1章　マクロ統計による所得課税ベースの推計　17

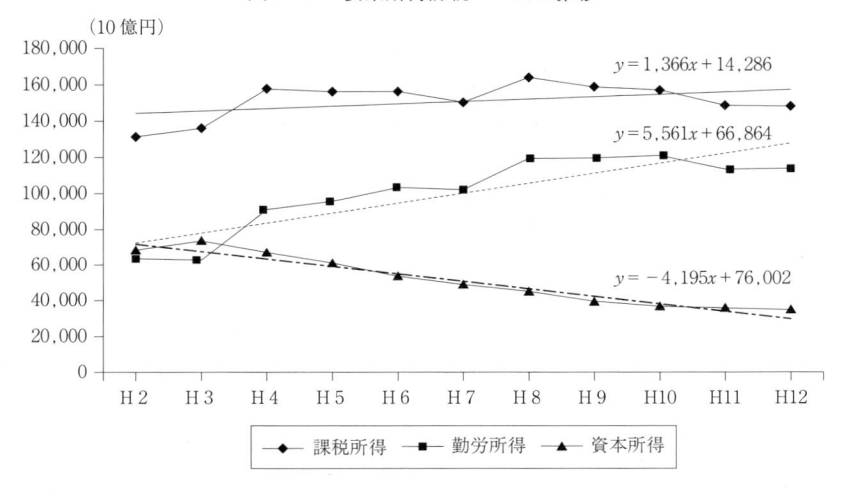

図 1-1　要素所得課税ベースの推移

(10億円)

$y = 1,366x + 14,286$

$y = 5,561x + 66,864$

$y = -4,195x + 76,002$

H2　H3　H4　H5　H6　H7　H8　H9　H10　H11　H12

◆ 課税所得　■ 勤労所得　▲ 資本所得

の傾きをとると、要素所得ベースの課税所得は1,366、勤労所得は5,561および資本所得は-4,195であった。伸張性について、要素所得課税ベースにおいては相対的に安定した伸びを示している。しかしながら、その構成要素たる勤労所得と資本所得の伸張性をみると、勤労所得については高い正の伸張性を有しており、平成2年から平成12年までの伸長率は80.5％であった。一方、資本所得について、その額はバブル崩壊後下落しており、平成2年と平成12年を比較するとその変化率は-49.4％であった。

以上の点から、分析を加えた平成2年から平成12年において、安定性に関して、勤労所得と資本所得の互いの変動幅が相殺され、結果として要素所得課税ベースは、その変動が低く抑えられ安定的に推移してきたものとみられる。一方、伸張性に関しても、勤労所得の増加分と資本所得の減少分が相殺された結果、要素所得課税ベース全体の伸びは、比較的緩やかであったのである。

Ⅲ. 発生キャピタル・ゲインおよびロスを加えた所得課税ベースの推計

前述の要素所得課税ベースの推計では、キャピタル・ゲインおよびロスが含まれていない。本節の課題は、このキャピタル・ゲインおよびロスを推計して、所得課税ベースの動向を分析することである[10]。

1. 推計方法

マクロ統計によるキャピタル・ゲインおよびロスの推計は、93 SNA から新たな推計値として推計されることとなった。わが国においても、93 SNA への移行にともなって、平成13年版の『国民経済計算年報』から推計値が公表されるようになっている。93 SNA では、キャピタル・ゲインおよびロスは、「保有利得および損失（holding gain and loss）」として企業会計で広く使用されている用語であらわされ、調整勘定の勘定項目として計測されている。

「調整勘定」は、資本調達勘定では明らかに出来ない期首と期末の貸借対照表勘定の変動要因を説明する。これを図示すると以下のとおりである。

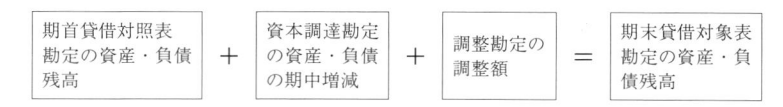

期首貸借対照表勘定の資産・負債残高	+	資本調達勘定の資産・負債の期中増減	+	調整勘定の調整額	=	期末貸借対象表勘定の資産・負債残高

調整勘定には、
　①価格変化による再評価
　② IMF 特別引出権（SDR）の発行
　③債権者による不良債権の抹消
　④予測不可能な事態に基づく調整
　⑤資本調達勘定から除外されている有形資産の価値の純増
　⑥制度的構成および分類変化による調整
　⑦購入された非金融無形資産の消滅

⑧統計上の不都合および不連続
の調整項目が含まれている。

 93 SNA は、こうした調整勘定について、数量的な変化に起因する「その他の資産量変動勘定」と価格変化に起因する「再評価勘定」に分割することを求めている。前者の「その他の資産量変動勘定」は、地下資源の発見や減耗、戦争または政治事件による破壊や自然災害による破壊のような要因による数量の変化であり、現実に資産の量を変化させる。それに対して「再評価勘定」は、金融・非金融資産および負債の所有者に対して、当該会計期間中に生じた名目保有利得および損失（キャピタル・ゲインおよびロス）を示す。

 一定量の資産に対する名目保有利得は、その価格の経時的変化または、一般的にはその貨幣的価値の経時的変化の結果として、当該資産の保有者に生じる利益額として定義される。負債に対する保有利得の価値は、符号は逆であるが負債の価格または貨幣的価値の変化に等しい。これが、発生主義に基づく期首・期末間に発生する名目のキャピタル・ゲインおよびキャピタル・ロス（資本利得および損失）であり、一般的にはこの部分が所得課税ベースとして加えられる。

《名目保有利得の推計式》

$$G = (p_n q_n - p_o q_o) - \sum_{1}^{n} p_t d_t \tag{3}$$

　　G：名目保有利得
　　p_t：t日中の資産の単位価格
　　q_t：t日の終わりに保有される資産の数量
　　d_t：$q_t - q_{t-1}$
　　t　：0, 1, 2, 3, 4, ……

 (3)式は、期首・期末の貸借対照表に記録される資産ストックの価値額の差から、すべての取引またはその他の変動の合計額を差し引いた額として、名目

保有利得が推計されていることを示している。

しかし、名目保有利得は、厳密にはさらに中立保有利得と実質保有利得に分割される。中立保有利得は一般インフレ率による再評価であり、実質保有利得は名目保有利得から中立保有利得を差し引いたものである。

《中立保有利得の推計式》

$$NG = (r_n - 1) p_o q_o + \left(r_n^{\frac{1}{2}} - 1\right) \sum_1^n p_t d_t \qquad (4)$$

r_t：ゼロ日を基準とする選択された一般物価指数（GDE デフレター）

(4)式は、中立保有利得（NG）を推計する。中立保有利得は、当該資産の価格がある特定された一般物価指数とまったく同様な動きを経時的に示す場合に生じる保有利得として定義され、そのとき資産には実質的な意味で資産価値に変動は生じていないことを意味する。

《実質保有利得の推計式》

$$\begin{aligned}
RG &= G - NG \\
&= (p_n q_n - p_o q_o) - \sum_1^n p_t d_t - (r_n - 1) p_o q_o - \left(r_n^{\frac{1}{2}} - 1\right) \sum_1^n p_t d_t \\
&\fallingdotseq p_n q_n - r_n \left(p_o q_o + \frac{1}{2} \sum_1^n p_t d_t\right) \qquad (5)
\end{aligned}$$

(5)式より、実質保有利得は、第1項の期末資産残高から、第2項の期首資産と期間中の取引が期央にすべてあったと仮定してその取引額を合計したものに、GDE デフレターを乗じたものを差し引いた額として推計される。すなわち、資産に対する実質保有利得は、一般物価によって測られた、その他の価格の平均的な動向に対して相対的に考慮された、当該期間中の当該資産価格の動向に依存する。この額が正であるとき、資産保有者に実質的な意味で資産価値の増

図1-2 保有利得または損失による正味資産の変動

名目保有利得または損失による正味資産の変動
実質保有利得または損失による正味資産の変動

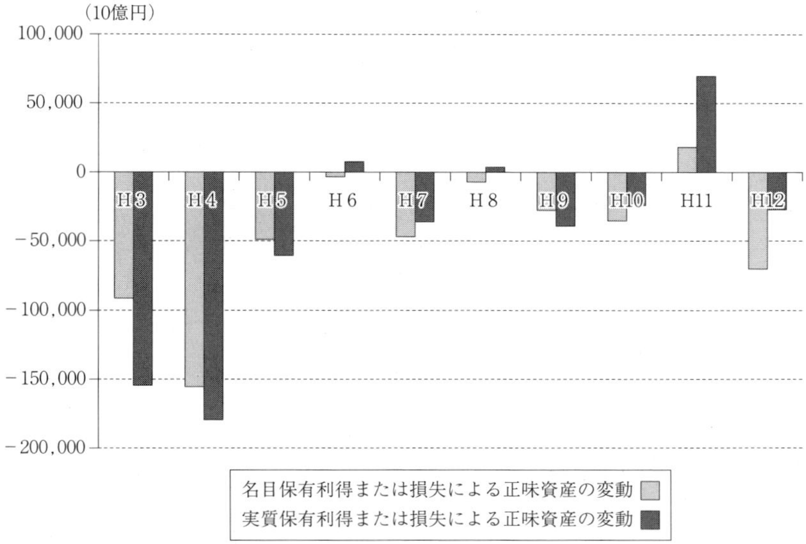

加が発生していることになる。これが、発生主義に基づく期首・期末間に発生する実質のキャピタル・ゲインおよびキャピタル・ロス（資本利得および損失）であり、一般的にはこの部分が実質的な資産増加分として所得課税ベースとして加えられる。

2. 発生キャピタル・ゲインおよびロス

前述の推計式に基づく『国民経済計算年報』に従って、推計結果を整理する。まず、保有利得または損失による正味資産の変動を名目と実質について示しているのが図1-2である。その特徴は、以下のとおりである。(i)平成3～5年に大きく保有損失（キャピタル・ロス）が発生し、その後も平成7年、平成9年、平成10年、平成12年と持続的に保有損失が発生した。例外は、平成11年における保有利得（キャピタル・ゲイン）の発生である。(ii)名目と実質の保有利得または損失は、ほぼ同一方向で発生している。(iii)名目保有利得または

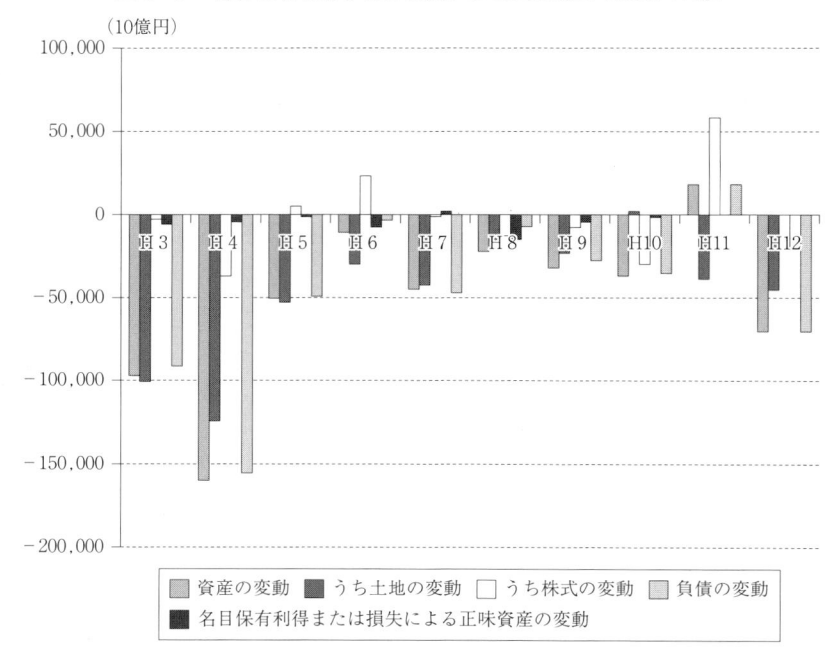

図1-3　名目保有利得または損失による正味資産の変動の内訳

損失と実質保有利得または損失との変動額は、大きく異なっており、一般物価指数の影響から、実質額のほうが名目額より大きくなっている。

次に、保有利得または損失による正味資産の変動の内訳を名目と実質について示したのが、図1-3と図1-4である。図より、次の点が指摘される。（ⅰ）最も大きな変動要因は、土地に発生する保有利得および損失である。（ⅱ）株式は、土地に比べると相対的に大きな変動要因とはなっていない。しかし、平成10年、平成11年は大きな影響を与えていた。（ⅲ）負債の変動は、相対的に大きくない。これは、家計部門が貯蓄の主体であることによると思われる。（ⅳ）実質保有利得または損失による変動が、名目による変動より変動額を大きくしている。

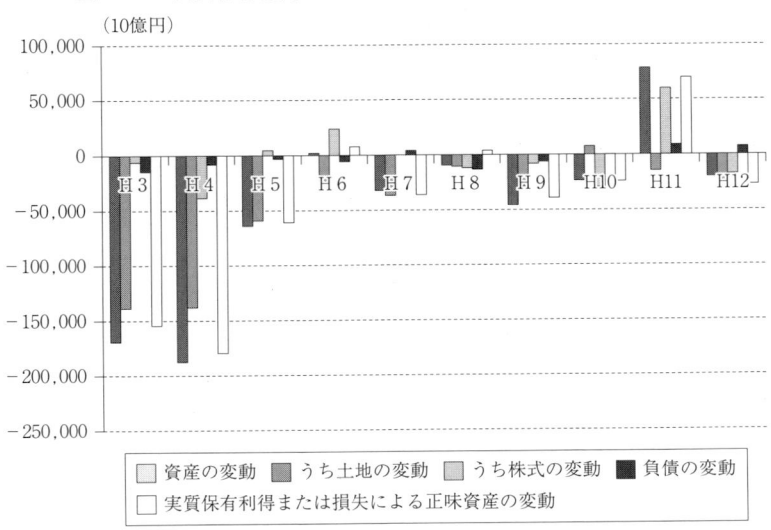

図1-4 実質保有利得または損失による正味資産の変動の内訳

(10億円)

凡例:
- 資産の変動
- うち土地の変動
- うち株式の変動
- 負債の変動
- 実質保有利得または損失による正味資産の変動

3．発生キャピタル・ゲインおよびロスを加えた所得課税ベース

以上の推計から、前述の要素所得課税ベースの推計に、発生主義に基づくキャピタル・ゲインおよびロスを加えて所得課税ベースを示すことが可能となる。ただし、名目保有利得で示されている場合と実質保有利得で示されている場合を区別する必要があると考えられるので、両方の額を推計額として示した（図1-5）[11]。

図1-5より、発生主義の所得課税ベースは、以下のような特徴を示している。(i) 発生主義による所得課税ベースは、大きく変動していることである。とりわけ、平成3年、平成4年では、所得課税ベースは限りなく減少し、発生主義の実質キャピタル・ロスを要素所得と完全に相殺した場合、所得課税ベースはマイナスとなる。(ii) 所得課税ベースの変動は、実質キャピタル・ゲインおよびロスを加えた所得課税ベースの方が、名目キャピタル・ゲインおよびロスを加えた場合より大きくなっている。(iii) 発生主義による所得課税ベースの変動

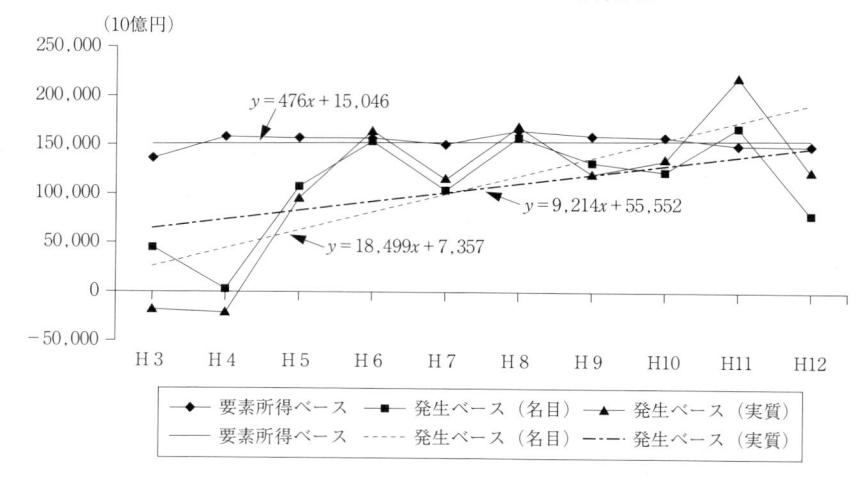

図 1-5　要素所得課税ベースと発生主義の所得課税ベース

（10億円）

$y = 476x + 15{,}046$

$y = 9{,}214x + 55{,}552$

$y = 18{,}499x + 7{,}357$

H3　H4　H5　H6　H7　H8　H9　H10　H11　H12

◆ 要素所得ベース　■ 発生ベース（名目）　▲ 発生ベース（実質）
── 要素所得ベース　‥‥ 発生ベース（名目）　-‧- 発生ベース（実質）

は、既述の要素所得の課税ベースが安定的に推移してきたことと比較すると、非常に対照的である。

　次に、所得課税ベースの変動を正確に把握するため、各課税ベースの変動係数をみることとする。それによると（i）発生主義による実質キャピタル・ゲインおよびロスを加えた所得課税ベースの変動係数は、0.703と最も大きい値を示す。（ii）名目キャピタル・ゲインおよびロスを加えた所得課税ベースの変動係数は、やや小さく、0.494である。（iii）要素所得ベースでは、変動係数は0.052と最も安定している。したがって、発生主義に基づく所得課税ベースでは、キャピタル・ゲインおよびロスを加えることによって大きく課税ベースが変動することが確認された。

　また、最近議論されている二元的所得課税の課税ベースの考えに従い、損益通算を財産所得に限定した場合の所得課税ベースについて推計したものが図1-6である。そのとき、勤労所得の課税ベースについて、変動係数は0.173で、安定的に推移していることが示される。これに対して、発生主義に基づくキャピタル・ゲインおよびロスによる大きな変動の影響は、資本所得に限定される。

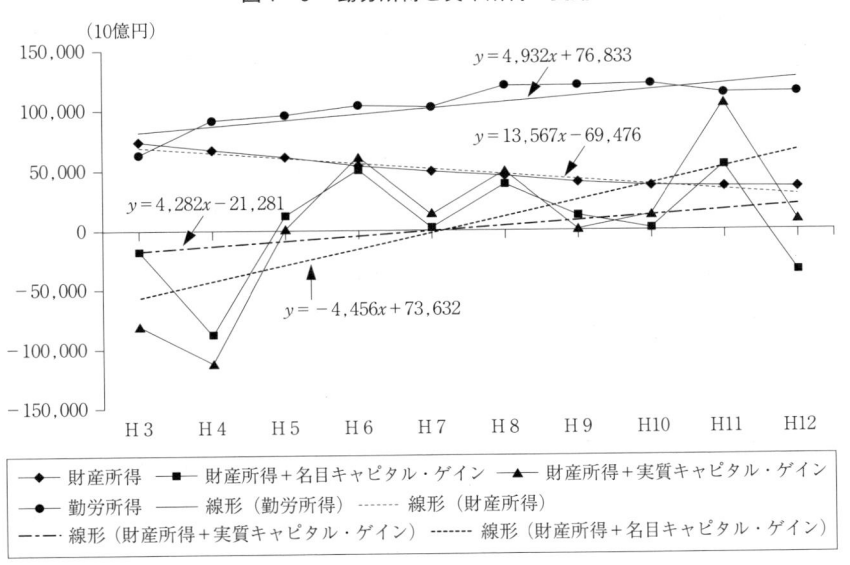

図 1-6　勤労所得と資本所得の変動

(10億円)

$y = 4,932x + 76,833$

$y = 13,567x - 69,476$

$y = 4,282x - 21,281$

$y = -4,456x + 73,632$

H3　H4　H5　H6　H7　H8　H9　H10　H11　H12

━◆━ 財産所得　━■━ 財産所得＋名目キャピタル・ゲイン　━▲━ 財産所得＋実質キャピタル・ゲイン
━●━ 勤労所得　──── 線形（勤労所得）　･･･････ 線形（財産所得）
─･─･─ 線形（財産所得＋実質キャピタル・ゲイン）　─ ─ ─ 線形（財産所得＋名目キャピタル・ゲイン）

　その結果、資本所得の変動係数は、名目キャピタル・ゲインまたはロスを加えた場合18.854、実質キャピタル・ゲインまたはロスを加えた場合12.393と大きく変動することとなる。

IV. 株式キャピタル・ゲインの推計

1. 実現キャピタル・ゲイン

　これまでの分析は、発生主義に基づき所得課税ベースを推計したものであるが、実際の課税にあたってはさまざまな執行上の理由から実現主義に依拠せざるをえない。したがって、実施可能な所得税の課税ベースを計測するには、とりわけキャピタル・ゲインを実現ベースで把握する必要がある。そうした観点から、本節では丸［1990］に従い、マクロデータを利用して平成元年以降にお

表1-3　個人の株式保有額

(単位：10億円)

	全国証取個人上場 株式保有額（暦年末）	期中平均保有額① (前年末＋当年末)／2
昭和63年	97,125	—
平成元年	129,175	113,150
平成2年	80,293	104,734
平成3年	79,573	79,933
平成4年	61,950	70,762
平成5年	67,105	64,527
平成6年	73,834	70,469
平成7年	73,768	73,801
平成8年	69,556	71,662
平成9年	54,763	62,160
平成10年	53,208	53,985
平成11年	83,919	68,563
平成12年	70,761	77,340
平成13年	59,224	64,993

ける個人の株式キャピタル・ゲインを推計する。具体的には、全国証券取引所上場株式を対象としてこれら市場における平均的な数値から推定する。実現キャピタル・ゲインについては、まず株式保有額と株式売買額から平均保有期間を推定し、その間の株価指数の変動から当該年に実現したキャピタル・ゲイン額を算定する。

(1) 個人株式保有額

　個人の株式保有額については、年度基準のデータ（全国証券取引所協議会『株式分布状況調査』）は利用可能であるが、暦年基準のそれが公表されていないため、暦年末の全国証券取引所上場株式時価総額に同個人株式保有比率（年度ベース）を乗じて求めた（表1-3）。

(2) 個人株式売買額

　個人の売買状況については、東証・大証・名証の三市場における資本金30億円以上の総合証券会社を通したもの（東京証券取引所『証券統計年報』）しか明らかでないため、この数値を利用して以下の算式から個人の全国上場株式売買額を推定する（表1-4）。

　　　個人の全国証券取引所上場株式売買額
　　　　＝三市場における総合証券会社を通じた個人株式売買額

第1章 マクロ統計による所得課税ベースの推計　27

表1-4　個人の株式売買額

(単位：10億円)

	全国上場株式売買額②	総合証券会社三市場個人売買額③	総合証券会社三市場総売買額④	総証三市場売買／全国売買 ④／②＝⑤	推定全国証取個人売買額 ③／⑤＝⑥
平成元年	386,395	78,302	336,755	0.872	89,844
平成2年	231,837	46,548	200,166	0.863	53,913
平成3年	134,160	27,343	117,903	0.879	31,113
平成4年	80,456	12,670	70,252	0.873	14,510
平成5年	106,123	18,062	94,539	0.891	20,275
平成6年	114,622	15,588	101,535	0.886	17,597
平成7年	115,840	15,849	100,714	0.869	18,229
平成8年	136,170	18,264	119,020	0.874	20,895
平成9年	151,445	12,764	128,103	0.846	15,089
平成10年	124,102	9,682	107,294	0.865	11,199
平成11年	210,236	38,601	184,201	0.876	44,056
平成12年	290,325	38,209	255,436	0.880	43,427
平成13年	225,239	23,806	198,015	0.879	27,078

$$\div \frac{\text{三市場における総合証券会社を通じた総株式売買額}}{\text{全国証券取引株式総売買額}}$$

(3) 平均保有期間とキャピタル・ゲイン率

　このようにして求められた株式売買額を期中平均株式保有額で除して個人の売買回転率を算出し、これにより平均保有期間を月単位で推計する。次に株価の指標として東証一部株価指数（TOPIX）を用いて、株式売却額に占めるキャピタル・ゲインの割合（キャピタル・ゲイン率）を算出する。すなわち、ある暦年において売却した株式の価格はTOPIXの年平均値とする。他方、この株式の購入期間は推計された平均保有期間から計算し、その1年間におけるTOPIXの平均を購入価格とする（表1-5を参照）。

　例えば、平成13年に実現したキャピタル・ゲイン率は次のように求められる。まずこの年の売買回転率から平均保有期間は29カ月（12÷0.417＝28.78）であるため、13年1月に売却した株式の取得時は10年8月、13年12月に売却した株式の取得時は11年7月となる。売却価格は13年1月から12月までのTOPIXの平均値1,200で、同様に購入価格は10年8月から11年7月までの平均値1,195と

表1-5　個人の平均保有期間と株式取得時期

	全国上場株式個人売買代金回転率⑥／①	平均保有期間月数	1月売却の取得時	12月売却の取得時
平成元年	0.794	15	昭和62年10月	昭和63年9月
平成2年	0.515	23	昭和63年2月	平成元年1月
平成3年	0.389	31	昭和63年6月	平成元年5月
平成4年	0.205	59	昭和62年12月	昭和63年11月
平成5年	0.314	38	平成元年11月	平成2年10月
平成6年	0.250	48	平成2年1月	平成2年12月
平成7年	0.247	49	平成2年12月	平成3年11月
平成8年	0.292	41	平成4年8月	平成5年7月
平成9年	0.243	49	平成4年12月	平成5年11月
平成10年	0.207	58	平成5年3月	平成6年2月
平成11年	0.643	19	平成9年6月	平成10年5月
平成12年	0.562	21	平成10年4月	平成11年3月
平成13年	0.417	29	平成10年8月	平成11年7月

表1-6　個人による上場株式の実現キャピタル・ゲイン

	取得⑦ 当該期の平均 TOPIX	売却⑧ 1～12月の平均 TOPIX	キャピタル・ゲイン率 (⑧-⑦)／⑧=⑨	名目実現CG ⑥×⑨（兆円）	実質実現CG （兆円）
平成元年	2,053.7	2,568.70	0.201	1.801	17.64
平成2年	2,182.7	2,180.67	-0.001	-0.005	-1.33
平成3年	2,303.1	1,841.07	-0.251	-0.781	-11.02
平成4年	2,092.4	1,364.19	-0.534	-0.775	-9.88
平成5年	2,536.0	1,523.78	-0.664	-1.347	-15.14
平成6年	2,180.7	1,599.12	-0.364	-0.640	-7.62
平成7年	1,846.5	1,380.56	-0.338	-0.615	-6.52
平成8年	1,401.7	1,605.57	0.127	0.265	2.87
平成9年	1,513.7	1,394.88	-0.085	-0.129	-0.93
平成10年	1,568.8	1,178.42	-0.331	-0.371	-3.59
平成11年	1,326.1	1,385.50	0.043	0.189	2.66
平成12年	1,148.5	1,546.48	0.257	1.118	12.78
平成13年	1,200.3	1,194.75	-0.005	-0.013	0.84

なる。したがって、キャピタル・ゲイン率は、$\frac{(1,195-1,200)}{1,195} = -0.0046$（-0.46％）となる。こうして個人による全国上場株式の実現キャピタル・ゲインは、個人の売買額にキャピタル・ゲイン率を乗じて算出される（表1-6を参

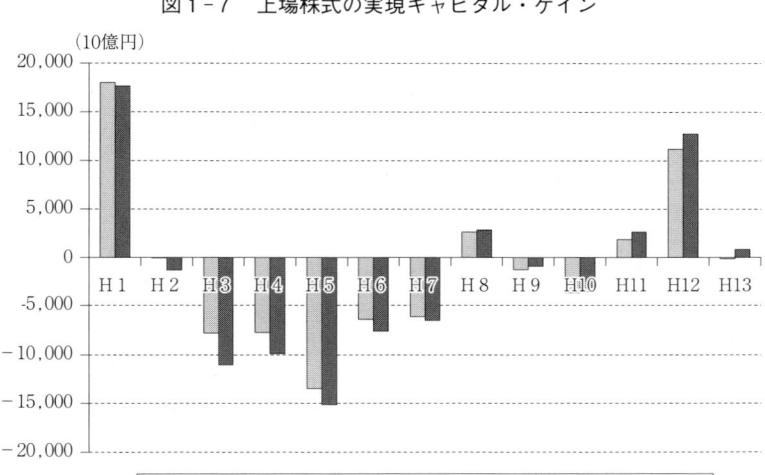

図1-7　上場株式の実現キャピタル・ゲイン

（凡例：名目実現キャピタル・ゲイン　実質実現キャピタル・ゲイン）

　図1-7は以上のようにして推定された実現キャピタル・ゲイン（名目値および実質値）の推移を示している。それによると、平成元年のバブル絶頂期において18兆円もの上場株式のキャピタル・ゲインが実現されているが、それ以降平成3年から平成7年まで年々6兆円から13兆円ものロスが実現されている。その後8年と11年に僅かながらゲインが実現され、12年においては10兆円を超える規模のゲインが実現されている。

2．発生キャピタル・ゲイン

　次に、実現キャピタル・ゲインに対比させて、個人保有株式に発生した年々のキャピタル・ゲインを推定しよう。株式時価総額の変動要因は、株式保有単価の変動（価格効果）による部分と保有株式数の増減（数量効果）による部分に大別される。したがって、価格効果に基づく保有額の変動をあらわす「発生キャピタル・ゲイン」を求めるには、前記のⅡの(1)式のように保有価額の変

表1-7 個人保有東証一部上場株式の価格効果率

(単位:兆円)

	個人保有東証一部上場株式保有額の変動 ⑩	数量効果に基づく変動 ⑪	価格効果に基づく変動 ⑫=⑩-⑪	価格効果率 ⑬=⑫／⑩
平成元年	21.53	5.60	15.94	0.74
平成2年	-10.15	6.63	-16.79	1.65
平成3年	-12.31	2.03	-14.34	1.16
平成4年	-20.93	2.82	-23.75	1.13
平成5年	4.92	-0.10	5.03	1.02
平成6年	4.33	0.21	4.13	0.95
平成7年	0.44	0.77	-0.33	-0.77
平成8年	-4.41	0.68	-5.09	1.15
平成9年	-10.56	3.18	-13.75	1.30
平成10年	-1.62	1.00	-2.62	1.61
平成11年	31.93	3.10	28.82	0.90
平成12年	-27.07	-1.62	-25.45	0.94
平成13年	-15.71	-2.87	-12.84	0.82

動から数量効果による変動部分を除去する必要がある。

　ここでは株式保有単価の指標として、上場株式数でウェイトづけされた東証一部総合加重株価平均を用いる。ただし加重株価平均を計算する際に使用される株式数と株価は単元修正が行われている（一単元の株式数を1,000株とした場合の換算株式数と換算株価、例えば株価48万円のKDDI 1株は株価480円、株式数1,000株となる）。

　個人の保有株式数は、東証一部上場株式数に株数ベースの個人持株比率を乗じて計算した。これら株価平均と株式数からⅡの(1)式により個人保有の東証一部上場株式に発生したキャピタル・ゲイン（価格効果による保有額の変動）が求められる（表1-7）。そして、この東証一部上場株式保有額の変動に占めるキャピタル・ゲイン（価格効果）の割合を全国上場株式保有額の変化分に乗じて、個人保有上場株式に発生したキャピタル・ゲインが推計される（表1-8）。

　この結果を図示したのが図1-8である。これから平成元年には名目値でおよそ24兆円の上場株式のキャピタル・ゲインが発生している一方、株価の暴落

表1-8 個人保有上場株式の発生キャピタル・ゲイン

(単位:兆円)

	個人株式保有額の変動=①の変化額⑭	個人保有上場株式名目発生CG ⑬×⑭	個人保有上場株式実質発生CG
平成元年	32.06	23.72	19.43
平成2年	−48.88	−80.81	−73.67
平成3年	−0.72	−0.84	−3.49
平成4年	−17.62	−20.00	−20.63
平成5年	5.15	5.26	4.94
平成6年	6.73	6.41	6.29
平成7年	−0.07	0.05	0.00
平成8年	−4.21	−4.86	−4.31
平成9年	−14.79	−19.25	−18.57
平成10年	−1.56	−2.51	−2.41
平成11年	30.71	27.73	27.48
平成12年	−13.16	−12.37	−11.57
平成13年	−11.54	−9.43	−9.44

が起きた翌年には80兆円もの巨額のロスが生じている。それ以降、とりわけ4年と9年には20兆円程度のロスが発生しているが、逆に11年には27兆円のゲインが生じている。後者のキャピタル・ゲインはいわゆるITバブルによるものと考えられる。

　これら発生キャピタル・ゲインの数値を先の実現キャピタル・ゲインと対比することによって、以下のような事実がみてとれる（図1-9）。第一に、平成2年に生じた巨額のキャピタル・ロスはこの年以降徐々に実現されており、この年にはほとんど実現されていない。第二に、平成8年における2兆円のキャピタル・ゲインは、平成5年ないし平成6年の発生ゲインに対応している。これは平成8年に売却した株式の平均保有期間（41カ月）とも整合的である。第三に、平成11年に発生したキャピタル・ゲインはおおよそ翌年実現されている。この点も平成12年に売却した個人投資家の平均保有期間（21カ月）からある程度説明されよう。

　このような発生ゲインと実現ゲインの対応関係から、バブル崩壊以降の個人の実現行動としては、キャピタル・ゲインやロスが生じてもそれらを即座に実

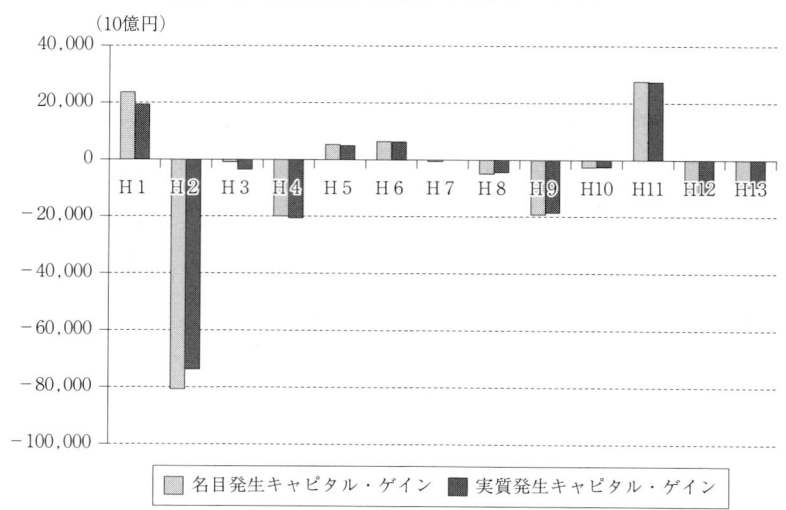

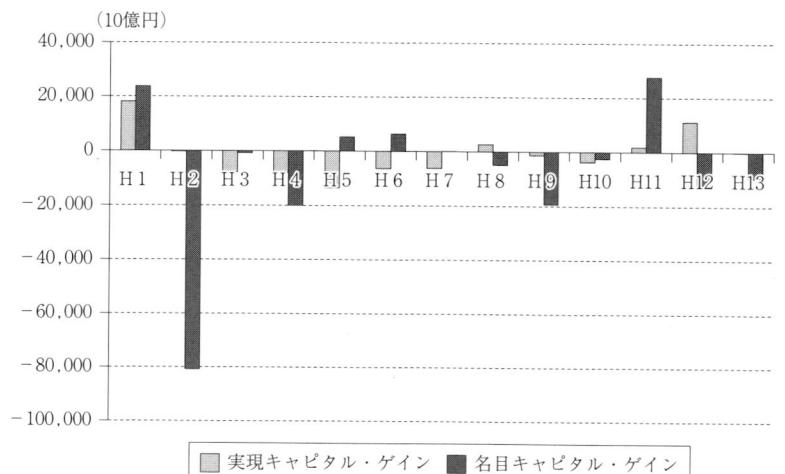

図1-8　上場株式の発生キャピタル・ゲイン

図1-9　上場株式の実現キャピタル・ゲインと発生キャピタル・ゲイン（名目）

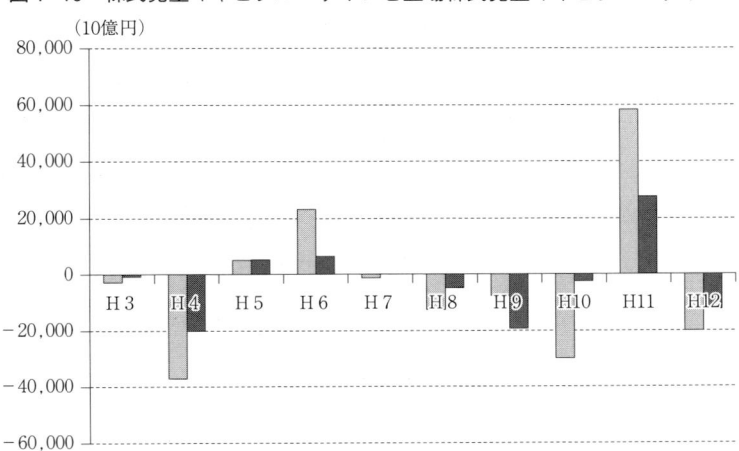

図1-10 株式発生キャピタル・ゲインと上場株式発生キャピタル・ゲイン

（10億円）

□ 株式の発生キャピタル・ゲイン　■ 上場株式の発生キャピタル・ゲイン

現せず、一定の期間株式を保有し続け、その間に生じたゲインとロスを相殺する形で実現する傾向にあるように思われる。この点は、少なからずこれまでのわが国における独特な株式譲渡益課税制度に起因するものと考えられる。すなわち、当時の課税制度は、源泉分離課税と申告分離課税の選択制であったが、前者は実質的に取引税であったことからロスの控除が認められず、また後者においてもロスの控除は同一年内に実現したゲインの額までしか認められなかった。そのため、このようなロス控除の制約によって、ある年に多額のロスが生じても、同時にある程度の実現可能なゲインが生じるまでは株式譲渡を控えるといった投資行動をとらざるをえなかったのではないかと推測される。例えば、上記の第三の点で平成11年に発生した27兆円のキャピタル・ゲインに対して、翌年11兆円が実現しているが、この差額のいくらかは当然それ以前に発生したキャピタル・ロスとの相殺分をあらわしているとみられる。

　なお、図1-10では上場株式の発生キャピタル・ゲインを、前節における未上場株式を含めた株式全体の発生キャピタル・ゲイン（名目保有利得（損失）

による正味資産の変動）と比較している。後者が前者をその構成要素としていることから、両者の定性的な動きはほぼ等しく、絶対値の変動額もほとんど前者よりも後者の方が大きい。両者の相関係数は0.875であった。そうしたなか平成9年のみ上場株式の発生ロスが株式全体のそれを大幅に上回っている。これはこの年において上場株式に膨大なロスが発生する（ヤオハン、山一證券、北海道拓殖銀行など東証一部上場企業9社が破綻した）一方で、非上場株式にはそれを大きく相殺するゲインが発生したためであると推測される。

3．実現キャピタル・ゲインを加えた所得課税ベース

最後に、本節で得られた上場株式の実現キャピタル・ゲインを、前節までの分析における課税要素所得に加えた「包括的所得課税ベース」の変動について検討しよう。図1-11は①上場株式の名目実現キャピタル・ゲインを資本所得に加えた包括的資本所得課税ベースと、②同様のキャピタル・ゲインを要素所得（勤労所得と資本所得の合計）に加えた包括的課税ベースの変遷を、それぞれ資本所得と要素所得の変動とともに示している。

①のケースで資本所得にキャピタル・ゲインを加えたところ、資本所得全体の変動幅は僅かながら縮小している。（変動係数は0.281から0.239に低下）。これは、実現ロスの存在によって当初の右下がりのグラフがほぼ下方にシフトしたが、他方で実現ゲインが生じた年（8年、11年、12年）における包括的資本所得の増大によって平均的な変動幅が低く抑えられたからである。

一方、この実現キャピタル・ゲインを含む包括的資本所得に勤労所得を加えた②のケースでは、前節でみられた発生キャピタル・ゲインを含む課税ベースの高い変動性とは対照的に、課税所得は比較的安定的に推移している。ただし、それでも要素所得のみの場合と比較すると、いくらかこの間の変動幅を拡大させる結果となっている（変動係数は0.066から0.078に上昇）。この点については次のような説明ができるだろう。すなわち、当初の要素所得（経常所得）の高い安定性（0.066）は、年々の勤労所得（0.210）と資本所得（0.281）が互いの変動幅を相殺して全体の変動を低く抑えることによって実現したと考えら

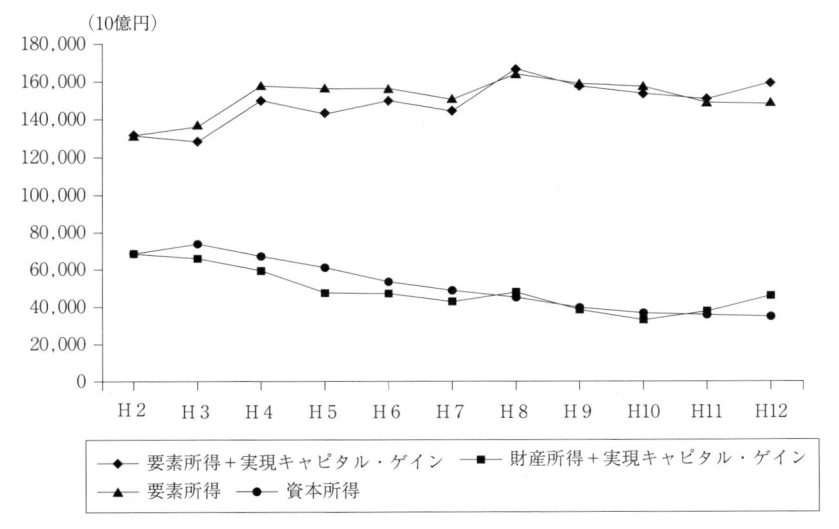

図1-11　上場株式実現キャピタル・ゲイン（名目）を含めた課税所得

（10億円）

凡例：
- ◆ 要素所得＋実現キャピタル・ゲイン
- ■ 財産所得＋実現キャピタル・ゲイン
- ▲ 要素所得
- ● 資本所得

横軸：H2, H3, H4, H5, H6, H7, H8, H9, H10, H11, H12

れる。したがって、実現キャピタル・ゲインの追加により安定度の高まった包括的資本所得を勤労所得に加算することは、逆にそうした互いの変動を打ち消す効果を弱めることになったものと推測される。

同様に図1-12は実質タームに変換した上場株式の実現キャピタル・ゲインを課税要素所得に加えた結果を示している。図1-11と比較しても年々の動きにほとんど変化はみられない。変動係数については、包括的資本所得の場合で若干低下しているが、勤労所得を含む包括的所得ベースでは僅かながら上昇している。この点も図1-11のケースと同様な説明が可能であろう。なお、名目ゲインよりも実質ゲインの場合で、包括的資本所得の変動係数が低くなっているのも、後者の変動係数が前者のそれよりも大きいことから、そうしたゲインと経常資本所得が全体の変動をより均すように互いの変動幅を相殺したからであると考えられる。

以上の分析から、課税要素所得に実現キャピタル・ゲインを加えた「包括的所得ベース」の年々の動きは、この間における資産価格の急激な変動にもかか

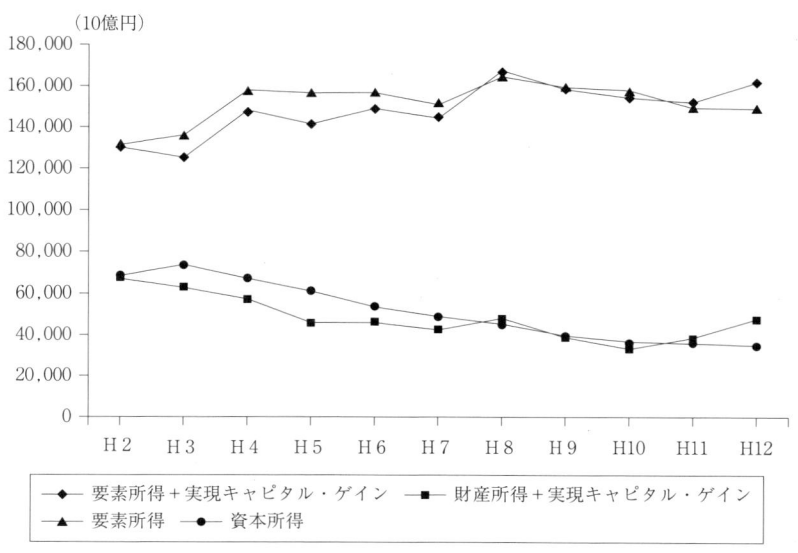

図1-12　上場株式実現キャピタル・ゲイン（実質）を含めた課税所得

(10億円)

凡例：
- ◆ 要素所得＋実現キャピタル・ゲイン
- ■ 財産所得＋実現キャピタル・ゲイン
- ▲ 要素所得
- ● 資本所得

わらず、比較的安定的に推移していることが確認された。これは、前節で考察したように、ロス控除が非常に限定的であったこれまでの株式譲渡益課税制度の下で、納税者がキャピタル・ゲイン（ロス）実現の均霑化を図った結果であると考えられる。すなわち、こうした「包括的所得ベース」の安定性をもたらした一つの重要な要因とみられるのは、わが国のキャピタル・ゲイン課税制度において、株式のキャピタル・ロスの控除が株式のゲインからしか認められなかったことである。

したがって、この間における株式の実現キャピタル・ゲインを加えた包括的所得の動きが安定的であった事実を根拠に包括的所得税のメリットを主張することは必ずしも当を得た議論ではない。勤労所得を含めて完全な損失相殺を認める包括的所得税では、キャピタル・ゲインの発生までロスの実現（控除）を延期する必要がないので、前節で見たような潜在的な発生キャピタル・ロスによる要素所得ベースの浸食によって、資産価格変動の激しい時期には常に課税

ベース（ひいては税収）の不安定性に晒される危険性があることに留意しなければならない。そういった意味で、前節で提示した、キャピタル・ロスや負債利子の控除を、ゲインを含む資本所得に限定する二元的所得課税の考えは、課税ベースの安定性の確保という観点からも一つの有力な指針であると考えられる。

V．むすび

本章では、93 SNA による『国民経済計算』等に基づき、わが国の所得課税ベースについて、発生ベースおよび実現ベースのキャピタル・ゲインを含めて推計を行った。これまでの分析により明らかになった諸点を要約すると以下のようになる。

(1) わが国の要素所得課税ベースについては、バブル崩壊過程であったにもかかわらず、平成2年から平成12年まで安定的に伸長してきた。これは、この間における勤労所得の大幅な増加と資本所得のなだらかな減少が相殺された結果である。

(2) 家計部門の受け取りに占める要素所得課税ベースの割合は、この間、32〜40％の変動幅で推移してきた。すべての期間を通じて、家計部門の受け取りが増加傾向にあるのに対して、要素所得課税ベースは平成8年以降において減少傾向にある。これは、家計部門の受け取りから課税対象として除外される各項目がこれ以降全体として増大傾向にあることを意味している。

(3) 家計に発生したキャピタル・ゲインをあらわす保有利得または損失（名目および実質）は、推計の対象期間において激しく変動しており、そのほとんどが損失であった。

(4) そのため、これらの発生キャピタル・ゲインを加えた包括的所得課税ベースも年度間において大きく変動している。しかし、二元的所得税の考えに従って、損益通算の範囲を資本所得に限定することにより勤労所

得の課税ベースは安定的に維持されることが示された。
(5) 上場株式の実現キャピタル・ゲインについては、平成元年に相対的に大きなゲインが実現されて以降、平成10年までほとんどの年においてロスが実現されている。
(6) しかし、これらの実現キャピタル・ゲインを要素所得に加えた包括的所得課税ベースの年々の動きは、分析対象期間における資産価格の急激な変動にもかかわらず、比較的安定的に推移することが確認された。この点は、とりわけキャピタル・ロスの控除がきわめて限定的であったこれまでの株式譲渡益課税制度の下で、納税者がキャピタル・ゲイン（ロス）実現の均霑化を図った結果であると考えられる。

注
1） 国際連合では、2009年2月に新たな2008年基準国民経済計算体系（2008 SNA）が採択されている。
2） 以下、本章における93 SNAについての説明は、経済企画庁経済研究所編［2000］『我が国の93 SNAへの移行について（暫定版）』を参考とした。
3） 要素所得課税ベースの推計にあたっては、所得を純収益ベースで把握するために「営業余剰・混合所得（純）」から個人企業（農林水産業、金融業を除くその他の産業）の事業にかかる借入資本利子を控除している。
4） 『家計調査年報』では、平成7年以降分について「社会保険料」を「公的年金保険料」と「それ以外の保険料」に区分表示しており、本稿もそれに従い、平成7年以降について「社会保険料控除額」を「公的年金保険料」および「その他の保険料」に別掲している。
5） 公的年金等控除について、制度上その算定の際には当該収入者の年齢を考慮する必要がある。具体的には、定額控除分について、65歳未満の者が50万円および65歳以上の者が100万円である。また、最低控除額について、65歳未満の者が70万円および65歳以上の者が140万円である。したがって、本来的には、年齢区分ごとに当該控除額の推計を行う必要がある。しかしながら、データの制約上、公的年金等収入者に関して年齢区分が不可能なため、ここでの推計では、公的年金等収入者に関して65歳以上であると仮定した。したがって、本稿において公的年金等控除額は、過大推計の可能性がある。
6） 所得税率について、本来給与所得者のデータに基づき算定する必要があるが、データの制約上、申告所得者にかかわるデータに基づき算定している。具体的には、まず、申告所得者の所得区分ごとに1人当たりの課税所得金額および算出税額を算出する。次に、所得区分ごとの退職所得者数に1人当たりの課税所得金額およ

び算出税額を乗じ、退職所得を得ている者の総課税所得および総算出税額を算定する。最後に、算定された総算出税額を総課税所得で除することにより、退職所得を得ている者の所得税の平均税率とした。
7）『民間給与』では、控除対象配偶者について、具体的には、一般控除対象配偶者と老人控除対象配偶者に大別され、さらに、それぞれ一般、障害者、同居特別障害、非同居特別障害者に分類されている。
8）平成11年度改正にて、年少扶養親族（年齢16歳未満の扶養親族）に対して、扶養控除額が10万円加算され、1人につき48万円とする制度が創設された。ここでは、年少扶養親族にかかわる控除額は一般扶養控除に含めて記載している。しかし、平成12年度改正では、児童手当を拡充する財源を確保するため、年少扶養親族に対して10万円を加算する措置は廃止された。
9）各国の家計部門の受け取りに対する課税所得の割合について、Slemrod and Bakija [1996] によると、米国において1993年の同割合は45.5％であった。また、馬場 [2002] によると、スウェーデンにおいて1997年の同割合は60.7％であり、わが国の課税所得割合を大きく上回る結果が推計されている。
10）森信・前川 [2001] では、キャピタル・ゲインおよびロスについて論及されておらず、そのため譲渡所得が課税ベースから除かれている。データによる制約と推測されるが、その理由について記述されていない。なお、Park [1998] およびSlemrod and Bakija [1996] においても、キャピタル・ゲインおよびロスのマクロ的推計について論及されていない。
11）厳密には、実質キャピタル・ゲインおよびロスを加えた発生主義の所得課税ベースでは、要素所得についても一般物価水準の変動による影響を考慮して実質ベースに調整する必要があろう。

【参考文献】

Park, T. S. [1996] "Relationship Between Personal Income and Adjusted Gross Income: New Esimates for 1993-94 and Revisions for 1959-92", *Survey of Current Business*, vol. 76, no. 5, pp. 78-92.

Park, T. S. [1998] "Comparison of BEA Estimates of Personal Income and IRS Estimates of Adjusted Gross Income: New Estimates for 1996 and Revised Estimates for 1982-95", *Survey of Current Business*, vol. 78, no. 11, pp. 13-19.

Slemrod, J. & J. Bakija [1996] *Taxing Ourselves: A Citizen's Guide to the Great Debate over Tax Reform*, Cambridge, Mass., MIT Press.

Sørensen, P. B. (ed.), *Tax Policy in the Nordic Countries*, London, Macmillan Press, 1998.（馬場義久監訳『北欧諸国の租税政策』日本証券経済研究所、2001年）．

United Nations [1968] *A System of National Accounts*, New York, 1968.（経済企画庁経済研究所国民所得部編訳『新国民経済計算の体系——国際連合の新しい国際基準——』大蔵省印刷局、1974年）．

United Nations, Commission of the European Communities, International Monetary

Fund, Organization for Economic Cooperation and Development, and World Bank [1993] *System of National Accounts* 1993, New York, Brussels/Luxemburg, Paris, Washington, D. C. (邦訳、経済企画庁経済研究所国民所得部編『1993年改訂国民経済計算の体系（上・下・索引）』経済企画協会、1996年).
阿部武光［2002］『図解 所得税』大蔵財務協会。
石川経夫編［1994］『日本の所得と富の分配』東京大学出版会。
石弘光［1993］『利子・株式譲渡益課税論——所得税のアキレス腱を検証する』日本経済新聞社。
馬場義久［2002］「スウェーデンの二元的所得税——その到達点と日本への教訓——」『租税研究』637号、123-138頁。
浜田浩児［2001］『93 SNA の基礎——国民経済計算の新体系——』東洋経済新報社。
丸淳子［1990］「キャピタル・ゲイン課税の推定と日本の証券市場の特徴」石弘光編『わが国における資本所得課税の実態』(社)日本経済研究センター、41-55頁。
森信茂樹・前川聡子［2000］「アメリカとの所得税額・課税ベース比較分析」『税研』vol. 15、no. 4、73-86頁。
森信茂樹・前川聡子［2001］「わが国所得課税ベースのマクロ推計」『フィナンシャル・レビュー』no. 57、103-122頁。

【参考資料】
経済企画庁経済研究所編『我が国の93 SNA への移行について（暫定版）』2000年。
経済企画庁経済研究所編『93 SNA 推計手法解説書（暫定版）』2000年。
国税庁編『国税庁統計年報書』大蔵財務協会、各年版。
国税庁企画課編『税務統計から見た申告所得税の実態——申告所得税標本調査結果報告——』財務省印刷局、各年版。
国税庁企画課編『税務統計から見た民間給与の実態——国税庁民間給与実態統計調査結果報告——』財務省印刷局、各年版。
全国証券取引所協議会『株式分布状況調査』各年版。
総務省統計局編『家計調査年報』日本統計協会、各年版。
東京証券取引所『証券統計年報』各年版。
東京証券取引所『東証要覧』各年版。
内閣府経済社会総合研究所編『国民経済計算年報』国立印刷局、各年版。

第2章 二元的所得税のマクロ推計

I．はじめに

　本章の目的は、わが国の現行所得税を、最近の税制改革の指針として注目されるようになった「二元的所得税」に転換した場合、税収中立の仮定の下で、勤労所得と資本所得にどのような負担の変化が生じるかを明らかにすることである。

　二元的所得税とは、個人が得るすべての所得を「勤労所得」と「資本所得」に分離したうえで、前者に累進課税を行う一方、後者に低率の比例課税を適用するという一種の分離課税システムであり、特に1990年代はじめにスウェーデンなどの北欧諸国が相次いで導入したことで知られる。導入の背景としては、①それまでの北欧諸国が採用していた総合所得税制の形骸化、②グローバル化による資本移動、という2つの問題があげられるが、わが国で二元的所得税が主張される際には、とりわけ資本所得間の中立性確保と税制の簡素化といった視点が重視されることが多い。

　このような二元的所得税の理論的根拠や総合所得税に対するその優位性、さらには北欧の経験をもとにした実施上の問題等については、すでに多くの研究が行われている[1]。だが、現実の税収面での制約の下で、わが国の現行所得税を二元的所得税に転換した場合に、勤労所得と資本所得に対する負担がそれぞれどの程度の水準になるかは必ずしも明らかにされていない。しかしながら、現実の所得税改革の指針として二元的所得税を検討するには、わが国所得課税ベースの実態に即した定量的な負担推計が不可欠であると考えられる。とりわ

け資本所得に対する税率水準については、それだけで独立して決定できる問題ではなく、税収上の制約下にあって勤労所得に対する負担水準とのバランスによって確定されなければならないからである。

　本章の構成は以下のとおりである。Ⅱで、わが国の所得課税ベースについて分析した第1章の結果を基礎に、二元的所得税の課税ベースを推計する。その際、資本所得の範囲を、① 要素所得課税ベースのみのケース（CASE 1）、② ①に実現キャピタル・ゲイン（ロス）を加えたケース（CASE 2）、③ ②に帰属家賃等を加えたケース（CASE 3）、の3つに区分する。Ⅲで、本章の推計期間である平成2年から平成12年において二元的所得税が現実に施行されていたとした場合に、税収中立の仮定の下で、勤労所得と資本所得に対してどの程度の負担が及ぶことになっていたかを上記3つのシミュレーションに従って明らかにする。Ⅳで、本章の分析結果を踏まえて若干の政策的含意が示唆される。

Ⅱ. 二元的所得課税ベースの推計

1. 推計方法

　本節では、前章でのわが国所得課税ベースに関する推計結果を踏まえ、二元的所得税の課税ベースを導出する。その際、資本所得については、前述のとおり実行可能性の観点から以下の3つのケースに区分している。

(1) CASE 1

　CASE 1は、資本所得の範囲をキャッシュフロー・ベースの要素所得に限定した場合である。当該要素所得には、帰属家賃やキャピタル・ゲインは含まれておらず、利子控除も行っていない。CASE 1における資本所得は、93 SNAの「家計部門の受け取り」のうち「混合所得」に含まれる資本所得分と「財産所得」の合計額として把握される。「混合所得」に含まれる資本所得分は、93

SNA（ストック編）の家計の期末貸借対照表勘定の「生産資産」に国債流通利回り（長期国債10年物）の年平均利率を乗じて推定した。その推定額と93 SNAの「財産所得」の合計額をもって、要素所得課税ベースのうちの資本所得分としている。また、勤労所得は、要素所得課税ベースから資本所得分を控除することにより算定している。

(2) CASE 2

CASE 2は、CASE 1の要素所得課税ベースの資本所得に株式および土地等の実現キャピタル・ゲイン（ロス）を加えた場合である。わが国では、伝統的に帰属家賃に対する課税が行われてこなかった点を鑑み、現行制度に近い二元的所得税の課税ベースとしてCASE 2の資本所得の範囲を設定した。したがって、このケースでの資本所得には、CASE 1の要素所得課税ベースの資本所得に、前章で推計した株式の実現キャピタル・ゲイン（ロス）と、土地等の譲渡損益が加算されている。

ここで土地・家屋など不動産の実現キャピタル・ゲインを推計するには、株式の場合と同様に、各年の売買額と保有額（または平均保有期間）を知る必要がある。しかし、現在までのところ全国的な不動産売買額や保有期間に関する信頼性ある利用可能なデータは存在しない。そのため、ここでは、土地等のキャピタル・ゲインの尺度として、『国税庁統計年報書』の「所得種類別所得金額」における、保有期間5年超の「分離長期譲渡所得」と保有期間5年以下の「分離短期譲渡所得」の合計額を用いた。

(3) CASE 3

CASE 3は、資本所得の範囲がキャッシュフロー・ベースの要素所得と、株式および土地等の実現キャピタル・ゲイン（ロス）をカバーしている点ではCASE 2と同様であるが、要素所得課税ベースの算定にあたり帰属家賃を加算し、かつ負債利子控除を行っている点で他のケースと異なる。すなわち、CASE 3は、帰属家賃が資本所得として課税されるとともに、利子控除を行う

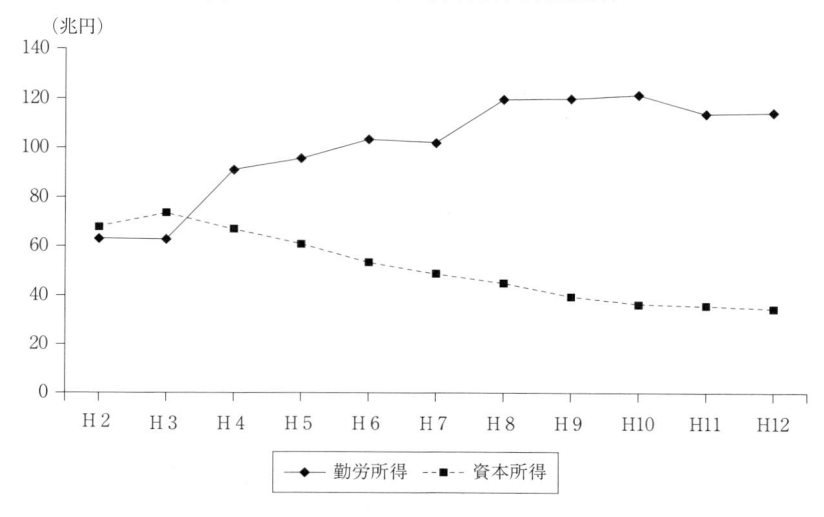

図2−1　CASE 1 での資本所得と勤労所得

(兆円)　縦軸：0〜140　横軸：H2〜H12
　勤労所得：63, 62, 90, 95, 103, 101, 119, 119, 120, 113, 114
　資本所得：68, 74, 67, 61, 53, 48, 45, 39, 36, 35, 34

ことでより理想的な二元的所得税の下での資本所得を想定している。ここでの利子控除は、93 SNA における「持ち家にかかる借入資本利子」および「消費者負債利子」の額を用いている[2]。

2．推計結果

(1) CASE 1

　二元的所得税体系の下での、キャッシュフローをともなう要素所得としての資本所得および勤労所得の課税ベースを示したのが図2−1である。これによると、推計の対象期間である平成2年から平成12年にかけて、課税対象となる勤労所得が63兆円から114兆円へと大幅に増加しているのに対して、課税資本所得については、この間68兆円から34兆円へと半減している。勤労所得と資本所得の互いの変動幅が相殺されることで、結果的に要素所得全体としての課税ベースはこの間、安定的に推移してきたのである[3]。

　では、このような課税資本所得の変動の背後にあるマクロベースの資本所得

図2-2 マクロベースの資本所得と課税所得比率

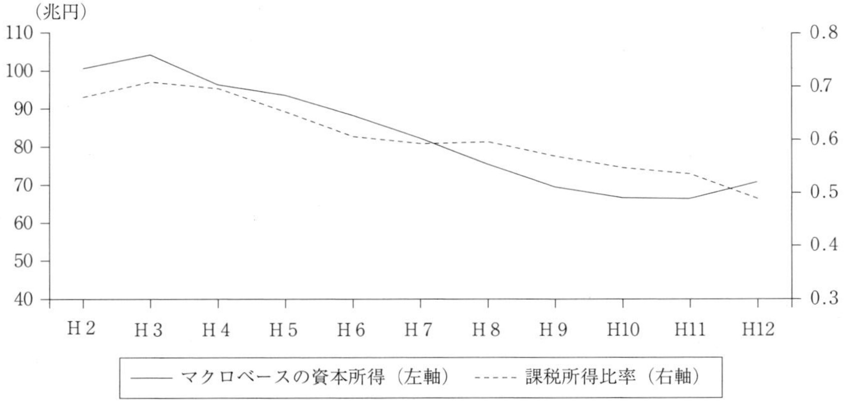

は、この間どのように推移してきたのであろうか。図2-2は、SNAの財産所得、帰属家賃、混合所得のうちの資本所得分で構成されるマクロベースの総資本所得と、それに対する課税資本所得の比率をそれぞれ示している。マクロで見た総資本所得額も平成3年の104兆円から平成11年の66兆円へと課税資本所得と同様に減少傾向にあるが、同時に見過ごせないのは、この間資本所得の課税割合もおよそ7割から5割へと低下していることである。したがって、図2-1に示された課税資本所得の低減は、マクロベースの資本所得の減少とともに、その課税所得割合の低下という2つの要因によって生じたとみられるのである。

そこで、マクロベースの資本所得の構成を見たのが図2-3である。これによると、平成2年において両者の合計で資本所得全体の過半を占めていたのが「利子」と「混合所得（事業所得）の資本所得分」である。しかし、これら2つの主要な所得項目は、推計期間を通じてそれぞれおよそ30兆円から10兆円へと大きく金額を減らしている。これには、90年代を通じての金利の急激な低下が強く影響を及ぼしたと考えられる[4]。

「保険収益（保険契約者に帰属する財産所得）」についても、同様の期間にお

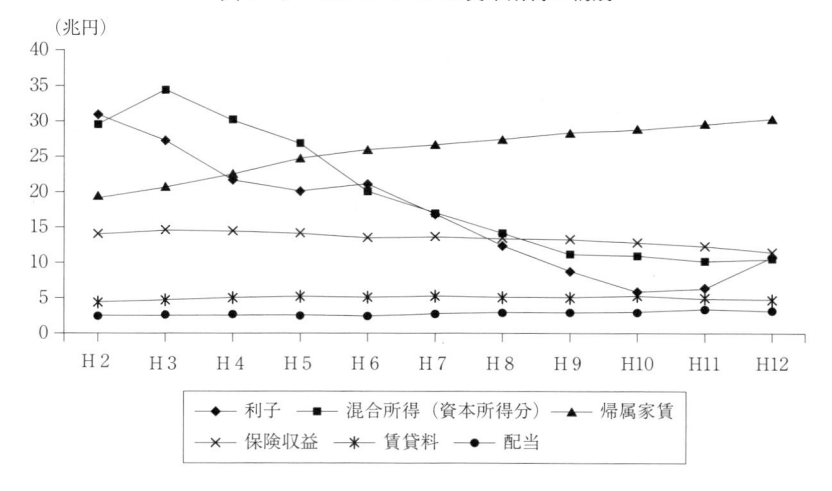

図2-3 マクロベースの資本所得の構成

(兆円)

凡例: ◆ 利子　■ 混合所得（資本所得分）　▲ 帰属家賃　× 保険収益　＊ 賃貸料　● 配当

よそ14兆円から10兆円へと低下している。一方、相対的に規模の小さい「賃貸料」と「配当」はこの間ほとんど変化していない。

　そうしたなか、90年代において確実にそのウェイトを高めているのが帰属家賃である。それは、平成2年の20兆円から平成12年の30兆円までこの間1.5倍に伸長している。CASE 1では、現行税制と同じく帰属家賃は課税所得に含まれていないため、主に利子と混合所得（資本所得分）の落ち込みによって全体の資本所得が減少するなかで、帰属家賃が着実に増大したことは、この期間における資本所得の課税割合を顕著に低下させることになったのである[5]。

(2) CASE 2

　CASE 1の要素所得課税ベースの資本所得に株式および土地等の実現キャピタル・ゲイン（ロス）を加えた場合について見よう。

　図2-4は、第1章で推計された上場株式のキャピタル・ゲイン（ロス）と税務統計に基づく土地等の譲渡所得の推移を示している。株式のキャピタル・ゲインについては、1990年代を通じてほとんどの期間において3兆円から13兆

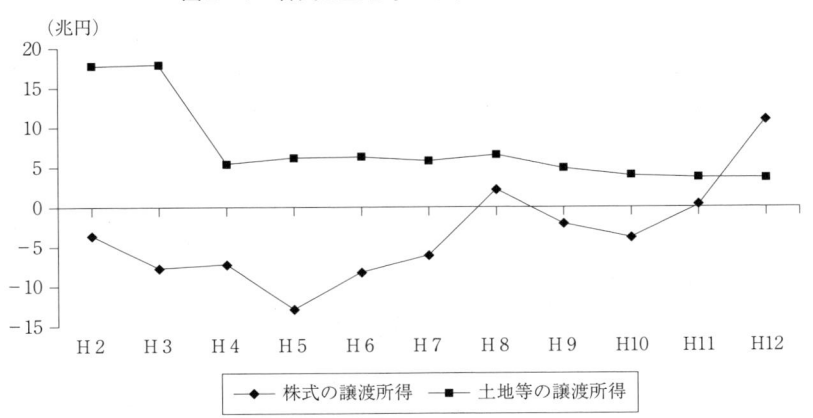

図2-4　株式と土地等のキャピタル・ゲイン

(兆円)
（グラフ：H2～H12の株式の譲渡所得と土地等の譲渡所得の推移）
―◆― 株式の譲渡所得　―■― 土地等の譲渡所得

円ものネットのロスが実現されている。これに対して、土地等のキャピタル・ゲインは、統計上の問題が大きいと考えられるが、すべての期間においてプラスのゲインが実現されている。その譲渡所得の動きをたどると、平成3年から平成4年にかけて18兆円から5兆円へと激減しているが、その後は安定的に推移している。平成4年の落ち込みの背景には、平成3年度税制改正において長期譲渡所得に対する税率引き上げや地価税の創設などの土地課税の強化が図られたことがある[6]。

これらキャピタル・ゲインをCASE 1の資本所得に加えてCASE 2の資本所得を算出したものを、CASE 1のそれとともに示したのが図2-5である。CASE 2の時系列的な動きは、CASE 1とほぼ同様の趨勢であるが、とりわけ株式のキャピタル・ゲインとロスのばらつきによっていくらか不安定となっている。

(3) CASE 3

さらに、CASE 2に帰属家賃を加算して利子控除を行ったケースについてはどうか。帰属家賃の動きは推計期間を通じて増加傾向にあったことはすでに見

図 2-5 CASE 2 の資本所得

(兆円)

―◆― CASE 1 の資本所得　--■-- CASE 2 の資本所得

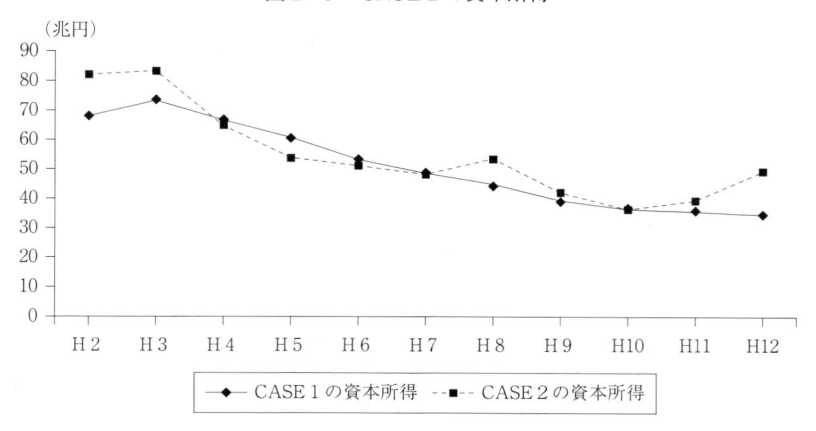

図 2-6 負債利子控除

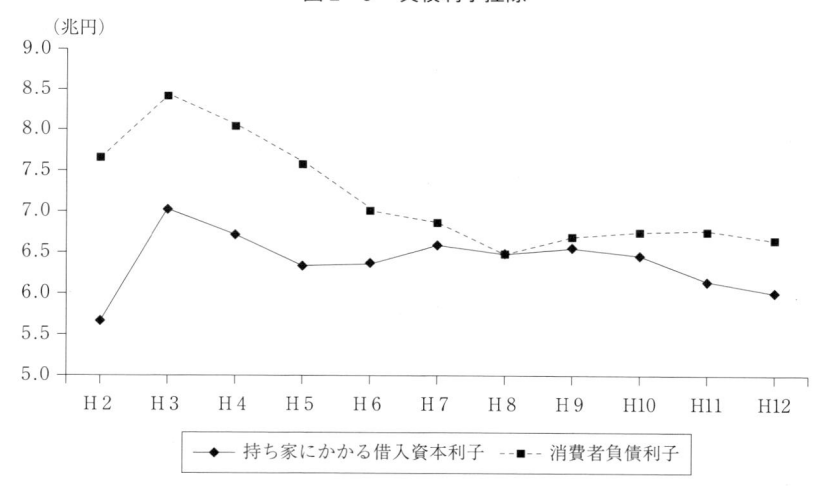

(兆円)

―◆― 持ち家にかかる借入資本利子　--■-- 消費者負債利子

たとおりである。一方、図 2-6 は SNA で分類される「持ち家にかかる借入資本利子」と「消費者負債利子」の推移を示している。どちらも平成 3 年以降低下傾向にあるが、とりわけ住宅ローン利子の落ち込みが相対的に大きくなっている。

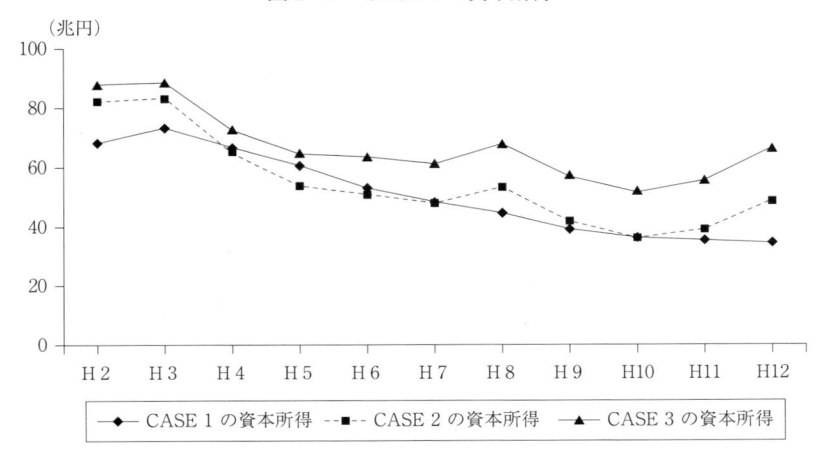

図2-7　CASE 3の資本所得

(兆円)

——◆—— CASE 1の資本所得　--■-- CASE 2の資本所得　——▲—— CASE 3の資本所得

　これらを踏まえて、CASE 3の資本所得を再び他のケースとともに示したのが図2-7である。いずれの年においてもCASE 3の資本所得は、他のケースを上回っているのがわかる。この点は、負債利子の支払いを規模ではるかに凌駕する帰属家賃が毎年発生していることによるものであることは明らかである。

Ⅲ．二元的所得税の下での平均実効税率の推計

1．推計方法

　本節では、前節で示された仮想的な二元的所得課税ベースを基礎にして、税収中立の仮定の下、勤労所得と資本所得に対してどの程度の負担がかかるかを推定する。具体的には、平成2年から平成12年において二元的所得税が現実に施行され、現行税制の下で各年に徴収された所得税収を確保しなければならないと仮定した場合、勤労所得と資本所得にかかる税率がどの程度になるかを明らかにしたい。その際、勤労所得に対する平均実効税率は、資本所得に対する税率を所与とすることによって現実の税収制約から求められる。ここでは、資

本所得に対する税率を 5％ から 5％ 刻みで30％ まで一定とした場合の各ケースについて、勤労所得にかかる平均実効税率を推計している。

なお、CASE 1 では、資本所得の範囲を要素所得に限定しているため、実際の所得税額から、源泉所得税および申告所得税における株式譲渡所得と土地等の譲渡所得にかかる税額を控除した額をもって税収の基礎としている。

具体的な算定方法は以下のとおりである。まず、資本所得に一定率の税率を乗じ、資本所得にかかる税額（税収）を計算する。次に、税収中立の仮定の下、実際の所得税額（CASE 1 では譲渡所得にかかる税額を控除した後の税収額）から資本所得にかかる税額を控除し、勤労所得から徴収すべき税額を算定する。最後に、この税額を勤労所得の課税ベースで除することによって二元的所得税の下での勤労所得にかかる平均実効税率が求められる[7]。

2．推計結果

(1) 勤労所得の平均実効税率

上記の方法に従って推計された CASE 1 から CASE 3 の勤労所得にかかる平均実効税率を、異なる資本所得税率のケースごとに示したものが図 2-8 から図 2-13 である。

まず、各ケースの時系列的な推移を比較すると、CASE 1 と、CASE 2 および CASE 3 の動きが異なっている。本章での定義上 CASE 2 と CASE 3 の違いは、キャッシュフロー・ベースの要素所得に帰属家賃を含め、かつ利子控除を行うか否かの点にあり、資本所得にキャピタル・ゲインが含まれている点は共通している。そのため、前節で示されたように、CASE 2 と CASE 3 を比較した場合、負債利子控除を上回る帰属家賃が CASE 3 の資本所得に含まれている分だけ、資本所得の課税ベースが大きくなっている。その結果、CASE 3 での勤労所得に対する税率が CASE 2 よりも低くなっているが、両者はおおよそ同様な動きを示している。

一方、CASE 1 については、CASE 2 や CASE 3 よりも資本所得の課税ベースが小さいので、その分勤労所得に対してより重い税負担が求められると予想

図2-8　資本所得税率5％の下での勤労所得の平均実効税率

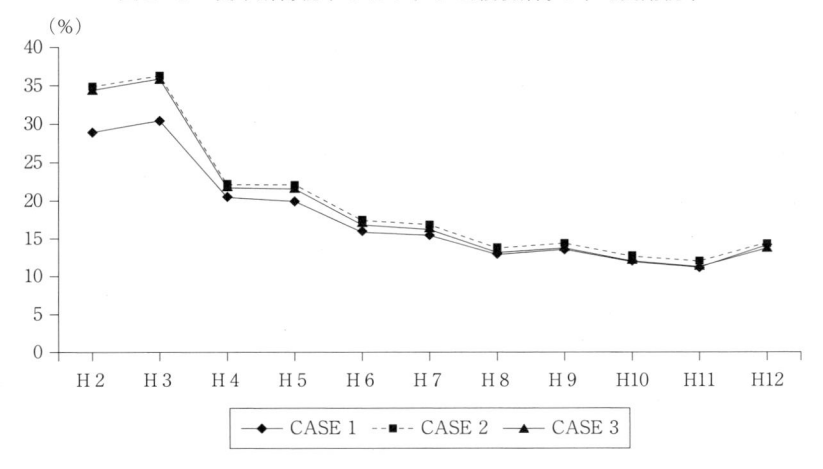

図2-9　資本所得税率10％の下での勤労所得の平均実効税率

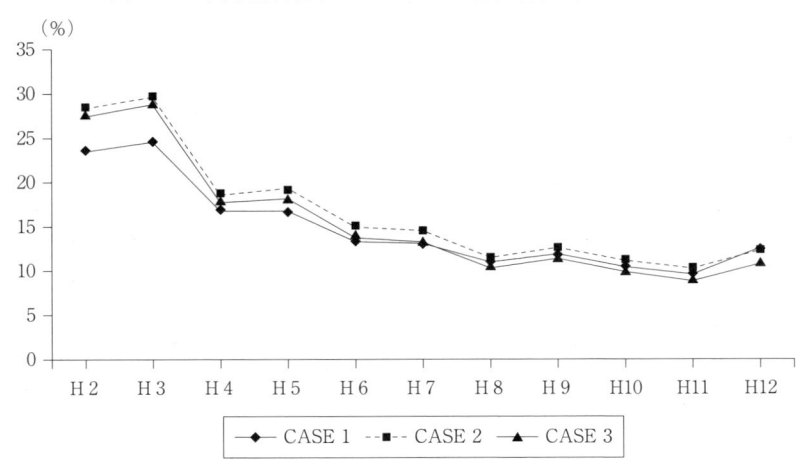

されるかもしれない。しかし、この場合、CASE 1の勤労所得税率が他のケースよりも低くなっているのは、CASE 1では税率算定の基礎となる所得税額にキャピタル・ゲイン課税分が含まれていないからである。そのため、CASE 1は、資本所得の課税ベースが他のケースよりも小さいとはいえ、そのことによ

図 2-10　資本所得税率15％の下での勤労所得の平均実効税率

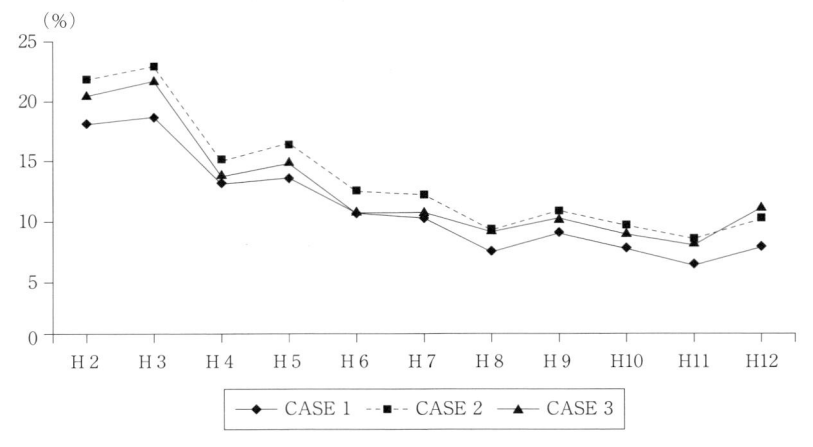

図 2-11　資本所得税率20％の下での勤労所得の平均実効税率

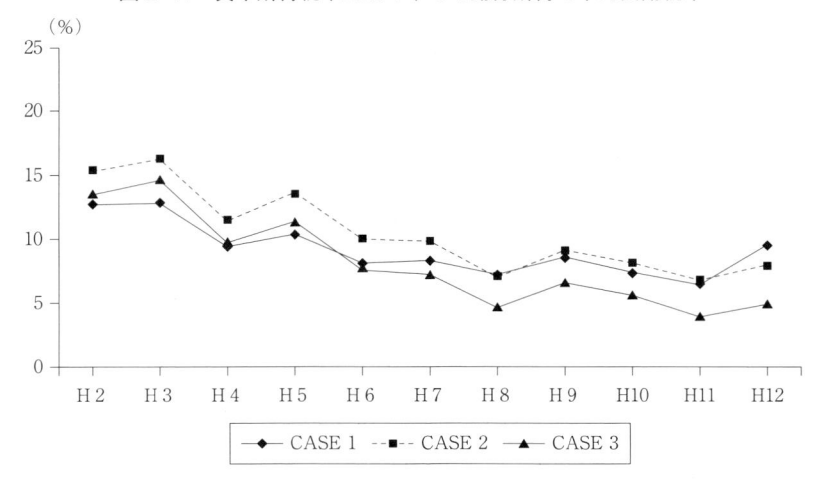

る税率押上げ効果を上回って、この譲渡所得税収分だけ税収を調達しなくてもよいことから、勤労所得に対する実効税率を引き下げることになったのである。

　図 2-14は、これまでの現実の譲渡所得税収とそれが総税収に占める割合をそれぞれ示している。これによると、譲渡所得税は、平成 2 年と 3 年には 4 兆

図 2-12　資本所得税率25％の場合の勤労所得の平均実効税率

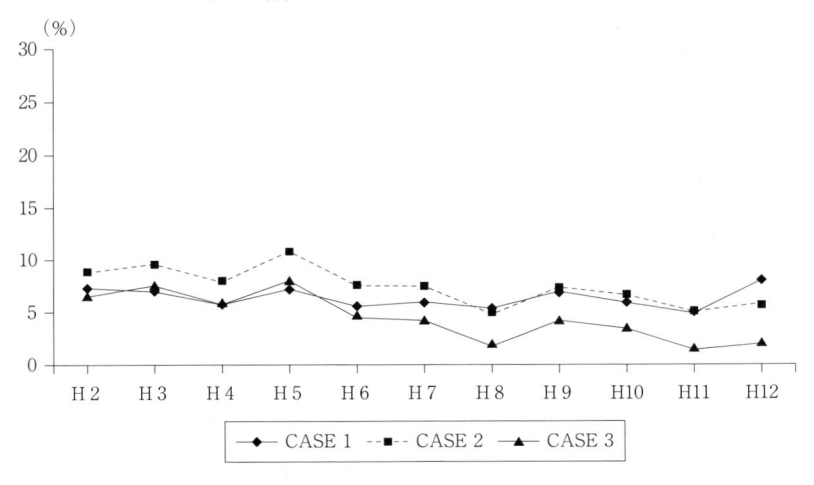

図 2-13　資本所得税率30％の場合の勤労所得の平均実効税率

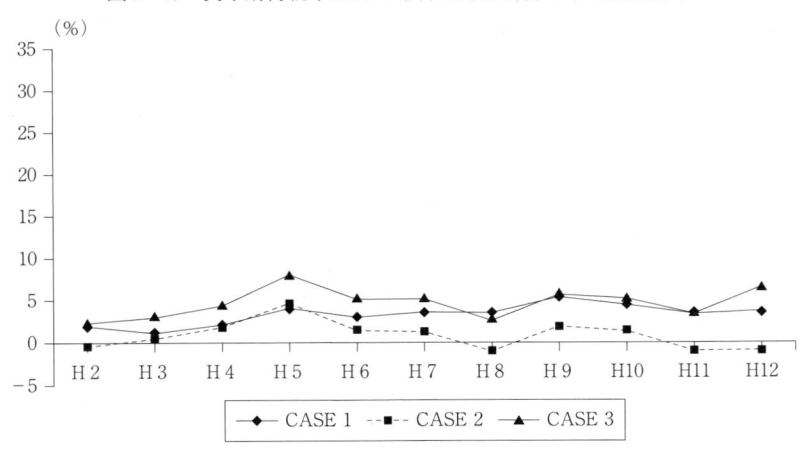

円を超えて徴収されていたものの、平成 4 年に 1 兆4,000億円に落ち込んでからこの間およそ 1 兆円台で推移している。総税収に占める割合の動きもほぼ似通っている。こうした平成 2 年と平成 3 年における多額のキャピタル・ゲイン税収が、両年における CASE 1 と他のケースとの勤労所得税率の格差を生み

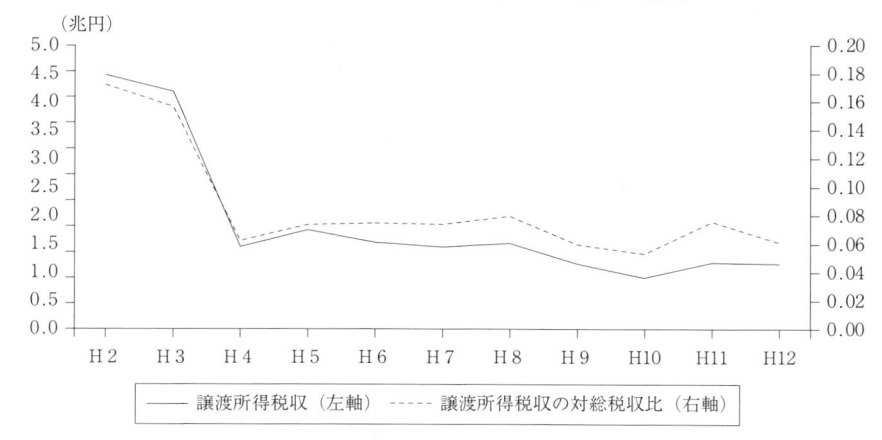

図2-14 譲渡所得税収とその総税収に占める割合

（兆円のグラフ：H2～H12、譲渡所得税収（左軸）と譲渡所得税収の対総税収比（右軸））

出した要因であることは明らかである。

このような推計期間の初期における CASE 1 と CASE 2（ないし CASE 3）との勤労所得税率の差は、資本所得税率が相対的に低い水準に設定されるケースではより顕著であるが、資本所得税率が20％を超えると必ずしもそうではない。例えば、資本所得税率が25％のケースを示した図2-12では、平成2年における CASE 1 の勤労所得税率は、同年の CASE 3 よりも高くなっている。これは、資本所得税率の水準が高くなるにつれて、課税ベースの広い CASE 3 における資本所得税の増収による勤労所得税率の押下げ効果が、先に述べた CASE 1 における譲渡所得税分だけ総税収が少ないことによる勤労所得税率の押下げ効果よりも強まったからであるとみられる。

(2) 勤労所得にかかる税負担の変化

次に、わが国の現行所得税を二元的所得税に転換することにともなう勤労者の負担の変化について検討しよう。ただし、現行の所得税制では、配当所得や不動産所得など資本所得についても依然として総合課税扱いとなる所得項目がいくつかあるために、総税収を勤労所得のみに帰属する部分と資本所得のみに

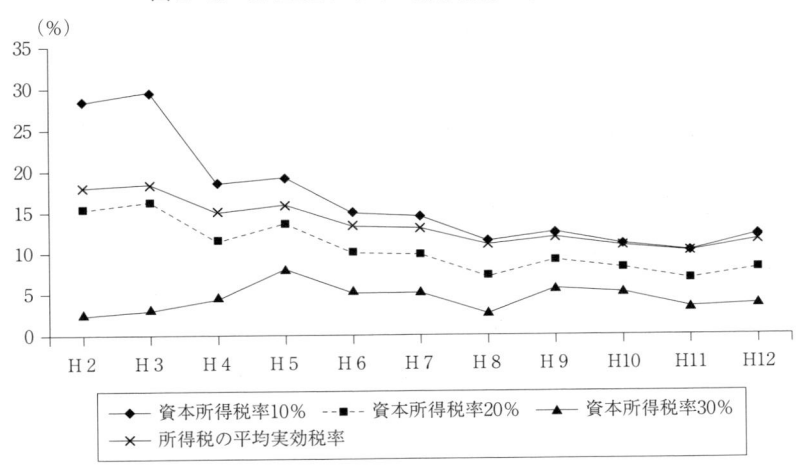

図2-15 CASE 2における勤労所得の平均実効税率

凡例: ◆ 資本所得税率10%　■ 資本所得税率20%　▲ 資本所得税率30%　✕ 所得税の平均実効税率

帰属する部分に分けて、それぞれの実効税率を算定することはほとんど不可能である。そのため、ここでは資本所得にキャピタル・ゲインを含めたCASE 2とCASE 3を取り上げて、現行の所得税収を、推計された所得課税ベースで除した全体の実効税率を基準として、勤労所得にかかる負担の変化を推定する。

図2-15は、CASE 2において資本所得税率が10%、20%、30%の各ケースに対応した勤労所得の平均実効税率と、実際の所得税の平均実効税率を示している。まず資本所得税率が10%の場合では、平成8年以降、勤労所得にかかる税率と現実の所得税率がほぼ同程度の水準となっている。これに対して、資本所得税率が20%の場合には、いずれの年度においても二元的所得税の下での勤労所得税率は、現行所得税率を下回っている。さらに、資本所得税率が30%の場合では、ほとんどの年度において勤労所得税率は5%程度かそれを下回る水準となっている。

同様に、CASE 3においても、異なる資本所得税率に対応する勤労所得税率と所得税の実効税率を示したのが図2-16である[8]。ここで平成8年以降の動きに注目すると、資本所得税率が10%のケースでの勤労所得税率はCASE 2

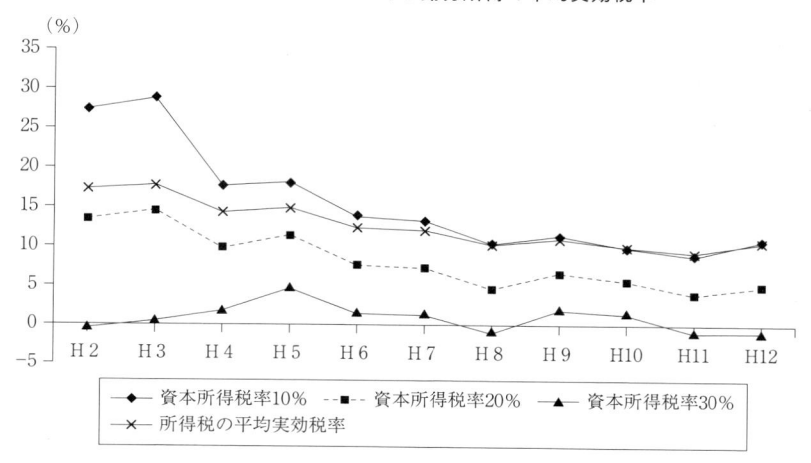

図2-16　CASE 3における勤労所得の平均実効税率

凡例：◆ 資本所得税率10%　-■- 資本所得税率20%　▲ 資本所得税率30%　× 所得税の平均実効税率

とほとんど変わらないものの、資本所得税率を20%に設定すれば、現行所得税の実効税率をはるかに下回る5〜10%程度にまで勤労所得税率を引き下げられることが推測される。これは、CASE 3の課税資本所得額がCASE 2に比べて大きいことから、その分資本所得税率の引き上げ（10→20%）にともなう増収効果が増幅することで、勤労所得にかかる負担を大幅に軽減することが可能となったからである。資本所得税率が30%のケースでは、勤労所得税率がマイナスになる年も出てくるなど、勤労所得の負担軽減効果はいっそう顕著にあらわれている。

　もっとも、ここでの勤労所得の平均実効税率は、その算定方法から、資本所得税率以外にも、①所得税収の規模、②所得税全体の課税ベースの大きさ、③課税ベースとしての勤労所得と資本所得の相対比率、といった要因によって左右される。当然ながら、調達すべき所得税収が少ないほど、また所得税全体の課税ベースが大きいほど、所与の資本所得税率に対して、求められる勤労所得税率の水準は低くなる。

　しかし、勤労所得と資本所得の相対比率によって勤労所得税率の水準がどのように変化するかは、所与の所得税収の下での資本所得税率の水準に依存する。

資本所得税率がある一定の水準（所得税全体の平均実効税率）を下回って相対的に低い場合には、資本所得に対して勤労所得の比重が大きくなるほど、勤労所得税率は低くなる。逆に、資本所得税率が当該水準を超えて高く設定された場合には、資本所得に対する勤労所得の比重が大きくなるにつれて、勤労所得税率は高くなければならない。

　翻って、これまでのケースでは、すべての期間において所得税全体の実効税率が10％台で推移していることから、資本所得税率が10％と20％（ないし30％）では、勤労所得と資本所得の相対比率の違いが勤労所得税率に及ぼす効果は異なることが想定される[9]。

(3) 帰属家賃課税の重要性

　このように考えれば、先の CASE 3 において勤労所得の負担軽減効果が生じたのは、より正確には、設定された資本所得税率の水準（20％ないし30％）が所得税全体の実効税率よりも高い状況の下で、資本所得の課税ベースを帰属家賃（利子控除を認める）にまで拡大したからであるということになる。

　図2-7に示したとおり、すべての期間において家計には負債利子の支払いを大幅に上回る帰属家賃が発生している。これにより、近年では CASE 3 における資本所得の課税ベースは CASE 2 のそれよりも3～4割程度大きくなっている。また、この間、資本所得の課税ベースそのものが大きく縮小する一方で、マクロベースの帰属家賃は増大傾向にあり、それにともなって資本所得の課税割合も低下傾向にあった（図2-2と図2-3を参照）。

　現行の所得税制におけるように帰属家賃が非課税のままで課税ベースに対する帰属家賃の比重が高まれば、それだけで所得税負担率は際限なく低下していく。実際、図2-17に示されるとおり、わが国の所得税負担率（所得税収が国民所得に占める割合）はこの間低下基調にあり、所得税の財源調達機能が大幅に後退していることは明らかである。

　所得税の基本的な機能を回復させつつ、高齢社会の下での現役勤労世代にかかる負担を抑制するためには、とりわけ富裕な高齢世代が受益者となりやすい

図2-17 所得税負担率の推移

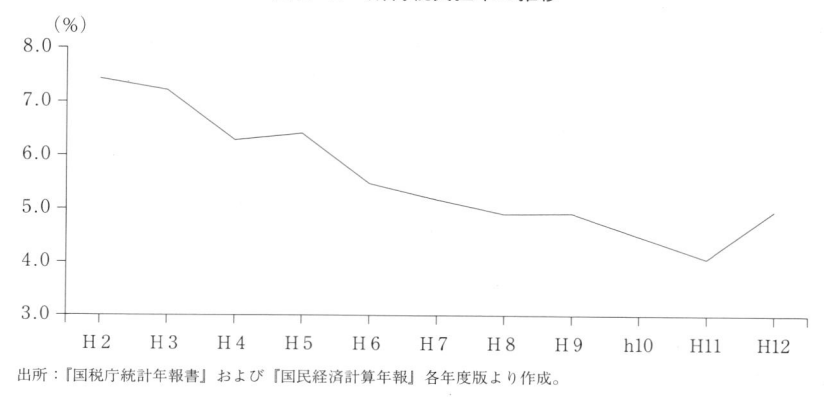

(%)
縦軸: 3.0 ～ 8.0
横軸: H2, H3, H4, H5, H6, H7, H8, H9, h10, H11, H12

出所:『国税庁統計年報書』および『国民経済計算年報』各年度版より作成。

資本所得の課税ベースを拡大することが望ましい。この点で、帰属家賃は、資本所得の課税ベースとして無視できない規模にまで拡大しており、帰属家賃への課税は、二元的所得税への移行の是非にかかわらず、今後の税制改革にあたって検討すべき重要な論点であると考えられる。

Ⅳ．むすび

これまで本章では、わが国の現行所得税を、北欧型の二元的所得税に転換した場合、税収中立の仮定の下で、主として資本所得に対する比例税率を所与としたときに勤労所得にどのような負担の変化が生じるかについて検討してきた。

現在、わが国において利子、配当、株式譲渡所得に対する基本税率が20％であることを鑑みれば、現行所得税から二元的所得税に移行した場合の資本所得税率としては20％を想定するのが最も現実的である。そうした中で、この税率が現行所得税の平均実効税率よりも高い水準にあることから、現行所得税の課税ベース（キャピタル・ゲインを包摂し、帰属家賃を含まない）に近い、資本所得税率20％の二元的所得税の下では、勤労所得にかかる税率は、現行所得税の平均実効税率を下回ると推定された。一方、資本所得の課税ベースを帰属家

賃等にまで拡大したケースでは、勤労所得にかかる負担をさらに軽減することが可能となった。

しかしながら、本章での推計の基礎となる所得税収は、歳入決算後の数値であるため、これには平成元年以降の所得税制のフラット化、課税最低限の引き上げ、特別減税や定率減税、さらにはさまざまな形での政策減税等が影響を及ぼしていることはいうまでもない[10]。これら一連の所得減税の結果、わが国所得税の財源調達機能は大幅に低下することになった。高齢社会の本格的到来とともに今後ますます高まる財政需要を目前にして、基幹税としての個人所得税の抜本的な建て直しは急務であるとみられる。その点で、より現実に即した二元的所得税の下での勤労所得税率を推定するには、本章での基礎となる所得税収も、本来望ましい所得税負担率を考慮したうえで上方に修正する必要があるかもしれない。

いずれにせよ、そうした状況下にあって、近年マクロベースの帰属家賃の規模は増大傾向にあり、勤労所得にかかる税負担の増加を最小限に抑えるためにも、こうした帰属家賃への課税は、資本所得の課税ベースをより安定的に維持するという意味で、今後のわが国所得税政策において避けられない重要な課題の一つであると考えられる。

注
1) 例えば、二元的所得税の理論的側面を検討したものとして Sørensen [1998]、石 [1999]、馬場 [2000]、馬場 [2002] などがある。また、馬場 [2004a]、野村 [2004]、松田 [2005] は、二元的所得税の実施国であるスウェーデンやノルウェー等の実態を明らかにしている。一方、日本の金融所得税改革との関連から二元的所得税を検討したものとして、森信 [2002]、森信 [2004]、小林 [2004]、馬場 [2004b] などがある。
2) 帰属家賃に対する課税を前提とするならば、利子控除として「持ち家にかかる借入資本利子」のみとする考え方もある。しかし、現実には明示的な「住宅ローン」の形式をとらない借入れによる住宅取得も想定されるため、ここでは SNA のデータ上の制約から「持ち家にかかる借入資本利子」以外の「消費者負債利子」も含めたより広範囲の利子控除を認めた形で推計を行っている。
3) 第1章のIIの推計結果を参照。
4) 長期国債10年物の年平均流通利回りは、平成2年の7.02%から平成12年の1.75%

まで低下している（日本銀行『金融経済統計月報』を参照）。

5） 帰属家賃と並んで資本所得の課税ベースを縮小させるもう一つの要因である非課税利子は、90年代を通じて減少傾向にある。

6） 個人が5年超保有する土地・建物の譲渡益に対する税率は、それまでの所得税20～25％、住民税6～7.5％から平成4年以降、所得税一律30％、住民税一律9％に引き上げられた。さらに、これら土地課税の強化にともなう土地バブルの崩壊も土地譲渡所得の大幅な減少につながったとみられる。

7） CASE 1からCASE 3の算定方法を要約すると、以下のとおりである。

CASE 1：要素所得方式であるので、$T_1 = t_r rK + t_w(wL - E)$ となる。ただし、rK は資本所得、wL は勤労所得、E は所得控除とする。はじめに、この要素所得の下で得られる税収（T_1）を与える。次に、資本所得にかかる税率（t_r）を与えると、資本所得税収（T_K）が算出される。T_1からT_Kを控除した税収（T_L）を勤労所得から調達しなければならない。そこで、差額のT_Lを勤労所得の課税ベース（$wL - E$）で除したものが平均実効税率（t_w）として推計される。

CASE 2：$T_2 = t_r(rK + \Delta W) + t_w(wL - E)$ となる。CASE 1との相違は、資本所得にかかる税収の算定の項が $t_r(rK + \Delta W)$ とキャピタル・ゲイン（ロス）（ΔW）を考慮している点である。平均実効税率（t_w）の推計方法はCASE 1と同様である。

CASE 3：$T_3 = t_r(rK + \Delta W + R - iD) + t_w(wL - E)$ となる。CASE 2との相違は、帰属家賃（R）、および借入（D）に借入利子率（i）を乗じた利子控除を考慮している点である。平均実効税率（t_w）の推計方法はCASE 1およびCASE 2と同様である。

8） CASE 3における所得税の実効税率は、実際の総税収をこのときに定義された資本所得の課税ベースと勤労所得の課税ベースの合計額によって除して求めている。そのため、全体の課税ベースが帰属家賃等の分だけ大きいので、CASE 2における現行所得税の実効税率よりもいくぶん低い値となっている。

9） 実際には、経年的に勤労所得の課税ベースが拡大している（全体の課税ベースが一定で勤労所得と資本所得の比率のみが変化しているわけではない）ので、両者の相対比率が変化したことによる効果は必ずしも明瞭ではない。

10） 所得税の税率構造については、平成7年に限界税率が適用される各所得ブラケットが拡大されたほか、平成11年には最高税率が50％から37％に引き下げられるなどによりフラット化が進んだ。一方、特別減税については、平成6年～8年に所得税額の一定割合を控除する定率減税、平成10年に扶養家族に応じた定額減税、さらに11年以降には再び定率減税が実施されてきている。家計に対する政策減税としては、この間特に住宅ローン税額控除の規模が大きい。

【参考文献】

Sørensen, P. B. [1998], *Tax Policy in the Nordic Countries*, London, Macmillan Press, 1998.（馬場義久監訳『北欧諸国の租税政策』財団法人日本証券経済研究所、2001年）.

石弘光［1999］「二元的所得税論について——利子・譲渡益をいかに課税すべきか——」『成城大学経済研究所年報』No. 12、5-32頁。
小林均［2004］「二元的所得税とわが国の金融所得課税」『甲南経済学論集』第44巻第4号、427-450頁。
野村容康［2004］「ノルウェーの二元的所得税」証券税制研究会編『二元的所得税の論点と課題』財団法人日本証券経済研究所、31-63頁。
馬場義久［2000］「Dual Income Tax論と金融所得税制の改革——スウェーデンの経験をふまえて——」日本の証券市場と税制研究会編『資産所得課税の理論と実際』財団法人日本証券経済研究所、35-54頁。
馬場義久［2002］「二元的所得税制とは何か——理論的特徴・実際・含意——」『税研』第103号、日本税務研究センター、16-24頁。
馬場義久［2004a］「スウェーデンの二元的所得税——その到達点と日本への教訓——」証券税制研究会編『二元的所得税の論点と課題』財団法人日本証券経済研究所、1-30頁。
馬場義久［2004b］「金融所得課税一元化とロス控除——二元的所得税の優位性——」証券税制研究会編『二元的所得税の論点と課題』財団法人日本証券経済研究所、209-230頁。
松田由加［2005］「二元的所得税における税負担の累進性——スウェーデンを素材として——」『NUCB journal of economics and information science（名古屋商科大学）』第49巻第2号、339-348頁。
森信茂樹［2002］「二元的所得税とわが国への政策的インプリケーション」『フィナンシャル・レビュー』第65号、38-65頁。
森信茂樹［2004］「二元的所得税と金融税制一元化——残された課題——」証券税制研究会編『二元的所得税の論点と課題』財団法人日本証券経済研究所、231-256頁。

【参考資料】
国税庁編『国税庁統計年報書』大蔵財務協会、各年版。
国税庁企画課編『税務統計から見た申告所得税の実態——申告所得税標本調査結果報告——』財務省印刷局、各年版。
国税庁企画課編『税務統計から見た民間給与の実態——国税庁民間給与実態統計調査結果報告——』財務省印刷局、各年版。
内閣府経済社会総合研究所編『国民経済計算年報』国立印刷局、各年版。
日本銀行調査統計局『金融経済統計月報』各号。

第Ⅱ部　わが国所得税の再配分効果

第3章 申告所得税における所得者別・所得階層別の再分配効果

I. はじめに

　本章では、タイル尺度に基づく所得者別・所得階層別の要因分解によって、わが国における所得課税の再分配効果について明らかにする。すなわち、申告所得に関する税務統計データを利用して、所得再分配の観点から申告所得税が所得者別、並びに所得階層別にどのような効果をもたらしているか、またそうした所得税の再分配効果が主として「税率」と「控除」のどちらに、またどの程度起因するものかを検証したい。

　わが国における所得税の再分配効果については、これまで貝塚・新飯田［1965］、石［1979］、伊多波［1986］をはじめとして、多くの実証研究が行われてきた。そこでは、主に所得分配のジニ係数とそれを基礎にした再分配係数の推計を通じて、累進課税に基づく所得税の再分配効果の変遷について分析されてきた。だが、これらの研究では、具体的にどのような要因によって所得課税の再分配効果が変化したかについては必ずしも明らかでない[1]。

　しかしながら、このような再分配効果の変化の背景にある制度的要因を解明するにあたっては、少なくとも既存のミクロデータを用いて要因分析を行うことはほとんど不可能である。標本家計調査に基づく個票データは、税額に関する情報の精度が高くないうえに、所得控除や税額控除に関する数値が完全に欠落しているからである。また、従来のジニ係数に基づく手法では、その値がグループごとの所得分配の相対的な順位に強く影響を受けるという特性をもつため、適切な要因分析を行うことは必ずしも容易でない[2]。そこで、本章では、

税務統計データを基礎にしたタイル尺度を計測することによって、所得税の再分配効果について要因分解を試みる[3]。Sen［1997］によると、所得分配における不平等を測定するタイル尺度の特長は、この要因分解が整合性を維持しつつ可能な点にある[4]。

本章の構成は以下のとおりである。まず、Ⅱで、申告所得税の再分配効果を所得者別・所得階層別に整合的に要因分解して分析する方法、並びに所得税の再分配効果を控除効果と税率効果に区分する方法について説明する。続くⅢで分析結果を示す。そこでは、とりわけ申告所得税の税負担配分が所得者別・階層別にどのような効果をもたらしているのか、またその再分配効果が主として控除効果と税率効果のどちらに、またどの程度基づくものかを検証する。最後にⅣで、本章で明らかにされた結果をまとめることでむすびに代えられる。

Ⅱ．分析方法

1．ジニ係数

税制の再分配に及ぼす効果を測定するために一般に用いられるのが、ジニ係数に基づいた再分配係数である。

ジニ係数は、所得のすべての対を対称的にとり、その差の絶対値の総計を総所得で除したものによって、所得分配の不平等を測るものであり、ある所得分配 $x = (x_1, x_2, \cdots\cdots, x_n)$ に対して、

$$G_x = \frac{1}{2n^2\mu} \sum_{i=1}^{n} \sum_{j=1}^{n} |x_i - x_j| \tag{1}$$

と定義される。

さて、この所得分配に対して、所得税などの累進構造をもつ税制には所得分配を平等化する機能があり、課税後の所得分配は、$y = (y_1, y_2, \cdots\cdots, y_n)$ に変化することになる。そのとき、事後的な所得再分配効果の大きさは、課税によって所得分配がどれだけ変化したか、すなわち不平等度がどれだけ変化したか

を求めればよいことになる。そこで、課税前のジニ係数 G_x と課税後のジニ係数 G_y を比較して、その変化率を再分配係数 ϕ として、

$$\phi = \frac{G_x - G_y}{G_x} \tag{2}$$

と定義し、この値によって再分配効果の大きさを測定する。これまで、この方法によって多くの実証研究がなされてきた[5]。だが、ジニ係数で不平等を測定している限り、何が原因でジニ係数が変化しているのかを分析することには一定の限界があるといわれている[6]。

2．タイル尺度

所得分配における不平等を測定するタイル尺度の特長は、この要因分解が可能な点にある。そのため、タイル尺度を利用すれば、税制の再分配効果をその要因に分解して分析することが可能となる[7]。

タイル尺度 T は、所得分配 $x = (x_1, x_2, \cdots\cdots, x_n)$ において、総所得を1に基準化するならば、所得分配のエントロピーは所得が完全に均等化されたときに最大値 $\log n$ をとるという性質に着目し、各々の所得のエントロピーをその最大値 $\log n$ から控除することによって得られる不平等の尺度として定義される。すなわち、ある所得分配 $x = (x_1, x_2, \cdots\cdots, x_n)$ に対して、

$$T_x = \sum_{i=1}^{n} \frac{x_i}{n\mu} \log \frac{x_i}{\mu} \tag{3}$$

とあらわされる。ただし、μ は所得の平均値を示している。

前述のとおり、タイル尺度であらわされる所得分配の不平等度はさまざまな要因に分解可能である。そこで、上述の所得分配 $x = (x_1, x_2, \cdots\cdots, x_n)$ を K グループに分割することで、タイル尺度は、

$$T_x = \sum_{k=1}^{K} \frac{n_k \mu_k}{n\mu} T_x^k + \sum_{k=1}^{K} \frac{n_k \mu_k}{n\mu} \log \frac{\mu_k}{\mu} \tag{4}$$

とあらわすことができる。ただし、k は第 k グループを示し、x_i^k は第 k グループの i という人の所得、μ_k は第 k グループの平均所得、n_k は第 k グループの人

数である。また、T_x^k は、第 k グループのタイル尺度であり、$T_x^k = \sum_{i=1}^{n_k} \frac{x_i^k}{n_k \mu_k} \log \frac{x_i^k}{\mu_k}$ とあらわされる。

一般に、(4)式の第1項をグループ内タイル尺度 T_x^α と呼び、第2項をグループ間タイル尺度 T_x^β と呼んでいる。すなわち、全体の所得分配における不平等度は、それぞれの所得シェアによってウェイトづけられたグループ内所得分配の不平等度とグループ間の不平等度とに分解される。これによって、全体の所得分配における不平等度が主としてどのような要因に基づくものであるのか、分析的に明らかにされる。

さて、この所得分配に対して、所得税などの累進構造をもつ税制には所得分配を平等化する機能があり、課税後の所得分配は、$y = (y_1, y_2, \ldots, y_n)$ に変化することになる。そのとき、事後的な所得再分配効果の大きさは、ジニ係数の場合と同様に、課税によって所得分配がどれだけ変化したか、すなわち不平等度がどれだけ変化したかを測ればよいことになる。そこで、課税前のタイル尺度 T_x と課税後のタイル尺度 T_y を比較して、その変化率をタイル尺度の再分配係数 ψ として、

$$\psi = \frac{T_x - T_y}{T_x} \tag{5}$$

と定義し、この値によって再分配効果の大きさを測定する[8]。

さらに、タイル尺度はグループによる要因分解が可能である。すなわち、グループ内タイル尺度とグループ間タイル尺度とに要因分解される。そこで、この性質を利用して、課税によるタイル尺度の再分配係数について、その要因分解によって税制の効果を分析することができる。(4)式からわかるように、まず(i)グループ内タイル尺度と(ii)グループ間タイル尺度への効果である。次に、グループ内タイル尺度は、グループのタイル尺度 T_x^k、グループの人数シェア $\frac{n_k}{n}$、グループの平均所得比率 $\frac{\mu_k}{\mu}$ に分解可能である。したがって、これらの構成要因に分解して、税制の再分配効果をグループ別に分析することが可能となる。

3．グループ内タイル尺度とグループ間タイル尺度

前項(4)式に従い全体のタイル尺度をグループ内タイル尺度とグループ間タイル尺度に要因分解し、全体のタイル尺度に与えるグループ内あるいはグループ間タイル尺度の影響について、その分析方法を述べる[9]。ここでのグループ内タイル尺度とはグループ内不平等度を、グループ間タイル尺度とはグループ間不平等度を、それぞれあらわしている。

われわれが使用するデータは、『税務統計から見た申告所得税の実態』である。同統計資料は、昭和38年以降毎年度公表されており、分析にあたっては平成15年までのデータを用いている。①はじめに、本章での所得者別のグループは、同資料の所得者に関する分類に従った。その分類は、「営業所得者」、「農業所得者」、「その他事業所得者」、「その他所得者」の4グループを基本としている。しかしながら、「その他事業所得者」については、昭和38～42年まで「庶業所得者」という名称で表示され、平成13年以降は「営業所得者」に統合され「営業等所得者」として分類される。また、「その他所得者」については、昭和38年～43年において「給与所得者」、「資産所得者」、「譲渡・山林所得者」と分類されていたが、昭和44年以降「その他所得者」に統合された。さらに、「営業所得者」については、平成13年以降「その他事業所得者」と統合され、「営業等所得者」として区分される。これらの分類に対応して所得者別にグループ内タイル尺度とグループ間タイル尺度を求め、所得者別の再分配効果を推計することが可能となる。

②同様に、所得階層別にグルーピングして、所得階層別の再分配効果を分析する。全体の人数nに占める各階層の人数n_kのシェア$\frac{n_k}{n}$を基準とし、当該データに示される所得金額の所得階級分布の段階を5つに区分し、それぞれ低所得階層、中所得階層（下）、中所得階層（上）、高所得階層（下）、高所得階層（上）としている。具体的には、表3-1の所得階層区分に示される[10]。また、平成元年以降の所得階級区分の14階級から18階級への細区分化に対応して、表3-2のように高所得階層（上）をさらに高所得階層（上・下）と高所得階層（上・

表 3-1　所得階層区分

昭和40年

所得階級区分	所得金額	n_k/n
低所得階層	20万円以下 30万円以下 40万円以下	0.2224
中所得階層（下）	50万円以下 70万円以下	0.3625
中所得階層（上）	100万円以下 200万円以下	0.3271
高所得階層（下）	300万円以下 500万円以下	0.0741
高所得階層（上）	1,000万円以下 2,000万円以下 2,000万円超	0.0139

昭和41年（41年・42年）

所得階級区分	所得金額	n_k/n
低所得階層	30万円以下 40万円以下	0.1996
中所得階層（下）	50万円以下 70万円以下	0.3608
中所得階層（上）	100万円以下 200万円以下	0.3453
高所得階層（下）	300万円以下 500万円以下	0.0784
高所得階層（上）	1,000万円以下 2,000万円以下 2,000万円超	0.0159

昭和43年（43年〜46年）

所得階級区分	所得金額	n_k/n
低所得階層	30万円以下 40万円以下 50万円以下	0.2082
中所得階層（下）	70万円以下 100万円以下	0.4462
中所得階層（上）	150万円以下 200万円以下	0.2244
高所得階層（下）	300万円以下 500万円以下	0.0973
高所得階層（上）	1,000万円以下 2,000万円以下 2,000万円超	0.0239

昭和47年

所得階級区分	所得金額	n_k/n
低所得階層	50万円以下 70万円以下	0.1937
中所得階層（下）	100万円以下 150万円以下	0.4226
中所得階層（上）	200万円以下 300万円以下	0.2223
高所得階層（下）	500万円以下 1,000万円以下	0.1321
高所得階層（上）	2,000万円以下 3,000万円以下 5,000万円以下 5,000万円超	0.0294

昭和48年

所得階級区分	所得金額	n_k/n
低所得階層	50万円以下 70万円以下	0.1522
中所得階層（下）	100万円以下 150万円以下	0.3907
中所得階層（上）	200万円以下 300万円以下 400万円以下	0.3056
高所得階層（下）	500万円以下 700万円以下 1,000万円以下	0.1080
高所得階層（上）	2,000万円以下 3,000万円以下 5,000万円以下 5,000万円超	0.0436

昭和49年

所得階級区分	所得金額	n_k/n
低所得階層	100万円以下 150万円以下	0.4903
中所得階層（下）	200万円以下 300万円以下	0.3022
中所得階層（上）	400万円以下 500万円以下	0.1070
高所得階層（下）	700万円以下 1,000万円以下	0.0695
高所得階層（上）	2,000万円以下 3,000万円以下 5,000万円以下 5,000万円超	0.0310

昭和50年（50年〜63年）

所得階級区分	所得金額	n_k/n
低所得階層	50万円以下 70万円以下 100万円以下	0.2237
中所得階層（下）	150万円以下 200万円以下	0.3747
中所得階層（上）	300万円以下 400万円以下	0.2439
高所得階層（下）	500万円以下 700万円以下	0.0862
高所得階層（上）	1,000万円以下 2,000万円以下 3,000万円以下 5,000万円以下 5,000万円超	0.0714

平成元年（元年〜15年）

所得階級区分	所得金額	n_k/n
低所得階層	70万円以下 100万円以下	0.0736
中所得階層（下）	150万円以下 200万円以下	0.2163
中所得階層（上）	250万円以下 300万円以下 400万円以下	0.3458
高所得階層（下）	500万円以下 600万円以下 700万円以下	0.1849
高所得階層（上）	800万円以下 1,000万円以下 1,200万円以下 1,500万円以下 2,000万円以下 3,000万円以下 5,000万円以下 5,000万円超	0.1794

表3-2 所得階層区分（平成元年～15年）

所得階級区分		所得金額	n_k/n	
低所得階層		70万円以下 100万円以下	0.0736	
中所得階層（下）		150万円以下 200万円以下	0.2163	
中所得階層（上）		250万円以下 300万円以下 400万円以下	0.3458	
高所得階層（下）		500万円以下 600万円以下 700万円以下	0.1849	
高所得階層（上）	高所得階層（上・下）	800万円以下 1,000万円以下 1,200万円以下	0.1794	0.0915
	高所得階層（上・上）	1,500万円以下 2,000万円以下 3,000万円以下 5,000万円以下 5,000万円超		0.0879

上）に細区分している[11]。

4．税率効果と控除効果

先の(5)式で定義された全体の再分配効果は、主として税率に基づく部分（税率効果）と控除に基づく部分（控除効果）に要因分解できる。所得控除前の総所得金額および所得控除後の課税標準額のデータが公表されているので、タイル尺度の計測にあたり前者を基準とした場合には全体の再分配効果、後者を基準とした場合には税率の再分配効果が得られ、両者の差が控除の効果として計測可能となる。

全体の再分配効果ψは、(6)式のごとく書き直すことができる。

$$\psi = \frac{Y_{Theil} - (Y - T_{Tax})_{Theil}}{Y_{Theil}} \tag{6}$$

Y：総所得金額、T_{Tax}：所得税額

ここで、Y_{Theil} は総所得金額の課税前タイル尺度、$(Y-T_{Tax})_{Theil}$ は総所得金額の課税後タイル尺度である。また、課税による税率効果 τ は、課税標準額の課税前タイル尺度から課税標準額の課税後タイル尺度の変化率を示し、(7)式のごとく示される。

$$\tau = \frac{Y(1-d)_{Theil} - Y(1-d)(1-t)_{Theil}}{Y(1-d)_{Theil}} \tag{7}$$

d：所得控除率、t：税率

一方、控除効果 δ は 2 つの効果の合計としてあらわされる。第一の効果は、総所得金額から控除額がいったん留保されることにより、総所得金額の課税前タイル尺度 Y_{Theil} から課税標準額の課税前タイル尺度 $Y(1-d)_{Theil}$ への変化率として示される。第二の効果は、いったん留保された控除額が課税標準額の課税後所得に戻されることにより、課税標準額の課税後タイル尺度 $Y(1-d)(1-t)_{Theil}$ から総所得金額の課税後タイル尺度 $(Y-T_{Tax})_{Theil}$ への変化率として示される。したがって、この両者を合わせた (8) 式が、本来の控除効果 δ をあらわす。

$$\delta = \frac{Y_{Theil} - Y(1-d)_{Theil}}{Y_{Theil}} + \frac{Y(1-d)(1-t)_{Theil} - (Y-T_{tax})_{Theil}}{Y(1-d)(1-t)_{Theil}} \tag{8}$$

しかし、本章では税務データによる制約から、控除効果は全体の再分配効果から税率の再分配効果を差し引くことによって、(9) 式で求めている[12]。

$$\delta + residual = \frac{Y_{Theil} - (Y-T_{Tax})_{Theil}}{Y_{Theil}}$$
$$- \frac{Y(1-d)_{Theil} - Y(1-d)(1-t)_{Theil}}{Y(1-d)_{Theil}} \tag{9}$$

したがって、このようにして測定される控除の効果は本来の控除効果とは一致しない。なぜなら、その差額である *residual* をも控除の効果として含めて

測定されるからである。それゆえ、以下の分析において、控除効果と税率効果を比較する場合には、この点に留意する必要がある。

III. 分析結果

1. 全体の効果

まず、申告所得税全体の再分配効果をジニ係数およびタイル尺度により検討する。図3-1は、IIの(1)式および(3)式に従って推計された申告所得税におけるジニ係数およびタイル尺度の推移（昭和38年～平成15年）を示している。両者の動きについて特徴的なのは、第一に、昭和44年～50年において両者の値が急激に変動することである。特にタイル尺度においてその変動は大きく、昭和43年に0.42（0.29）であった値が昭和48年には0.86（0.78）にまで上昇し、その後昭和51年には0.50（0.37）まで低下している[13]。また、ジニ係数においても同様に、昭和43年に0.44（0.38）であった値が昭和48年には0.59（0.56）にまで上昇し、その後昭和51年には0.49（0.44）まで減少している。その推移は、両者ともほぼ同様であるが、当該期間におけるジニ係数の変動幅はタイル尺度のそれよりも小さい。

第二に、昭和62年～平成3年における動きも顕著である。昭和44年～50年と同様、当該期間における変動は特にタイル尺度について大きく、昭和61年に0.64（0.48）であった値が平成2年には0.90（0.77）にまで上昇し、その後平成4年には0.59（0.47）へと低下している。一方、ジニ係数においても、昭和61年に0.53（0.48）であった値が平成2年には0.60（0.56）にまで上昇し、その後平成4年には0.52（0.47）まで減少している。しかし、ここでも当該期間におけるジニ係数の変動幅は、タイル尺度のケースよりも小さいものとなっている。

総じて、分析対象期間におけるジニ係数およびタイル尺度は、変動期を除くと比較的安定的な上昇傾向にあり、また両者は分析対象期間を通じてほぼ同様

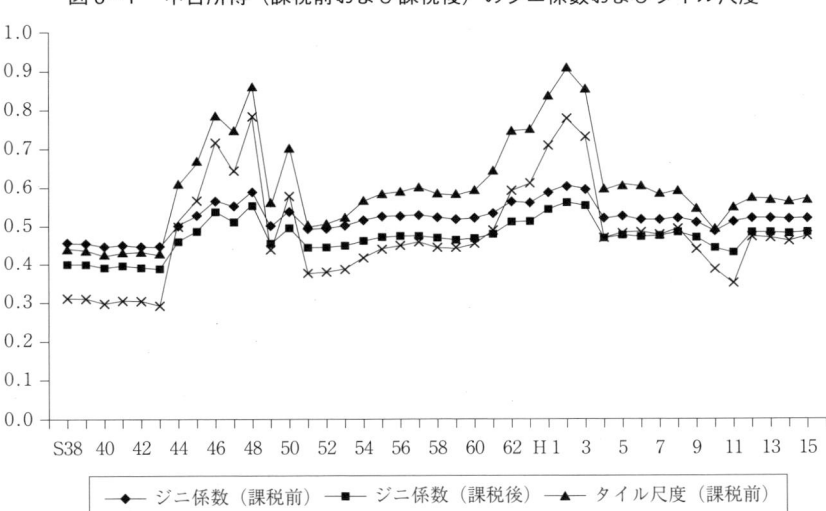

図3-1 申告所得（課税前および課税後）のジニ係数およびタイル尺度

──◆── ジニ係数（課税前）　──■── ジニ係数（課税後）　──▲── タイル尺度（課税前）
──✕── タイル尺度（課税後）

な動きを示している。

　しかしながら、われわれは税制による再分配効果を問題としているため、所得不平等度そのものの推移よりも税制が所得分配に及ぼす効果に注目したい。そこで、Ⅱの(2)式と(5)式により推計されたジニ係数に基づく再分配係数 ϕ、およびタイル尺度に基づく再分配係数 Ψ の推移を示したのが図3-2である。両者の再分配係数は、先に指摘した2度にわたる不平等指標の変動期において急激に低下することがみてとれる。われわれは、それらの期間（昭和44年～50年、昭和62年～平成3年）における再分配係数の推移を「ボトム効果」と呼ぶ。また、平成11年における両者の再分配係数は、前年と比較しておよそ1.7倍に上昇している。われわれはこれを「ジャンピング効果」と呼ぶことにする。

　全体の期間を通じて、ジニ係数とタイル尺度を基礎として測定された2つの再分配係数は、ボトム効果とジャンピング効果を含めても低下傾向にあり、定性的にほぼ同様の動きをたどることから、両者の同等性が確認される。したが

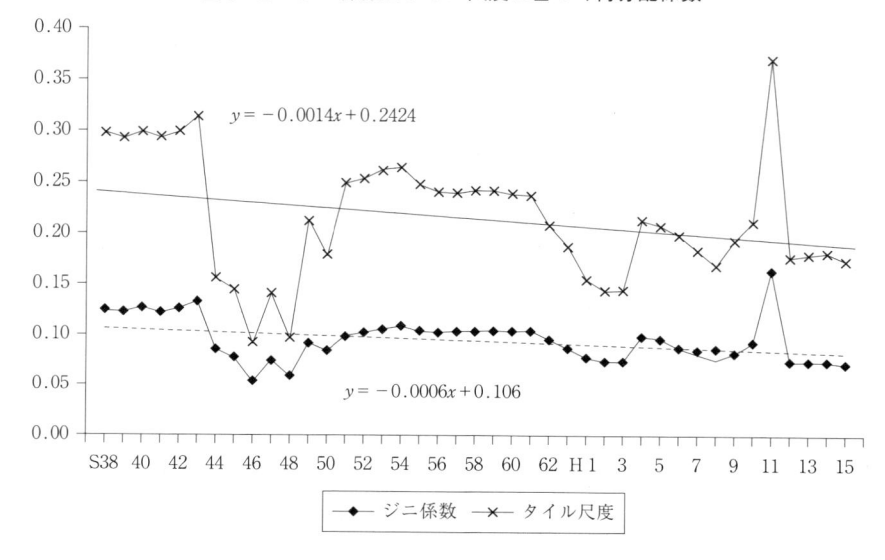

図3-2　ジニ係数とタイル尺度に基づく再分配係数

$y = -0.0014x + 0.2424$

$y = -0.0006x + 0.106$

――◆―― ジニ係数　――×―― タイル尺度

って、Ⅱで指摘したとおりジニ係数を用いた分析の限界を考慮し、以下の分析においてはタイル尺度を用いることにする。

2．所得者別の効果

本項では、全体のタイル尺度およびそれによって測定される再分配効果の変動を所得者別の要因分解によって分析する。まず(1)で、Ⅱの(4)式からグループ内タイル尺度とグループ間タイル尺度を推計し、全体のタイル尺度に対する所得者別のグループ内あるいはグループ間タイル尺度の影響について検証する。次いで(2)において、これら課税前と課税後のタイル尺度によって推定される、申告所得税全体の再分配効果が、所得者別の要因によってどのように説明されるかについて検討する。

(1) グループ内タイル尺度とグループ間タイル尺度

図3-3は、グループ内およびグループ間の各タイル尺度を全体のそれとと

第3章　申告所得税における所得者別・所得階層別の再分配効果　77

図3-3　申告所得（課税前および課税後）に関する要因別のタイル尺度

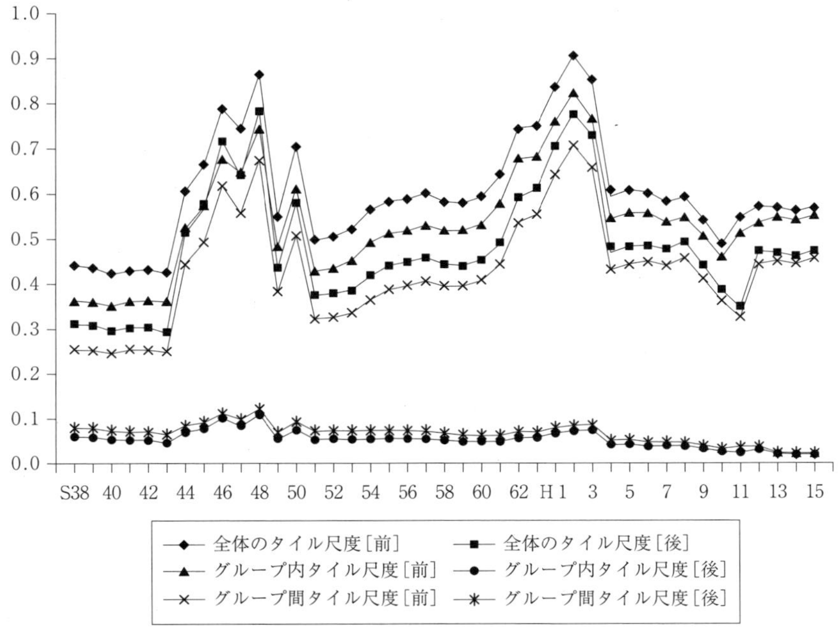

凡例：
- ◆ 全体のタイル尺度［前］
- ■ 全体のタイル尺度［後］
- ▲ グループ内タイル尺度［前］
- ● グループ内タイル尺度［後］
- × グループ間タイル尺度［前］
- ＊ グループ間タイル尺度［後］

注：［前］および［後］は、「課税前所得」および「課税後所得」を示す（以下同じ）。

もに示している。先にみたとおり、全体のタイル尺度は、分析対象期間において2度の変動期を有し、全期間を通じて上昇傾向にある。全体のタイル尺度を要因別にみると、グループ内タイル尺度の占める割合が高く、寄与率は82〜96％となっている。この点から、同じ所得者内での不平等の度合によって全体の不平等度の大部分が決定されることがわかる。

①グループ内タイル尺度

全体の不平等度に対する寄与率が高いグループ内タイル尺度について、さらにそれを構成する要因に分解して検討しよう。グループ内タイル尺度は、Ⅱで説明したように、(4)式の右辺第1項として示される。すなわち、それは①各

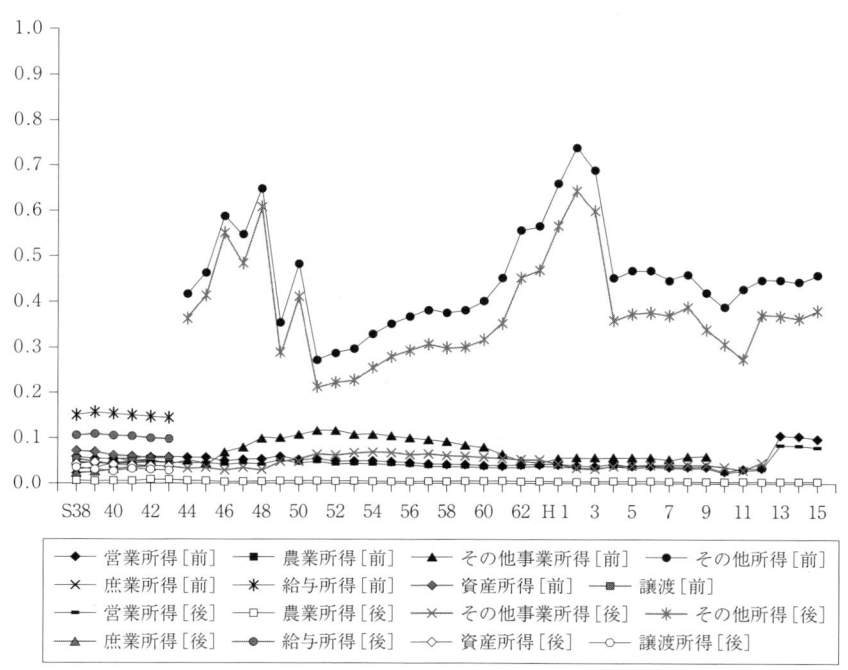

図3-4 所得者別のグループ内タイル尺度

凡例			
◆ 営業所得[前]	■ 農業所得[前]	▲ その他事業所得[前]	● その他所得[前]
× 庶業所得[前]	※ 給与所得[前]	◆ 資産所得[前]	■ 譲渡[前]
─■─ 営業所得[後]	─□─ 農業所得[後]	─※─ その他事業所得[後]	─※─ その他所得[後]
─▲─ 庶業所得[後]	─●─ 給与所得[後]	─◇─ 資産所得[後]	─○─ 譲渡所得[後]

所得者のタイル尺度 T_k、②平均所得のウェイト $\dfrac{\mu_k}{\mu}$、③所得者数のウェイト $\dfrac{n_k}{n}$、という各構成要素の積である。したがって、グループ内タイル尺度の変動は、さらにその構成要因に分解して説明することができる。

　図3-4は、所得者別のグループ内タイル尺度の推移を示している。これから明らかなとおり、所得者別のグループ内タイル尺度の動きは、「その他所得者」と「その他所得者」以外の所得者に大別される。前者については、前項で言及した全体のタイル尺度の2度の変動期（昭和44年～50年、昭和62年～平成3年）にほぼ対応している。一方、後者については、低い値で非常に安定的に推移している。したがって、「その他所得者」におけるグループ内タイル尺度の値は非常に高く、また全体のグループ内タイル尺度の値とは非常に強い正の相関関係（0.976）にあることから、「その他所得者」のグループ内タイル尺度

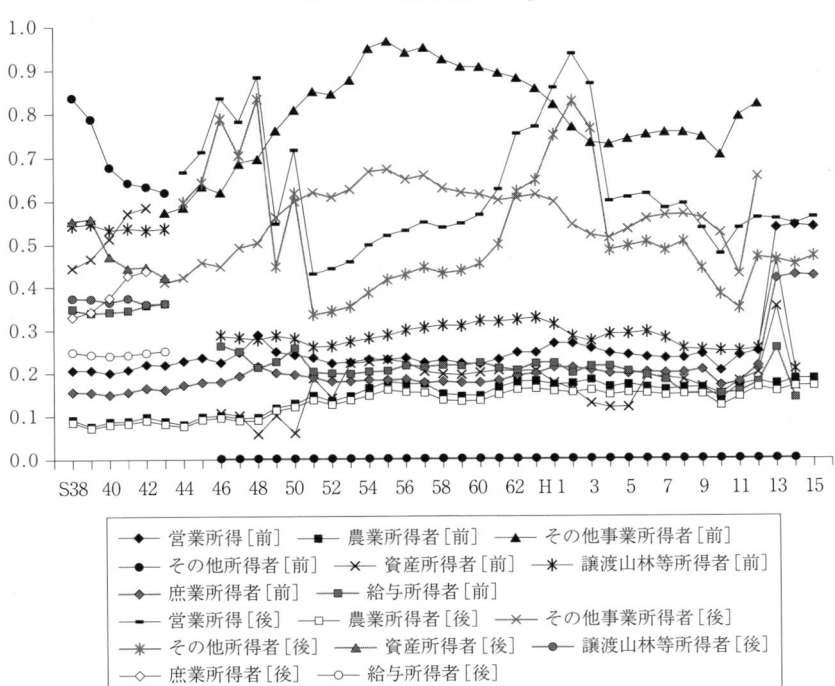

第3章　申告所得税における所得者別・所得階層別の再分配効果　79

図3-5　所得者別の T_k

```
凡例：
─◆─ 営業所得[前]　　─■─ 農業所得[前]　　─▲─ その他事業所得者[前]
─●─ その他所得者[前]　─×─ 資産所得者[前]　─＊─ 譲渡山林等所得者[前]
─◆─ 庶業所得者[前]　─■─ 給与所得者[前]
─■─ 営業所得[後]　　─□─ 農業所得[後]　　─×─ その他事業所得者[後]
─＊─ その他所得者[後]　─▲─ 資産所得者[後]　─●─ 譲渡山林等所得者[後]
─◇─ 庶業所得者[後]　─○─ 給与所得者[後]
```

によって、全体のグループ内タイル尺度、あるいは全体のタイル尺度がほぼ決定されていると推測される。

　次に、所得者別のグループ内タイル尺度の推移を、図3-5（T_k）、図3-6（$\frac{\mu_k}{\mu}$）、図3-7（$\frac{n_k}{n}$）に示した個別の要因ごとに検討していこう。

　（i）「営業所得者」：T_kは、昭和48年に0.28（0.21）と若干高くなるが、分析の対象期間を通じて0.20（0.15）〜0.26（0.21）の間を安定的な低い値で推移している。ただし、先述のとおり、平成13年以降については、データ上、「営業所得者」と「その他事業所得者」が統合され「営業等所得者」として表示されることから、推計自体も「営業所得者」に「その他事業所得者」を含めた形で行っている。その結果、平成13年以降における「営業所得者」の値が急上昇

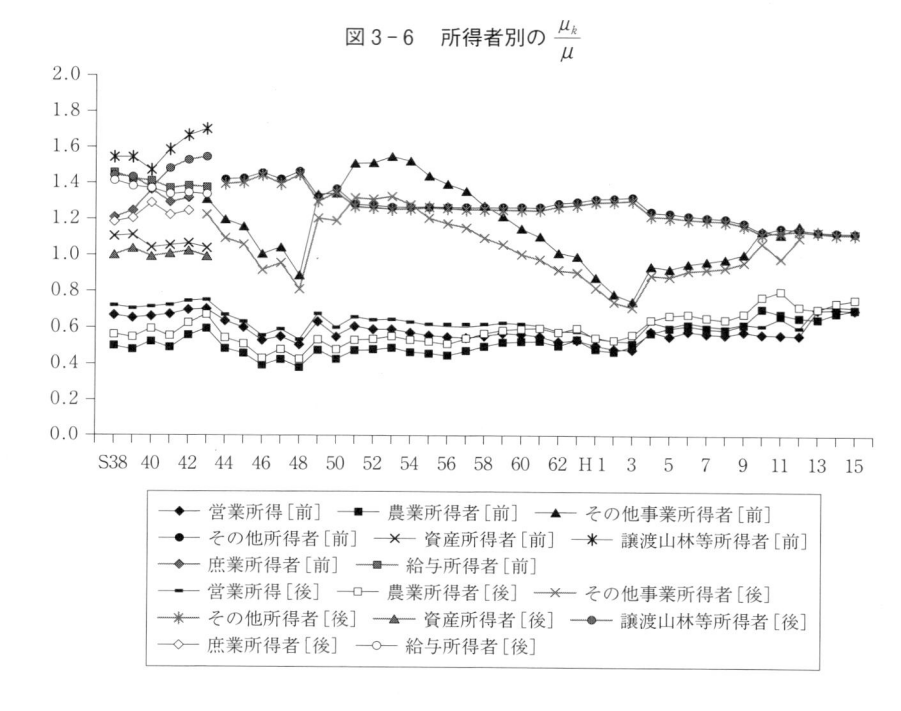

図3-6　所得者別の $\frac{\mu_k}{\mu}$

凡例：
- 営業所得[前]
- 農業所得者[前]
- その他事業所得者[前]
- その他所得者[前]
- 資産所得者[前]
- 譲渡山林等所得者[前]
- 庶業所得者[前]
- 給与所得者[前]
- 営業所得[後]
- 農業所得者[後]
- その他事業所得者[後]
- その他所得者[後]
- 資産所得者[後]
- 譲渡山林等所得者[後]
- 庶業所得者[後]
- 給与所得者[後]

している。

　一方、$\frac{\mu_k}{\mu}$ は、昭和38年以降、平成3年まで減少傾向にあるが、平成4年に上昇しその後は安定的に推移している。また、「営業所得者」の所得は、全体の平均所得 μ を大きく下回っている。最後に $\frac{n_k}{n}$ は、昭和38年において約41%と全所得者のうち最も高い割合であった。しかしながら、その後は減少傾向にあり、平成10年における同割合は約20%と落ち込んでいる。

　(ii)「農業所得者」：T_k は、分析対象期間を通じて上昇傾向にある。しかしながら、その値は所得者別にみて最も低いことから、「農業所得者」における不平等度はそれ以外の所得者よりも相対的に小さいことがわかる。$\frac{\mu_k}{\mu}$ は、昭和38年以降、平成3年まで比較的安定的に推移しているが、平成4年以降上昇傾向にある。他方 $\frac{n_k}{n}$ は、昭和43年の12%をピークに減少傾向にあり、平成15

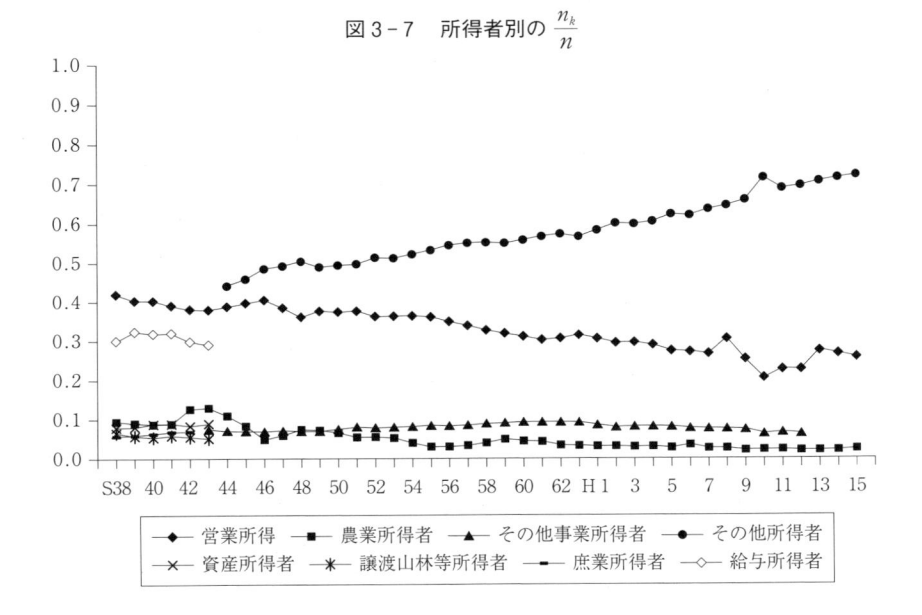

図3-7　所得者別の $\frac{n_k}{n}$

年においては2％にとどまっている。

　(iii)「その他事業所得者」：T_k は、昭和43年〜48年および平成元年〜3年を除くとすべての所得者の中で最高であり、不平等度が最も大きいことがわかる。その推移をたどると、昭和43年から55年にかけて上昇し、その後平成10年まで低下し、平成11年以降は再び上昇傾向にある。ここで注目すべきは、「その他事業所得者」の同一年度における課税前と課税後の T_k の変化率（後述する再分配係数）である。それは、分析対象期間を通じて他の所得者と比較して高く、特に昭和54年〜62年が30〜32％、平成11年が46％と際立っている。課税の再分配効果が当該所得者にとりわけ強く作用しているとみられる。

　$\frac{\mu_k}{\mu}$ は、年々の変動が大きい。その理由として、「その他事業所得者」に区分されるのは、事業所得者のうち、「営業所得者」および「農業所得者」以外の者で、例えば、開業医、弁護士、税理士、作家、画家、音楽家、芸能人、職業選手等であることから、所得の変動の比較的大きな業種が多く含まれる点があ

$\frac{n_k}{n}$ は、昭和43年以降、0.07〜0.09の間を安定的に推移しており、全体に占める割合は、「農業所得者」に次いで低くなっている。ただし、平成13年より「その他事業所得者」は「営業所得者」に吸収されたため、その推移をみることはできない。

(iv)「その他所得者」：T_k は、「その他事業所得者」と同様に年度間の変動が大きく、全体のタイル尺度とほぼ同様の動きを示している。この点から「その他所得者」の T_k が、全体のタイル尺度に対して大きな影響を与えていると考えられる。

$\frac{\mu_k}{\mu}$ については、全体の期間を通じて高水準で推移している。その値は1より大きく、全体の平均所得を上回っている。最後に $\frac{n_k}{n}$ は、昭和44年に0.44であったのが、平成15年には0.72まで上昇しており、「その他所得者」は所得者全体の圧倒的な割合を占めている。

結局、このように他の所得者に対して相対的に高い値を示す、「その他所得者」のグループ内タイル尺度が、全体のグループ内タイル尺度、ひいては全体のタイル尺度のおおよその水準を決定していることがわかる。

もっとも、グループ内タイル尺度を構成する T_k および $\frac{\mu_k}{\mu}$ の値そのものは、「その他所得者」だけでなく「その他事業所得者」においても高いことから、両者ともに、グループ内タイル尺度全体の水準に対して大きな影響を与えることが予想される。しかしながら、もう一つの構成要素である $\frac{n_k}{n}$ については、「その他所得者」の値が圧倒的に高く、「その他事業所得者」との間には6〜11倍の開きがある。このため、相対的に低い「その他事業所得者」の $\frac{n_k}{n}$ が、当該所得者の、全体のグループ内タイル尺度に与える影響を減殺しているのである。

②グループ間タイル尺度

最後に、図3-8に基づき、所得者別のグループ間タイル尺度について検討しよう。まず「営業所得者」および「農業所得者」については、経年的にマイ

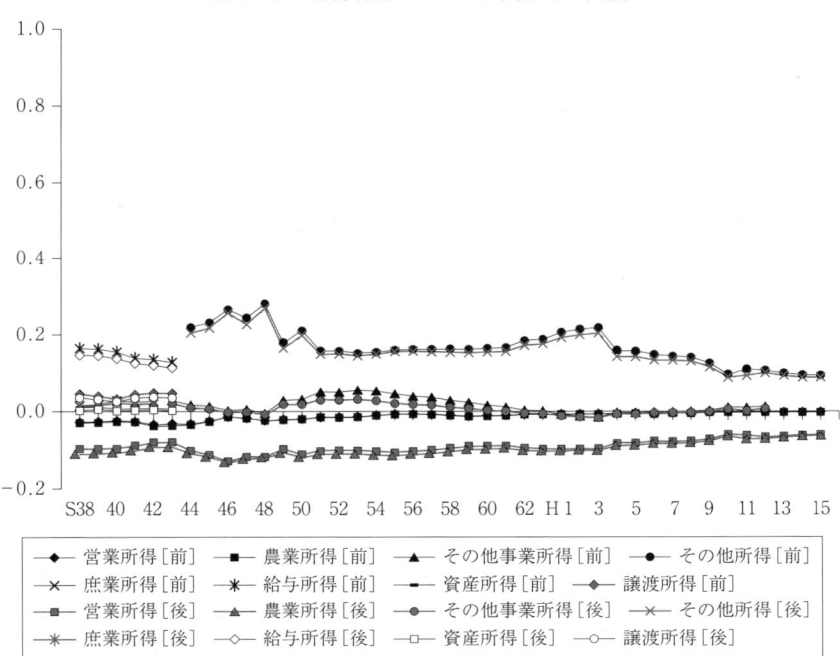

第3章　申告所得税における所得者別・所得階層別の再分配効果　83

図3-8　所得者別のグループ間タイル尺度

ナスの値で推移しており、特に「営業所得者」が最も低い水準を示している。両者の値がマイナスとなっているのは、全体の平均所得に対するこれら所得者の平均所得の比率 $\frac{\mu_k}{\mu}$ が1未満にとどまっているためである。

「その他事業所得者」については、昭和53年をピークに平成3年まで下落傾向にあるが、平成4年以降はゼロ付近を安定的に推移している。

「その他所得者」については、他の所得者と比べて最高の水準で推移しており、全体のグループ間タイル尺度に対する、「その他所得者」のグループ間タイル尺度の寄与度はきわめて高い。それは、昭和44年から51年まで趨勢的に下落したのち、平成3年まで安定的に上昇するものの、それ以降平成15年まで低下傾向にある。

総じて、全体のグループ間タイル尺度の水準は、主として「営業所得者」の

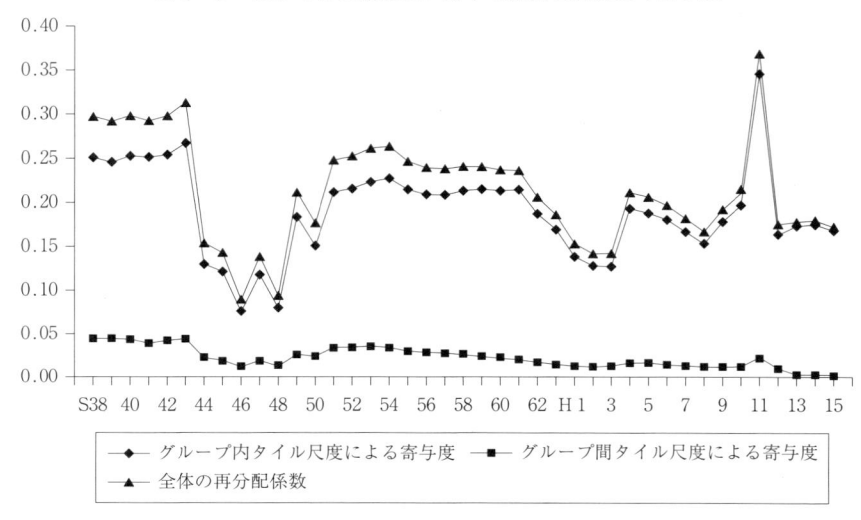

図3-9 全体の再分配効果に対する所得者別効果の寄与度

◆ グループ内タイル尺度による寄与度　■ グループ間タイル尺度による寄与度
▲ 全体の再分配係数

マイナスの値と「その他所得者」のプラスの値が相殺されたことによって低く推計されることになった。そのため、全体のタイル尺度に対するグループ間タイル尺度の寄与度は、グループ内タイル尺度と比べて圧倒的に小さくなっているのである。

(2) 再分配係数の変動要因

以下では、申告所得税全体の再分配係数の推移が、所得者別の要因によってどのように規定されるかについて検証する。図3-9は、全体の再分配効果と、これに対する所得者別のグループ内タイル尺度およびグループ間タイル尺度で測定された再分配効果の寄与度を示している[14]。図から明らかなように、全体の再分配効果に対するグループ内の効果の寄与度はきわめて高く、所得者別のグループ内での再分配効果が全体の再分配効果の大部分を決定している。この点は、前項で見たとおり、所得分配のグループ内タイル尺度が全体のタイル尺度のほとんどを決定づけている状況からも容易に推定される。

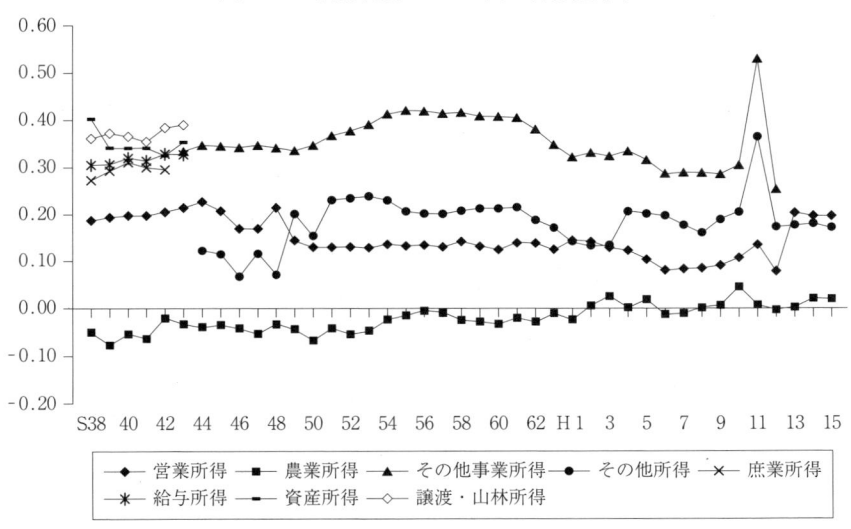

図3-10 所得者別グループ内の再分配効果

凡例: ◆ 営業所得　■ 農業所得　▲ その他事業所得　● その他所得　✕ 庶業所得　＊ 給与所得　― 資産所得　◇ 譲渡・山林所得

　では、グループ内での再分配効果に対して、所得者別の再分配効果がどのような影響を及ぼしているだろうか。図3-10は、所得者別のグループ内再分配効果の推移を示したものである。第一に、前項で述べたごとく、開業医、弁護士等の「その他事業所得者」の再分配効果は、所得者別にみて最も高く、いくぶん緩やかに推移している。昭和62年～平成3年における推移は、ボトム効果の影響を受けたものと考えられるが、その影響は小さい。また、平成11年の再分配効果の急上昇は、ジャンピング効果が反映されたものと考えられる。なお、全体の再分配効果と「その他事業所得者」のグループ内再分配効果の相関係数は0.64となっている。

　第二に、「その他所得者」は、「その他事業所得者」に次いで高い再分配効果を有する。それは、昭和44年～50年にかけて変動をともないながら上昇し、昭和62年～平成3年に低下したのち、平成4年には再び上昇に転じ、平成11年に急上昇している。「その他所得者」の再分配効果は、その推移からみて2度のボトム効果とジャンピング効果の影響を強く受けていることがわかる。なお、

全体の再分配効果と「その他所得者」のグループ内再分配効果の相関係数は0.97と非常に高い。その要因として、「その他所得者」には、「給与所得者」、「資産所得者」、「譲渡・山林所得者」が含まれているが、そのうち特に譲渡所得者の再分配効果が全体の効果に対して強い影響を与えることが予想される。

第三に、「営業所得者」の再分配効果は、経年的に低下傾向にあり、ジャンピング効果の影響を若干受けるが、ボトム効果の影響はほとんどない[15]。なお、「農業所得者」については、昭和38年〜平成元年まではマイナスの値で推移し、平成2年以降はほぼゼロ付近で推移していることから、その再分配効果はほとんど認められない。

3．所得階層別の効果

以下では、申告所得税全体の再分配効果が所得階層別の要因によってどのように説明されるのか、併せてその再分配効果が税率効果と控除効果のどちらによって、またどの程度生じているのかについて検証する。

(1) 全体の効果

図3-11は、Ⅱの(5)式をもとに推計された所得階層別再分配係数の推移を示している。まず、全体の再分配効果の経年的な変動に対して、所得階層ごとの効果がどのように影響を与えているのかをみていきたい。

①低所得階層の再分配効果は、平成10年においてのみ−0.091と大きく下落するが、分析対象期間において安定的な上昇傾向を示している。それは、昭和40年で−0.015、平成15年で0.037というように、その変動幅および水準も相対的に低廉であることから、全体の再分配効果に与える影響はきわめて弱いと考えられる。

②中所得階層（下）の再分配効果は、昭和44年〜50年のボトム効果の期間において変動するものの、昭和52年以降は比較的安定的な低下傾向を示している。しかし、全体の期間を通じて、相対的に低位で推移していることから、低所得階層と同様に全体の再分配効果に与える影響は僅かであると考えられる。

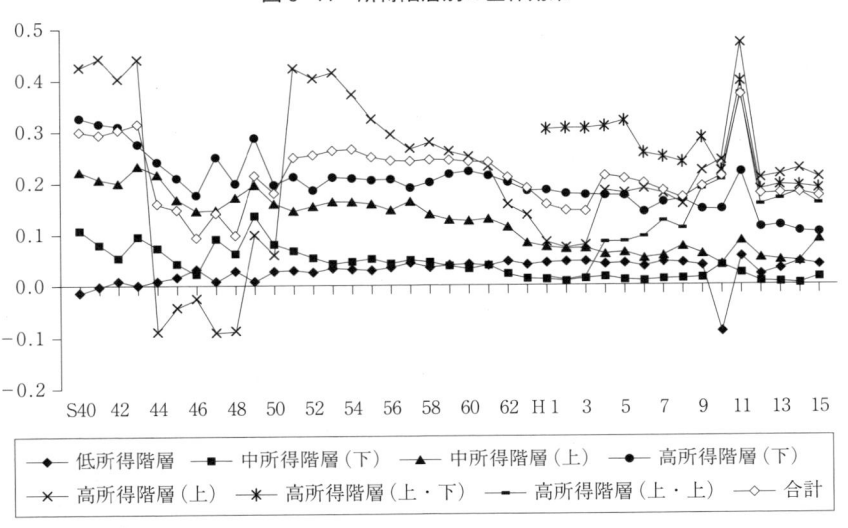

第3章　申告所得税における所得者別・所得階層別の再分配効果　87

図3-11　所得階層別の全体効果

●低所得階層　■中所得階層（下）　▲中所得階層（上）　●高所得階層（下）
×高所得階層（上）　＊高所得階層（上・下）　■高所得階層（上・上）　◇合計

　③中所得階層（上）においては、昭和40年に0.22であった再分配効果が、平成15年には0.09まで低下しており、その変動幅も大きい。

　④高所得階層（下）の効果は、昭和44年〜50年のボトム効果の期間および平成11年において大きく変動しつつ近年では低下傾向にあるが、全体としては高所得階層（上）に次いで高い水準を維持している。

　⑤高所得階層（上）においては、ちょうど2度のボトム効果およびジャンピング効果に対応して、再分配係数は大きく変動している。特に、昭和44年〜48年においては係数がマイナスに転じ、全所得階層の中で最低の水準となっている。また、昭和62年〜平成3年においては、高所得階層（下）の再分配効果の水準を下回っている。これらの点より、高所得階層（上）の再分配効果は、全体の再分配効果の変動に対して、特に著しい影響を与えていると推測される。

　そこで、平成元年以降の分析において、高所得階層（上）を高所得階層（上・下）（700万円超1,200万円以下）と高所得階層（上・上）（1,200万円超）の2つの階層に区分して推計してみた。

⑥その結果、高所得階層（上・下）の再分配効果は、平成元年〜5年までは0.31前後の高い水準で推移し、その後平成10年に0.22まで低下するが、平成11年のジャンピング効果により0.39へと上昇し、平成12年以降は0.2程度で安定的に推移している。

⑦高所得階層（上・上）の効果は、平成元年〜3年までは0.01前後のきわめて低い水準で推移するが、平成4年以降は急激に上昇し、平成10年には、高所得階層（上・下）とほぼ同水準の0.20となる。その後、平成11年のジャンピング効果により0.37まで上昇するが、平成12年以降は比較的安定的に推移している。

以上の結果から、所得階層別の再分配効果について、昭和44年〜50年、昭和62年〜平成3年におけるボトム効果を例外とし、所得水準の高い階層ほど強い再分配効果が認められ、また高所得階層（上）での効果が全体の再分配効果に強い影響を与えていることが明らかとなった。しかしながら、高所得階層（上・下）と高所得階層（上・上）の再分配効果を比較すると、前者の方がより強い再分配効果を有している。それに対して、後者の効果は、平成元年〜3年まではあまり認められないものの、その後、平成10年までに急上昇し、高所得階層（上・下）とほぼ同水準となっている。

(2) 税率効果と控除効果

①税率効果

次に、所得税の再分配効果を税率と控除の2つの要因に分解して考察する。図3-12は、Ⅱの(7)式により推計された所得階層別の税率効果を示している。税率効果の全体の推移は、昭和40年の0.19から平成15年の0.11と、すべての期間にわたって低下傾向にある。全体の再分配効果に対する税率効果の寄与率は、ジャンピング効果の平成11年を例外とすると52〜77％と高い値となっている。

所得階層別に税率効果の推移をみると、以下のような特徴が指摘できる。第一に、所得水準の高い階層ほどより強い税率効果を発揮していることである。低所得階層および中所得階層（下）の税率効果は経年的にほぼゼロ付近で推移

第3章 申告所得税における所得者別・所得階層別の再分配効果 89

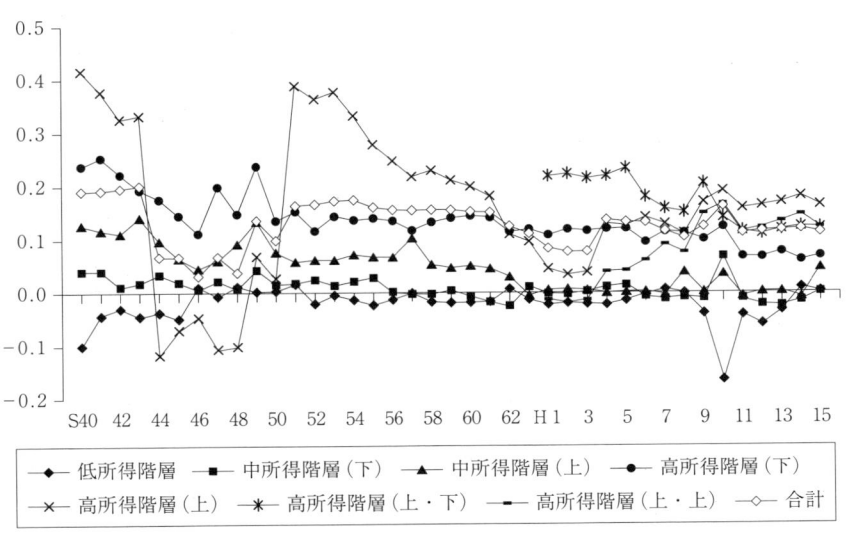

図3-12 所得階層別の税率効果

凡例: ◆低所得階層 ■中所得階層（下） ▲中所得階層（上） ●高所得階層（下） ×高所得階層（上） ＊高所得階層（上・下） ―高所得階層（上・上） ◇合計

している。一方、中所得階層（上）についても、昭和63年以降はほぼゼロ付近で推移しており、それらの階層における税率効果はほとんど生じていない。理論的にも累進構造を備えた課税制度の下で、より高い限界税率が適用される高所得階層ほど税率効果は大きくなるものと想定される。

　第二に、昭和44年〜50年、昭和62年〜平成3年において各所得階層の税率効果の変動が大きいことである。特に高所得階層（上）においてその効果は顕著に変動しており、昭和44〜48年にはマイナスへと急降下し、全所得階層のなかでも最低の水準となっている。また、高所得階層（上）の効果は、昭和62年〜平成3年には、高所得階層（下）の水準を下回っている。これは、相対的に高い水準で推移する高所得階層（上・下）の効果を、平成元年〜3年においてマイナスの水準で推移する高所得階層（上・上）の効果が相殺したことによって、高所得階層（上）の効果が弱められたからであると考えられる。これらの点から、昭和44年〜50年、昭和62年〜平成3年におけるボトム効果は、とりわけ高所得階層（上）の税率効果が強く反映されたものであると考えられる。

90

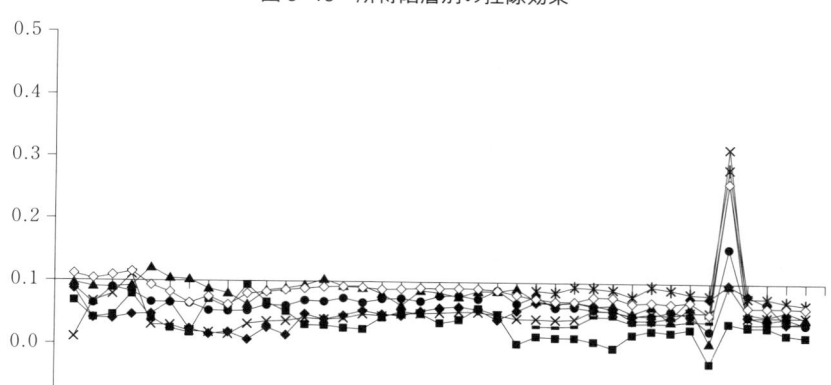

図3-13 所得階層別の控除効果

凡例: ◆ 低所得階層　■ 中所得階層（下）　▲ 中所得階層（上）　● 高所得階層（下）　× 高所得階層（上）　＊ 高所得階層（上・下）　━ 高所得階層（上・上）　◇ 合計

②控除効果

　他方、所得階層別の控除効果を示したのが図3-13である。すべての所得階層における控除効果は、平成11年を除きいくぶん安定的に推移している。また、その水準がほとんど0.1以下であることから、全体の再分配効果に対する寄与度は税率効果に比較してかなり小さいことがわかる。しかしながら、平成11年においてすべての所得階層で控除効果が急上昇し、その水準は非常に高くなっている。われわれの分析における「控除効果」には、所得控除だけでなく、税額控除の効果も含まれることから、平成11年の控除効果の上昇は、主として同年に実施された個人所得税における定率減税の影響によるものであると推測される。定率減税とは、算出された所得税額に対し、さらに20％を減額する（上限25万円）税額控除制度である[16]。平成11年における控除効果は、全体の再分配効果（ジャンピング効果）に対して際立って大きな影響を及ぼしており、その寄与率はおよそ70％にまで及ぶ。

税率効果の場合と同様に、所得階層別に控除効果の推移をみると、中所得階層（上）、高所得階層（下）および高所得階層（上・下）の控除効果が相対的に大きいことが特徴的である。

　理論的に所得控除の作用に限っていえば、控除効果は所得水準の低い階層ほど大きくなるはずである。低所得階層ほど所得に占める所得控除の割合が高くなるために、所得水準が低くなれば、それだけ所得控除による効果がより強く働くからである。

　しかしながら、低所得階層の控除効果は相対的に小さく、中所得階層（上）および高所得階層（下）の控除効果を下回っている。その理由の一つとして政策減税、すなわち租税特別措置の存在が考えられる。とりわけ中所得階層（上）、高所得階層（下）および高所得階層（上・下）に影響を与えやすい制度としては、住宅借入金等を有する場合の所得税額の特別控除、いわゆる「住宅ローン税額控除」があげられる[17]。住宅ローン税額控除の利用には、合計所得金額の資格要件（3,000万円以下）があることから中堅層に減税措置の恩恵が及ぶものと想定される。したがって、申告所得税における控除効果は、理論的な所得控除の効果と異なり、政策減税の影響から、とりわけ中所得階層（上）、高所得階層（下）および高所得階層（上・下）に対して強くあらわれたものと考えられる。

(3) 譲渡所得課税との関連

　これまでの所得階層別の分析において、高所得階層（上）の効果が申告所得税全体の再分配効果に大きな影響を与えている可能性が示唆された。このことは、特に図3-11で観察された①昭和44年〜50年および②昭和62年〜平成3年における高所得階層（上）の再分配効果の急激な落ち込みが、Ⅲで言及した2つのボトム効果にほぼ対応していることによって説明される。また、すでに見たとおり、これら両期間での最高所得階層における再分配効果の急落はそのほとんどが税率効果に起因している。この点において、上記のような税率効果を引き起こした重大な要因の一つとして、土地譲渡所得課税制度の変更を指摘することができる。

まず①の期間における落ち込みは、昭和44年度税制改正において土地の譲渡所得に対し従来の総合課税を基本にした制度から分離比例課税に転換したことによって生じたと考えられる。すなわち、個人の土地譲渡所得については、戦後シャウプ税制の修正によりそれまで一定金額控除後の譲渡益の2分の1が課税所得として総合課税されてきたのが、5年を超えて保有した土地の譲渡所得（長期譲渡所得）に対して、昭和45年・46年で10％、昭和47年・48年で15％、昭和49年・50年で20％というように、売却時期に応じて時限的に分離比例課税が導入されることとなった（昭和44年分も選択的適用が可能）。これは、従来の2分の1総合課税方式において曲がりなりにも機能していた超過累進課税の放棄にほかならず、とりわけ高額所得者の税負担を大幅に軽減するものであった。だが、このような土地譲渡益の分離課税は、いわゆる不公平税制としての強い批判を招いたことなどから、昭和51年より長期譲渡所得については、その一定金額を超える部分に対し4分の3総合課税を適用するという形で一転して税の引き上げが行われている。

　同様に②の期間もまた、土地譲渡益課税の軽減時期にほぼ一致している。特に高所得階層（上）の再分配効果が前年に比較して著しく低落した昭和62年には、長期譲渡所得の定義が保有期間10年超から5年超に緩和されており、翌年にも居住用財産に対する課税の特例[18]、優良住宅地等のために土地を譲渡した場合の課税特例の改正など軽減措置[19] が実施されている。反対に、高所得階層の再分配効果が高まる平成4年には、一般の長期譲渡所得に対する税率を一律30％に引き上げる（それまでは最高25％）など課税の強化が図られている。

　では、上記の2つの課税軽減期において実際に土地の譲渡所得額はどうであったか。図3-14は昭和40年以降の長期譲渡所得額（昭和43年までは長短の区分なし）の推移を示している。一見して、これら2つの期間において譲渡所得額は他の時期に比べて際立って増大していることがわかる。いずれも、それぞれ昭和48年、平成3年を頂点として山を形成しているのが特徴的である。こうした動きが高所得階層に与えた効果を推定するため、長期譲渡所得が個人の総所得に占める割合を、すべての所得階層と最高所得階層のみに分けて示したの

図3-14 土地長期譲渡所得の推移（昭和40年〜43年までは土地譲渡所得）

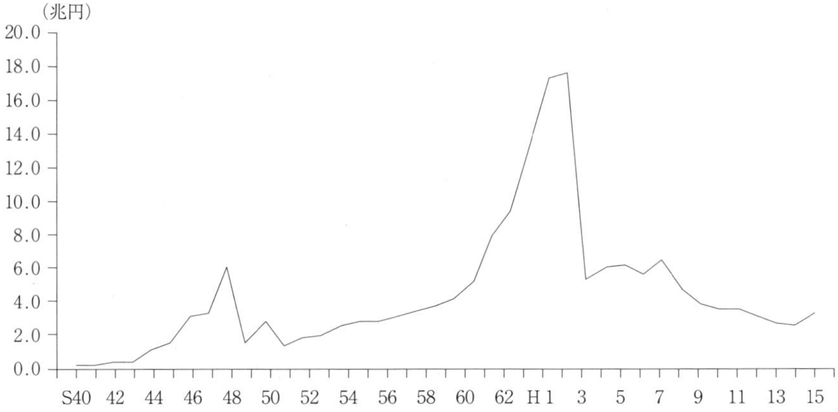

(兆円)

出所：国税庁『税務統計から見た申告所得税の実態』各年版より作成。

が図3-15である。同割合は、全体の平均でおよそ10〜20％で推移しており、問題の2つの時期には譲渡所得の増大を反映して30％程度にまで上昇している。しかし、ここでいっそう重要なのは、この割合が最高所得階層にとってより高く、しかも2つの課税軽減期において突出していることである。例えば、図3-14で頂点を形成した、昭和48年で約90％、平成3年で約80％というように、これらの時期、最高所得階層の総所得のほとんどが長期譲渡所得によって占められていたことになる。

もちろん、このような譲渡所得の際立った増大が、どれだけ税制の変化によるものかを確定することはきわめて困難である。しかし、これらの事実から一つの可能性として考えられるのは、土地の長期譲渡所得に対する課税軽減が、結果として高額の譲渡益を実現する納税者の税負担を少なからず引き下げ、そのことが最高所得階層における再分配効果の減退、ひいては申告所得税全体における再分配効果の著しい低下をもたらしたということである。こうした解釈は、Ⅲで示した、全申告納税者の再分配効果の大部分が「資産所得者」を含む「その他所得者」の動きによって説明されることとも整合的であり、少なくと

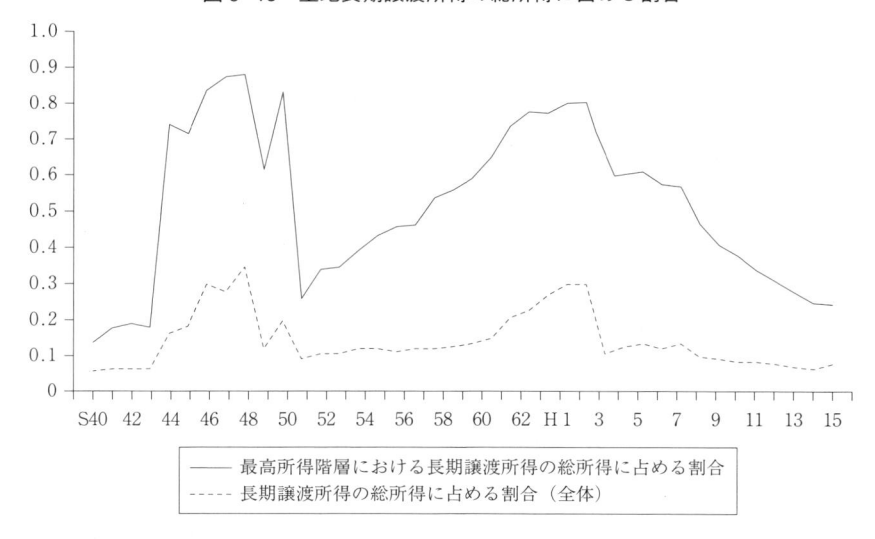

図3-15　土地長期譲渡所得の総所得に占める割合

― 最高所得階層における長期譲渡所得の総所得に占める割合
---- 長期譲渡所得の総所得に占める割合（全体）

注：ここでいう最高所得階層とは、『税務統計から見た申告所得税の実態』において区分される所得の最上位階級を示している。昭和40年～46年は、所得金額2,000万円超、昭和47年以降は、所得金額5,000万円超である。
出所：国税庁『税務統計から見た申告所得税の実態』各年版より作成。

も昭和40年代後半についてよりいっそう当てはまると考えられる[20]。

Ⅳ．むすび

本章における分析で得られた結果を要約すると以下のとおりである。
(1) 申告所得税全体の再分配効果は、分析の対象期間（昭和38年～平成15年）を通じて低下傾向にある。そうしたなか、昭和44年～50年および昭和62年～平成3年における再分配係数は、急激な低下をともなう（ボトム効果）。また、平成11年における再分配係数は、急上昇する（ジャンピング効果）。
(2) 申告所得の不平等度について、全体のタイル尺度に対するグループ内タイル尺度の寄与度が高く、その寄与率は約9割に及ぶ。とりわけ給与

所得者・譲渡所得者等を含む「その他所得者」のグループ内タイル尺度が、全体のグループ内タイル尺度、ひいては全体のタイル尺度の大部分を説明する。
(3) 所得者別の再分配効果においても、グループ内の再分配効果の寄与度がきわめて高い。とりわけ「その他所得者」の再分配効果の寄与度は、「その他事業所得者」よりも相対的に低いが、特にボトム効果に強く影響を与え、全体の再分配効果とは強い正の相関関係を有している。
(4) 所得階層別の再分配効果について、高所得階層(上)は、2度のボトム効果、およびジャンピング効果の時期に非常に大きな変動を示しており、全体の再分配効果の動きに対して顕著な影響を及ぼしている。
(5) 所得階層別の再分配効果における税率効果は、税率のフラット化の進行を反映して、分析の対象期間において低下傾向にある。また、2度のボトム効果は、特に高所得階層(上)における税率効果の急落によって生じたとみられる。
(6) 同様の控除効果については、平成11年を除いて安定的に推移し、全体の再分配効果に対する寄与度は、税率効果に比べてかなり小さい。平成11年における控除効果の急上昇の主因は、定率減税にあるとみられる。また、中所得階層(上)、高所得階層(下)および高所得階層(上・下)の控除効果が相対的に大きいのは、減税措置の恩恵がとりわけ中堅所得層にもたらされる住宅ローン税額控除の影響であると推測される。
(7) 昭和44年～50年および昭和62年～平成3年における2度のボトム効果を発生させた重要な要因の一つとして土地譲渡所得課税制度の変更(特に、分離比例課税の導入)が指摘できる。すなわち、長期譲渡所得に対する課税の軽減が全体の再分配効果の変動に大きな影響を与えたものと考えられる。

注
1) その後、Jenkins [1991]、Slemrod [1992]、Karoly [1994]、Aronson & Lambert [1994] などは、所得税のミクロデータを用いたジニ係数に基づく分析におい

て、所得税の再分配効果を所得種類別あるいは所得階層別に要因分解を行い、再分配効果についてより詳細な負担効果分析を行っている。
2) Shorrocks [1983], pp. 3-17. および小西 [2002], p. 238を参照。
3) Theil [1967], Chapter 2 & 4, Cowell & Kuga [1981a] および Cowell & Kuga [1981b]。また、跡田・橋本・前川・吉田 [1999]、59頁、および上村 [2001]、61頁も参照。
4) Sen [1997], A 5 を参照。
5) 代表的な研究として、日本では貝塚・新飯田 [1965]、石 [1979] などがある。なお、豊田 [1987] は、ジニ係数による再分配係数を測定することが、実は弾力性を計測することであることを明らかにしている。また、伊多波 [1986] は、エッジワース型の租税関数と対数正規型の所得関数を仮定し、所得分布の変化と税システムの変化の2つの要因分析を行っている。
6) Shorrocks [1983], pp. 3-17, Jenkins [1988], pp. 65-76, および小西 [2002]、238頁。
7) Theil [1967], Chapter 2 & 4 および Sen [1997], A 5 を参照。
8) 跡田・橋本・前川・吉田 [1999]、59頁、および上村 [2001]、61頁を参照。なお、跡田・橋本・前川・吉田 [1999] では、所得税の再分配効果を累進度指標として $T_x - T_y$ と定義して分析を行っている。
9) タイル尺度の要因分解に関する先行研究として両角・荒木・美添 [2005] があげられる。そこでは、1981年から2000年までの『家計調査』の個票データを用い、わが国における80年代以降の所得格差の変動について、タイル尺度の年齢階層別要因分解を行い詳細に分析している。本章におけるタイル尺度を用いた実証分析は、両角・荒木・美添 [2005] を参考とした。
10) 『税務統計から見た申告所得税の実態』における昭和38年から昭和49年の申告所得税の所得金額の階級区分は、数年ごとに変更されており、昭和50年以降のものと大きく乖離している。したがって、経年比較を実施する場合において、他の年の階層区分との整合性考慮し、昭和40年から昭和49年については、所得階級の人員シェア $\frac{n_k}{n}$ が昭和50年とほぼ等しくなるように階層区分している。しかし、昭和38年・39年の階級区分は大まかであり、この期間における階層区分は不可能であった。
11) 平成元年以降については、所得階級700万超800万以下から1,000万超1,200万以下を高所得階層(上・下)とし、所得階級1,200万超1,500万以下から5,000万超を高所得階層(上・上)として細区分した。
12) 総効果 ψ は、控除効果 δ、税率効果 τ からなり、
$$\psi = \delta + \tau + residual$$
とあらわされる。そこで、控除の効果 δ は、総効果 ψ から税率効果 τ を差し引くことによって、(9)式が求められる。しかし、本来の控除効果 δ は、(8)式であるから、(8)式と(9)式とは一般に一致しない。
13) 括弧内は、課税後の数値である。以下同じ。
14) 全体の再分配効果に対するグループ内およびグループ間の再分配効果の寄与度は下記の(10)式により求められる。(10)式の右辺第1項がグループ内タイル尺度

で測定された再分配効果の全体の再分配効果に対する寄与度、第2項がグループ間タイル尺度で測定された再分配効果の全体の再分配効果に対する寄与度をそれぞれあらわしている。

$$\psi' = \frac{(T_x^\alpha + T_x^\beta) - (T_y^\alpha + T_y^\beta)}{T_x}$$

$$\psi' = \frac{(T_x^\alpha - T_y^\alpha)}{T_x} + \frac{(T_x^\beta - T_y^\beta)}{T_x} \tag{10}$$

ただし、T_x は課税前の全体のタイル尺度、T_x^α は課税前のグループ内タイル尺度、T_x^β は課税前のグループ間タイル尺度、T_y^α は課税後のグループ内タイル尺度、T_y^β は課税後のグループ間タイル尺度である。

15)「営業所得者」の再分配効果について、平成13年以降の推計値には、「その他事業所得者」の効果も含まれている。
16) 個人住民税においては、同様に税額の15%（上限4万円）が控除される。その後の税制改正により平成18年分は、所得税については税額の10%（12万5,000円限度）、個人住民税では税額の7.5%（2万円を限度）が控除されることになり、従来より軽減率が縮減された。
17) 平成15年において、住宅ローン税額控除額は、税額控除総額の約58.4%と非常に高い割合を占める（適用者数は20万8,640人、住宅ローン税額控除総額は371億円）。
18) 所有期間10年を超える居住用財産およびその土地を譲渡した場合には、3,000万円の特別控除後の譲渡益に対して、10%、15%の2段階の税率により課税されることになった（一般の長期譲渡所得は最高25%の課税）。
19) 優良住宅地の造成等（公共用地を含む）のために土地を譲渡した場合の長期譲渡所得に対しては、その適用税率が一律20%とされた（改正前は20%、25%の2段階の税率により課税）。
20) ここで問題としている①昭和44年〜50年および②昭和62年〜平成3年、の両期間における譲渡所得の急増を税制の影響の観点から比較すると、後者は前者ほど明瞭ではない。後者については、この間における土地バブルの発生と平成4年以降におけるその崩壊によるところが大きいとみられるからである。

【参考文献】

Aronson, J. R. & P. J. Lambert [1994] "Decomposing the Gini coefficient to reveal the vertical, horizontal, and reranking effects of income taxation", *National Tax Journal*, vol. 47, pp. 273-294.

Atkinson, A. B. [1970] "On the measurement of inequality", *Journal of Economic Theory*, vol. 2, pp. 244-263.

Cowell, F. A. & K. Kuga [1981a] "On the structure of additive inequality measures", *Review of Economic Studies*, vol. 47, pp. 521-531.

Cowell, F. A. & K. Kuga [1981b] "Inequality measurement: an axiomatic approach",

European Economic Review, vol. 15, pp. 287-305.

Cowell, F. A. [1985] "Multilevel decomposition of Theil's index of inequality", *Review of Income & Wealth*, vol. 31, pp. 201-205.

Jenkins, S. [1988] "Reranking and the analysis of income redistribution", *Scottish Journal of Political Economy*, vol. 35, no. 1, pp. 65-76.

Jenkins, S. [1991] "The measurement of income inequality", Osberg, L. (ed.), *Economic Inequality and Poverty*, Armonk, New York and London, M. E. Sharp., pp. 3-38.

Karoly, L. A. [1994] "Trends in income inequality: the impact of, and implications for, tax policy", Slemrod, J (eds.), *Tax Progressivity and Income Inequality*, New York, Cambridge University Press, pp. 95-129.

Sen, A. [1997], *On Economic Inequality*, Enlarged edition with a substantial annexe 'On Economic Inequality after a Quarter Century' by J. Foster & A. Sen, Oxford, Clarendon Press.（鈴村興太郎・須賀晃一訳『不平等の経済学』東洋経済新報社、2000年）.

Shorrocks, A. F. [1982] "Inequality decomposition by factor components", *Econometrica*, vol. 50, no. 1. pp. 193-211.

Shorrocks, A. F. [1983] "Ranking income distribution", *Econometrica*, vol. 50, no. 197. pp. 3-17.

Slemrod, J. [1992] "Taxation and inequality: A time-exposure perspective", *Tax Policy and the Economy*, vol. 6, pp. 105-127.

Theil, H. [1967] *Economics and Information Theory*, Amsterdam, North-Holland.

Yitzhaki, S. & M. Eisenstaet [2003] "Ranking individuals versus groups", *Policy, Inequality and Welfare: Research on Economic Inequality*, vol. 10, pp. 101-123.

青木昌彦 [1979]『分配理論（第2版）』筑摩書房。

跡田直澄・橋本恭之・前川聡子・吉田有里 [1999]「日本の所得課税を振り返る」『フィナンシャル・レビュー』第50号、29-92頁。

石弘光 [1979]『租税政策の効果──数量的接近──』東洋経済新報社。

石弘光 [1991]『土地税制改革』東洋経済新報社。

伊多波良雄 [1986]「課税最低限と所得再分配」『経済学論叢』第37巻、第1・2号、同志社大学経済学会、94-111頁。

上村敏之 [2001]『財政負担の経済分析──税制改革と年金政策の評価──』関西学院大学出版会。

大竹文雄 [1999]「所得不平等化の背景とその政策的含意──年齢階層内効果、年齢階層間効果、人口高齢化効果──」『季刊社会保障研究』第35巻、第1号、65-76頁。

貝塚啓明・新飯田宏 [1965]「税制の所得再分配効果」、舘龍一郎・渡部経彦編『経済成長と財政金融』岩波書店、44-80頁。

経済企画庁総合計画局 [1975]『所得・資産分配の実態と問題点』大蔵省印刷局。

小西秀樹 [2002]「所得格差とジニ係数」宮島洋・連合総合生活開発研究所編『日本

の所得分配と格差』東洋経済新報社、209-240頁。
佐藤和男［2005］『土地と課税——歴史的変遷からみた今日的課題——』日本評論社。
高林喜久生［2005］『地域間格差の財政分析』有斐閣。
田近栄治・古谷泉生［2000］「日本の所得税——現状と理論——」『フィナンシャル・レビュー』第53号、129-161頁。
豊田敬［1987］「税の累進度と所得再分配係数」『経済研究』第38巻第2号、一橋大学経済研究所、166-170頁。
林宏昭［1995］『租税政策の計量分析——家計間・地域間の負担配分——』日本評論社。
舟岡史雄［2001］「日本の所得格差についての検討」『経済研究』第52巻第2号、一橋大学経済研究所、117-131頁。
村上雅子「財政による所得分配、昭和28-39年」藤野生三郎・宇田川璋仁編『経済成長と財政金融政策』勁草書房、242-264頁。
両角良子・荒木万寿夫・美添泰人［2005］「80年代以降の日本の勤労者世帯の所得格差——所得分散とタイル尺度による検証——」美添泰人編『統計的照合技術の研究と家計データ分析への応用』（平成14-16年度科学研究費補助金基盤研究（B）(2)研究成果報告書）。

【参考資料】
国税庁『税務統計から見た申告所得税の実態』各年版。

第4章　市町村民税における所得階層別・種類別の再分配効果

I. はじめに

　本章の目的は、わが国の市町村民税所得割の負担配分と再分配効果について、所得階層別・種類別に要因分解を行うことによって検証することである。

　わが国の国税としての所得税の再分配効果については、これまでジニ係数に基づいて貝塚・新飯田［1965］、石［1979］などをはじめとして、多くの実証研究がなされてきた。これらの分析では、累進税制を基本とする所得税の再分配効果が検証されるとともに、再分配係数などを基準としてわが国所得税の再分配効果の推移が分析されてきた。

　これに比して、地方税である市町村民税は、負担分任の原則に従い課税されるものとされてきた[1]。また、これまで市町村民税所得割については、国税の所得税と同様に控除および税率を通じた累進構造があり、再分配効果が作用してきたことは容易に想定されるにもかかわらず、その効果の実態について詳細な研究はほとんどされてこなかった[2]。

　そこで、本章では、これまで市町村民税所得割による再分配効果が国税と比較してどの程度なのか、また、そうした再分配機能が所得階層別ないし所得種類別にどのように発揮されてきたのかを、主としてタイル尺度に基づく要因分解により明らかにしていきたい[3]。

　以下、はじめにIIにおいて本章の分析方法を説明する。これまで、所得税の再分配効果を分析する場合、ジニ係数に基づく方法が用いられるのが一般的であった。しかし、第3章で指摘したとおり、ジニ係数に依拠した分析には、順

位入れ替え等の問題がある。そのため、本章でも、市町村民税の再分配効果を分析するにあたり、主としてタイル尺度を用いて、所得階層別の要因分解を行う。次に、Ⅲで分析結果を示す。とりわけ、市町村民税の再分配効果が国税と比較してどの程度なのか、また全体の再分配効果に対する所得階層別・種類別の効果について明らかにする。最後のⅣで、本章の分析で得られた結果をまとめることで、むすびに代えられる。

Ⅱ．分析方法

1．所得階層別の分析

(1) グループ内タイル尺度とグループ間タイル尺度

本章においても、第3章の分析方法を踏襲して、下記の（1）式に基づき、全体のタイル尺度をグループ内タイル尺度とグループ間タイル尺度に要因分解し、全体のタイル尺度に与えるグループ内タイル尺度あるいはグループ間タイル尺度の影響について検証する[4]。

$$T_x = \sum_{k=1}^{K} \frac{n_k \mu_k}{n\mu} T_x^k + \sum_{k=1}^{K} \frac{n_k \mu_k}{n\mu} \log \frac{\mu_k}{\mu} \tag{1}$$

k：第kグループ、μ_k：第kグループの平均所得、n_k：第kグループの人数、T_x^k：第kグループのタイル尺度で、$T_x^k = \sum_{i=1}^{n_k} \frac{x_i^k}{n_k \mu_k} \log \frac{x_i^k}{\mu_k}$ とあらわされる。ただし、x_x^k：第kグループのiの所得

前章と同様に、ここでもグループ内タイル尺度（（1）式の右辺第1項）とは所得階層内不平等度、グループ間タイル尺度（（1）式の右辺第2項）とは所得階層間不平等度をそれぞれ意味している。

本章で用いるデータは、『地方税制の現状とその運営の実態』における市町村民税の「課税標準額別所得割額等に関する調」である。同資料は、昭和33年以降約5年ごとに発行されるが、分析にあたっては、昭和44年、昭和49年、昭

表 4-1　所得階層区分

	S44		S49		S54		S60	
	区分	n_k/n	区分	n_k/n	区分	n_k/n	区分	n_k/n
低所得階層	10万円以下	0.2698	10万円以下	0.1098	10万円以下	0.0573	20万円以下	0.0722
中所得階層（下）	40万円以下	0.4982	50万円以下	0.4008	80万円以下	0.4187	120万円以下	0.4507
中所得階層（上）	100万円以下	0.1777	110万円以下	0.3226	150万円以下	0.2963	370万円以下	0.4015
高所得階層（下）	250万円以下	0.0429	400万円以下	0.1531	600万円以下	0.2146	950万円以下	0.0658
高所得階層（上）	250万円超	0.0114	400万円超	0.0136	600万円超	0.0146	950万円超	0.0097

	H2		H8		H13	
	区分	n_k/n	区分	n_k/n	区分	n_k/n
低所得階層	20万円以下	0.0640	20万円以下	0.0597	20万円以下	0.0682
中所得階層（下）	120万円以下	0.3762	120万円以下	0.3204	120万円以下	0.3331
中所得階層（上）	300万円以下	0.3824	300万円以下	0.3959	300万円以下	0.3725
高所得階層（下）	1,000万円以下	0.1622	1,000万円以下	0.2055	1,000万円以下	0.2079
高所得階層（上）	1,000万円超	0.0152	1,000万円超	0.0185	1,000万円超	0.0183

和54年、昭和60年、平成2年、平成8年、平成13年の各データを用いている[5]。本章では、全体の人数 n に占める各階層の人数 n_k のシェア $\frac{n_k}{n}$ を基準としながら、当該データに示される課税標準の段階を5つにグルーピングし、それぞれ低所得階層、中所得階層（下）、中所得階層（上）、高所得階層（下）、高所得階層（上）としている。具体的には、表4-1の所得階層区分に示される[6]。

(2) 税率効果と控除効果

　前章で示したとおり、所得課税の再分配効果は、主として税率に基づく部分（税率効果）と控除に基づく部分（控除効果）に分けることができる[7]。本章でも、市町村民税所得割による再分配効果をこれら2つの要因に分解して、両者を定量的に把握する。

2. 所得種類別の分析

　ここでは、市町村民税の再分配効果を課税対象となる所得の種類ごとに分けて検証するために、所得種類別の実効税率を推計する。具体的には、市町村民

税所得割全体の負担水準をあらわす合計所得の実効税率がどのような種類の所得に対する課税によってどの程度決定されているかを、階層別の各所得カテゴリーの寄与度を通じて明らかにする。

ここで取り扱う所得の種類とは、これまでの分析で使用した『地方税制の現状とその運営の実態』において区分されている所得で、以下の5種類である。

①総所得等
②土地建物等の長期譲渡所得（以下、長期譲渡所得）
③土地建物等の短期譲渡所得（以下、短期譲渡所得）
④土地等にかかわる事業所得（以下、土地事業所得）
⑤株式等にかかわる譲渡所得等（以下、株式譲渡所得）

①の「総所得等」は、総合課税の対象となる「総所得」に、分離課税の対象となる「山林所得」および「退職所得」を合算したものである。

②から⑤はすべて分離課税の対象となる。先の資料においては、各種所得に対応する税額が所得階層別（正確には「総所得等」の課税標準別）に記載されていることから、ある特定の階層における、これら所得種類ごとの実効税率の推計が可能となる。

利用可能な所得種類別のデータは、昭和49年、昭和54年、昭和60年、平成2年、平成8年、平成13年の6カ年であるが、制度上の理由により、④の土地事業所得[8]は平成8年まで、⑤の株式譲渡所得[9]は平成2年以降についてのみ、それぞれ公表されている。

以上のデータを利用して、(i) 所得種類別の実効税率、(ii) それら個別の実効税率の市町村民税全体（合計所得）の実効税率に対する寄与度を、それぞれ以下の手順に従って計測する。

(i) 所得種類別の実効税率は、各種所得に対応する税額を所得控除前の各種所得金額で除したものである。ただし、税額控除額等について以下の2つの調整を行っている。第一に、配当税額控除と外国税額控除の税額控除額、税額調整額、減免税額は、総所得等に係る税額から控除した。第二に、定率減税による税額控除（平成13年のみ）は、各種所得の課税標準の割合で按分して算出し、

各所得に対応する税額から控除した。

（ii）ここでいう寄与度は、合計所得の実効税率に対して、各所得階層における、ある特定の所得の実効税率がどれだけ寄与しているかを意味しており、以下の算式によりあらわされる。

$$\frac{T}{Y} = \sum_{h=1}^{m} \sum_{i=1}^{n} \frac{T_{ih}}{Y_{ih}} \frac{Y_{ih}}{Y_h} \frac{Y_h}{Y} \quad (2)$$

ただし、$T = \sum_{h=1}^{m} T_h$、$Y = \sum_{h=1}^{m} Y_h$、$T_h = \sum_{i=1}^{n} T_{ih}$、$Y_h = \sum_{i=1}^{n} Y_{ih}$

（T：税額、Y：所得額、i：所得階層、h：所得の種類）

（2）式において、$\frac{T_{ih}}{Y_{ih}}$ は第 i 階層における h という種類の所得の実効税率であり、$\frac{T_{ih}}{Y_{ih}} \frac{Y_{ih}}{Y_h} \frac{Y_h}{Y} = \frac{T_{ih}}{Y}$ がその合計所得の実効税率に対する寄与度である。したがって、各カテゴリーにおける寄与度の総計は合計所得の実効税率 $\frac{T}{Y}$ となる。

Ⅲ．分析結果

1．全体の効果

はじめに市町村民税全体の再分配効果をジニ係数およびタイル尺度により検討しよう。図4-1は、市町村民税を課税される前の所得と課税後の所得に関するジニ係数およびタイル尺度の推移を示している。課税前所得のジニ係数をみると、昭和49年が0.300（0.293）と最も低く、平成13年が0.365（0.356）と最も高い値を示している（括弧内は課税後所得の数値、以下同じ）。一方、同じ所得分配をタイル尺度で推計すると、昭和54年が0.240（0.224）と最低で、昭和44年が0.285（0.269）と最大となっている。近年においてジニ係数およびタイル尺度に基づく所得格差は拡大傾向にあることがわかる。また、ジニ係数とタイル尺度を比較すると、前者のケースの方がいくらか変動的な動きとなっている。

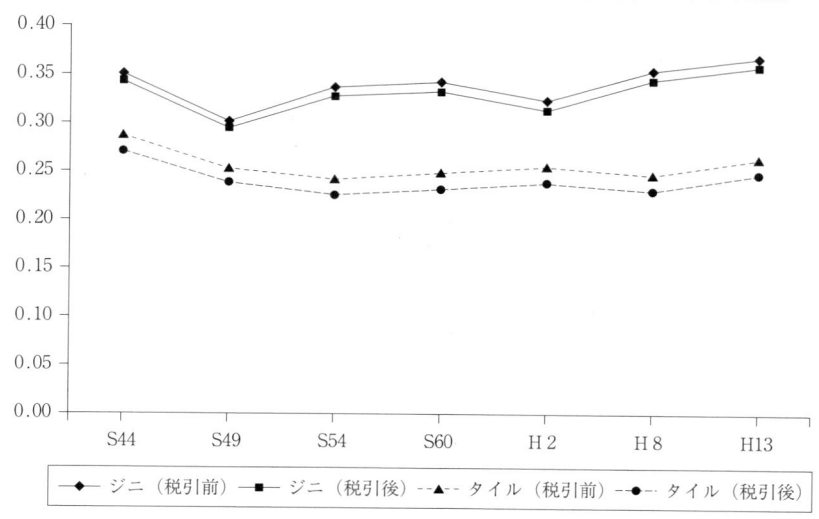

図4-1　市町村民税課税前所得と市町村民税課税後所得に関する不平等指標

凡例：ジニ（税引前）　ジニ（税引後）　タイル（税引前）　タイル（税引後）

　図4-2は、以上のジニ係数に基づき計算した再分配係数ϕと同様にタイル尺度に基づいた再分配係数ψの推移を示している。これら再分配係数は、近年において若干低下しているものの、分析開始の昭和44年と比較するとその水準は高まっている。すでに述べたとおり、以下では、もっぱらタイル尺度を用いて分析した結果を示す。

　ここで市町村民税の再分配効果を国税の申告所得税と比較しておく。図4-3は、両者の再分配係数の推移を示している。ただし、住民税においては、前年の所得を基準として課税するいわゆる前年所得課税主義が採用されていることから、市町村民税に対応する所得税の数値は前年の値をとっている[10]。図によると、市町村民税の再分配係数は、所得税の効果のおよそ3割から6割にまで及んでいる。負担分任の原則に従い課税される市町村民税は、従来再分配政策として活用される性格は希薄であるとされてきたが、これらの結果から、所得税と同様に、一定の再分配効果を有していることは明らかである。なお、所得税による再分配効果は、市町村民税と比較すると、分析の対象期間を通じ

第4章 市町村民税における所得階層別・種類別の再分配効果　107

図4-2　市町村民税による再分配効果

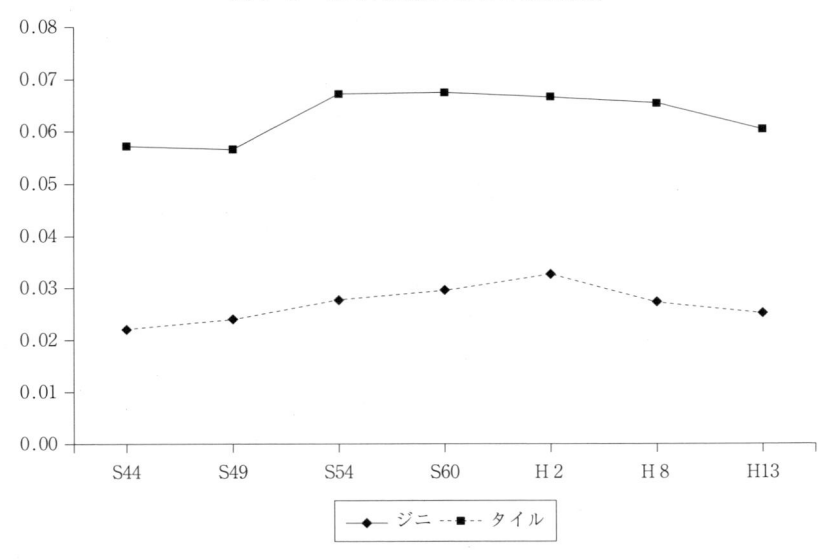

図4-3　市町村民税と申告所得税の再分配効果

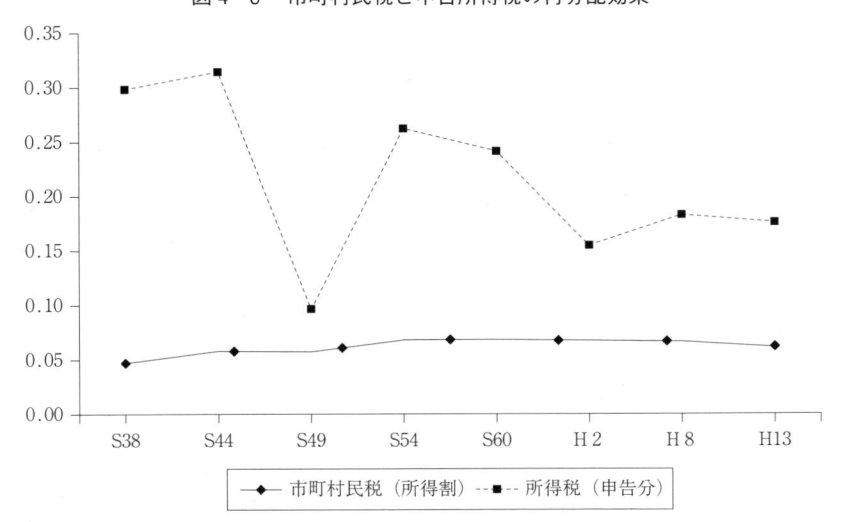

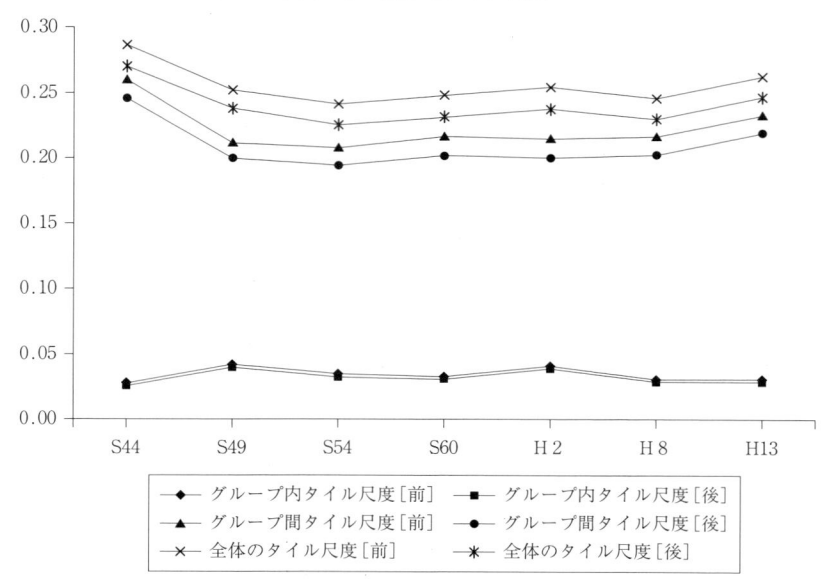

図4-4　全体のタイル尺度

```
         S44    S49    S54    S60    H2     H8     H13
0.30
0.25
0.20
0.15
0.10
0.05
0.00
```

凡例：
◆ グループ内タイル尺度[前]　　■ グループ内タイル尺度[後]
▲ グループ間タイル尺度[前]　　● グループ間タイル尺度[後]
× 全体のタイル尺度[前]　　　　＊ 全体のタイル尺度[後]

注：[前]および[後]は、それぞれ課税前所得および課税後所得についての値を示している（以下、同じ）。

て変動が大きく、この間減少傾向にあるのがわかる。

2．グループ内タイル尺度とグループ間タイル尺度

　図4-4は、市町村民税の課税前所得と課税後所得に関して、全体のタイル尺度、グループ内およびグループ間のタイル尺度の推移をそれぞれ示したものである。

　まず、全体のタイル尺度は、昭和44年から昭和49年にかけて大幅に下落しているが、昭和49年以降は0.23～0.25の間をほぼ安定的に推移している。全体のタイル尺度についてグループ内およびグループ間の要因別にみると、グループ間タイル尺度の占める割合（約90％）が高くなっている。これにより、市町村民税において、グループ間の不平等度が全体の不平等度に強い影響を及ぼしていることは明らかである。

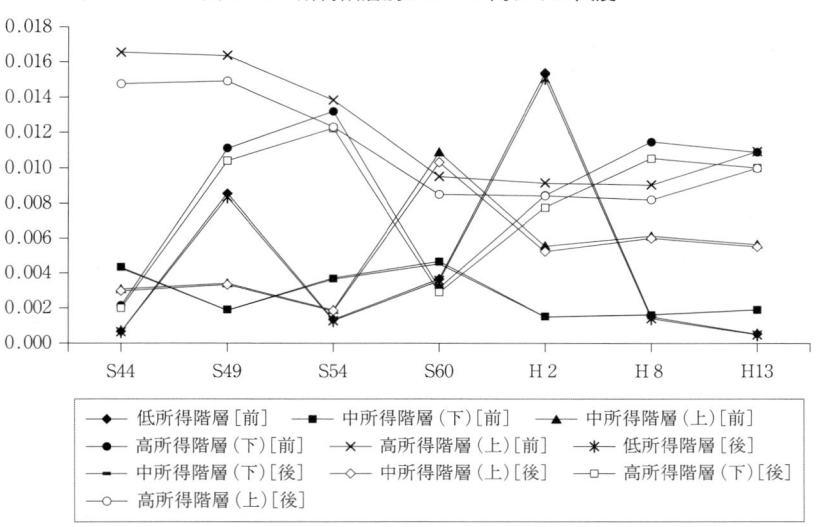

図 4-5　所得階層別グループ内タイル尺度

凡例：
- ◆ 低所得階層［前］
- ■ 中所得階層（下）［前］
- ▲ 中所得階層（上）［前］
- ● 高所得階層（下）［前］
- ✕ 高所得階層（上）［前］
- ✳ 低所得階層［後］
- ■ 中所得階層（下）［後］
- ◇ 中所得階層（上）［後］
- □ 高所得階層（下）［後］
- ○ 高所得階層（上）［後］

次に、全体のタイル尺度に対する所得階層別の影響を検討しよう。図4-5は、所得階層別のグループ内タイル尺度の推移を示したものである。また、グループ内タイル尺度は、先の(1)式のとおり、さらにその構成要因 (T_k, $\frac{n_k}{n}$, $\frac{\mu_k}{\mu}$) に分解可能であることから、これら3つの要因をそれぞれ図4-6から図4-8に示している。

これらの図から階層別グループ内タイル尺度の動きを順番に追っていこう。

①低所得階層については、昭和49年（0.009；課税前所得の値、以下同じ）と平成2年（0.015）が特に高い。その要因として、図4-6より低所得階層のタイル尺度 T_k の値が昭和54年から平成2年にかけて急激に上昇している点、ならびに図4-8より低所得階層の平均所得の比率 $\frac{\mu_k}{\mu}$ が昭和49年と平成2年に上昇している点が指摘できる。

②中所得階層（下）については、比較的安定的に推移している（0.001〜0.005）。

③中所得階層（上）については、比較的変動が大きく、特に昭和60年に高い

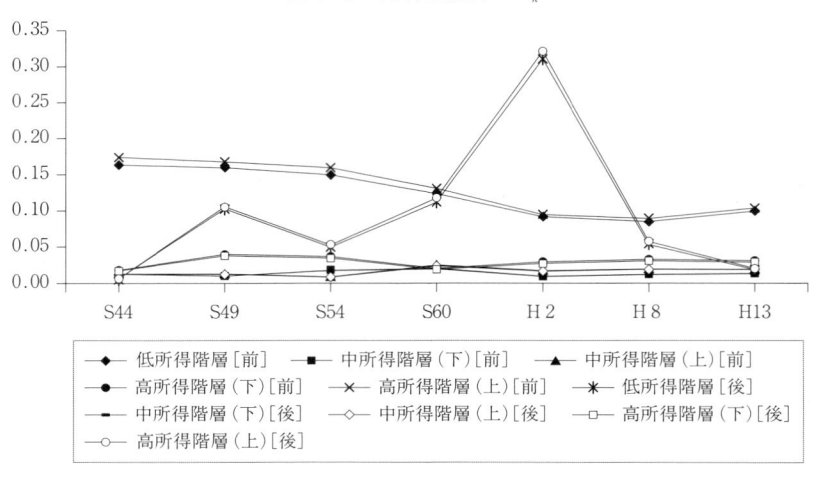

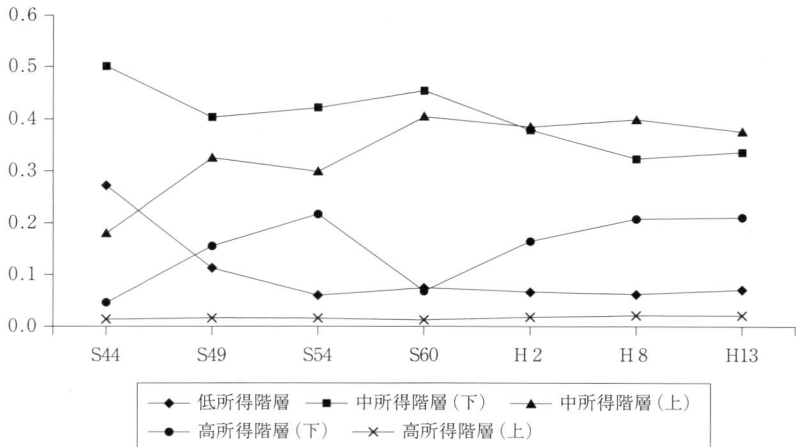

110

図4-6 所得階層別の T_k

凡例:
- ◆ 低所得階層[前]
- ■ 中所得階層(下)[前]
- ▲ 中所得階層(上)[前]
- ● 高所得階層(下)[前]
- × 高所得階層(上)[前]
- ＊ 低所得階層[後]
- ─ 中所得階層(下)[後]
- ◇ 中所得階層(上)[後]
- □ 高所得階層(下)[後]
- ○ 高所得階層(上)[後]

図4-7 所得階層別の $\dfrac{n_k}{n}$

凡例:
- ◆ 低所得階層
- ■ 中所得階層(下)
- ▲ 中所得階層(上)
- ● 高所得階層(下)
- × 高所得階層(上)

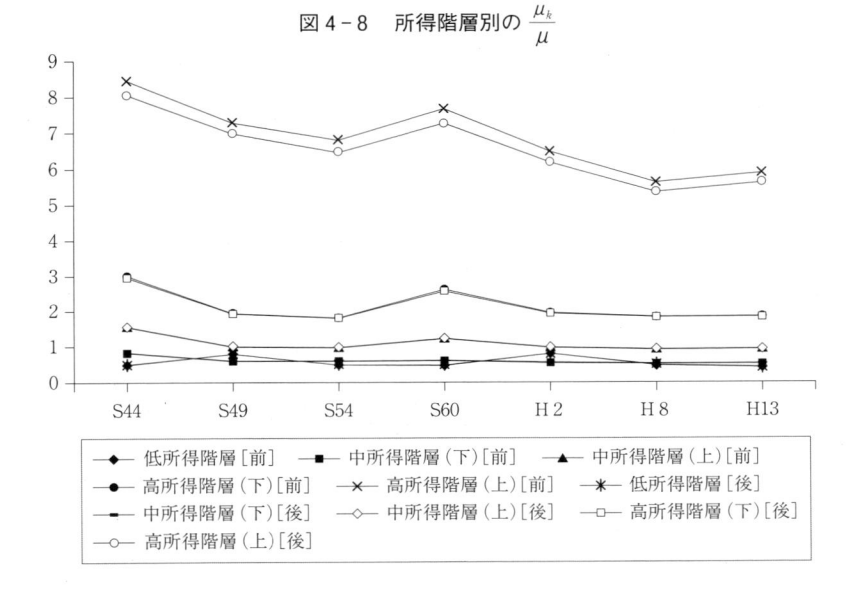

第4章 市町村民税における所得階層別・種類別の再分配効果　111

図4-8　所得階層別の $\dfrac{\mu_k}{\mu}$

凡例：
- ◆ 低所得階層[前]
- ■ 中所得階層(下)[前]
- ▲ 中所得階層(上)[前]
- ● 高所得階層(下)[前]
- × 高所得階層(上)[前]
- ＊ 低所得階層[後]
- ─ 中所得階層(下)[後]
- ◇ 中所得階層(上)[後]
- □ 高所得階層(下)[後]
- ○ 高所得階層(上)[後]

図4-9　所得階層別グループ間タイル尺度

凡例：
- ◆ 低所得階層[前]
- ■ 中所得階層(下)[前]
- ▲ 中所得階層(上)[前]
- ● 高所得階層(下)[前]
- × 高所得階層(上)[前]
- ＊ 低所得階層[後]
- ─ 中所得階層(下)[後]
- ◇ 中所得階層(上)[後]
- □ 高所得階層(下)[後]
- ○ 高所得階層(上)[後]

表4-2 全体の再分配効果に対する各要因の寄与度（全体の効果）

		グループ内タイル尺度	グループ間タイル尺度	合 計
S44	低所得階層	0.0000	−0.0016	−0.0015
	中所得階層（下）	0.0002	−0.0107	−0.0105
	中所得階層（上）	0.0004	−0.0011	−0.0006
	高所得階層（下）	0.0005	0.0145	0.0150
	高所得階層（上）	0.0062	0.0484	0.0546
	合 計	0.0074	0.0495	0.0569
S49	低所得階層	0.0009	−0.0014	−0.0005
	中所得階層（下）	0.0001	−0.0058	−0.0058
	中所得階層（上）	0.0003	−0.0091	−0.0088
	高所得階層（下）	0.0027	0.0154	0.0181
	高所得階層（上）	0.0057	0.0476	0.0533
	合 計	0.0097	0.0466	0.0563
S54	低所得階層	0.0003	−0.0003	−0.0000
	中所得階層（下）	0.0003	−0.0082	−0.0080
	中所得階層（上）	0.0003	−0.0100	−0.0097
	高所得階層（下）	0.0040	0.0211	0.0250
	高所得階層（上）	0.0064	0.0534	0.0598
	合 計	0.0112	0.0559	0.0671
S60	低所得階層	0.0004	−0.0005	−0.0000
	中所得階層（下）	0.0006	−0.0097	−0.0091
	中所得階層（上）	0.0023	−0.0051	−0.0029
	高所得階層（下）	0.0010	0.0268	0.0278
	高所得階層（上）	0.0041	0.0474	0.0515
	合 計	0.0084	0.0589	0.0674
H2	低所得階層	0.0013	−0.0017	−0.0004
	中所得階層（下）	0.0001	−0.0062	−0.0062
	中所得階層（上）	0.0012	−0.0118	−0.0106
	高所得階層（下）	0.0027	0.0258	0.0285
	高所得階層（上）	0.0028	0.0523	0.0552
	合 計	0.0080	0.0585	0.0665
H8	低所得階層	0.0004	−0.0003	0.0001
	中所得階層（下）	0.0001	−0.0038	−0.0038
	中所得階層（上）	0.0005	−0.0172	−0.0167
	高所得階層（下）	0.0038	0.0220	0.0257
	高所得階層（上）	0.0035	0.0565	0.0600
	合 計	0.0082	0.0572	0.0654
H13	低所得階層	0.0001	−0.0001	0.0001
	中所得階層（下）	0.0001	−0.0035	−0.0035
	中所得階層（上）	0.0005	−0.0143	−0.0138
	高所得階層（下）	0.0033	0.0186	0.0220
	高所得階層（上）	0.0035	0.0520	0.0565
	合 計	0.0075	0.0528	0.0603

値（0.011）となっており、経年的に上昇傾向にある。

④高所得階層（下）については、昭和44年から昭和54年にかけて上昇し、その後昭和54年から昭和60年にかけて下落して以降再び上昇に転じるなど、その変動幅は大きい。こうした変動は、タイル尺度の各構成要因の動きから、主として全体の人数に対する当該階層に属する人数の割合 $\frac{n_k}{n}$ の変化に基づくものと考えられる。

⑤高所得階層（上）については、各所得階層の中では相対的に高い水準で推移しているが、昭和44年以降低下傾向にある。これは、高所得階層（上）のタイル尺度 T_k および平均所得比率 $\frac{\mu_k}{\mu}$ の同様な動きから、主として両者に起因するものとみられる。

最後に、グループ間タイル尺度について見よう。この指標では、低所得階層と中所得階層（下）の値がこの間マイナスで推移しており、特に後者が最も低くなっている。これは、これら所得階層の平均所得比率 $\frac{\mu_k}{\mu}$ が1を下回っているからである。

これに対して、高所得階層（上）と高所得階層（下）が相対的に高い水準で推移しており、ともに昭和60年以降上昇傾向にあることがみてとれる。

そこで表4−2により、全体の再分配効果に対するグループ内タイル尺度およびグループ間タイル尺度の寄与度を確認しておこう。図4−4でみたとおり、全体の再分配効果に対してはグループ間タイル尺度の寄与度がきわめて高く、その寄与率は約80〜90％に及ぶことがわかる。また、所得階層別にみると高所得階層の寄与度が相対的に高い。特に、高所得階層（上）の寄与率が約80〜90％と非常に高い値を示している。一方、低所得階層および中所得階層の寄与度は、ほとんどマイナスとなっている。

3．税率効果と控除効果

図4−10は、課税前所得と課税後所得に関する両タイル尺度をもとに計算した再分配係数を、所得階層別に示している。すでに見たとおり、全体の再分配係数は、0.056〜0.067で安定的に推移している。しかしながら、所得階層別の

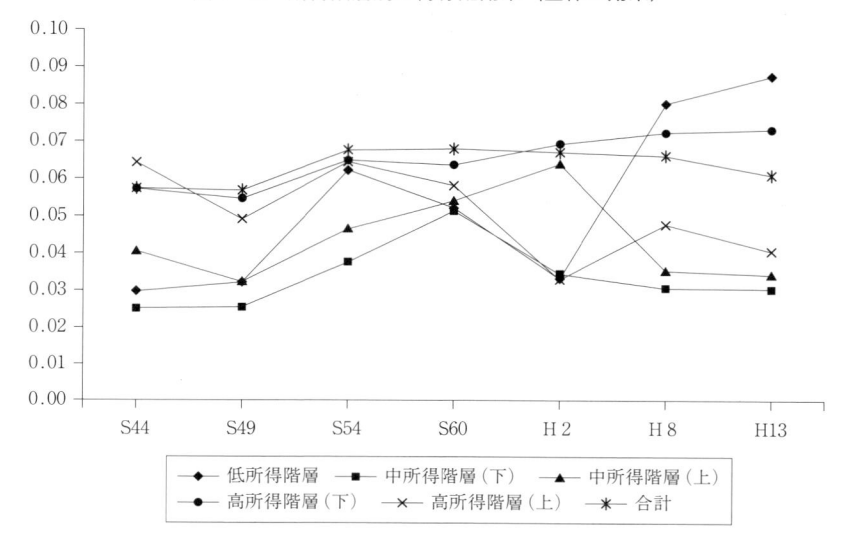

図4-10　所得階層別の再分配効果（全体の効果）

凡例：
- ◆ 低所得階層
- ■ 中所得階層（下）
- ▲ 中所得階層（上）
- ● 高所得階層（下）
- × 高所得階層（上）
- ＊ 合計

効果をみると必ずしもそうでない。唯一、高所得階層（下）の再分配係数が安定的な上昇傾向にあるが、その他の階層では大きく変動している。注目すべきは、低所得階層、中所得階層（上）、高所得階層（上）が平成2年を起点に大きく変化していることであり、とりわけ低所得階層の変化が顕著である。

これら所得階層別の全体効果を税率効果と控除効果に分解し、まず税率効果についてのみ示したのが図4-11である。すべての所得階層の税率効果は、0.032～0.046と安定的な上昇傾向をたどっている。また、高所得階層（下）の再分配係数についても全体の推移と同様、緩やかな上昇傾向を示している。一方、高所得階層（下）以外の階層の再分配係数は大きく変動している。

これら階層別の税率効果について特徴的なのは、高所得階層（上）を除き、上位の所得階層ほど再分配係数が高くなっていることである。当然ながら、超過累進税率の下で、高い限界税率に直面する高所得階層ほど税率の効果が大きくなると予想される。また、再分配係数の推移をみると、特に昭和60年と平成2年の後で再分配係数の値が大きく変化しており、この間の景気変動の影響あ

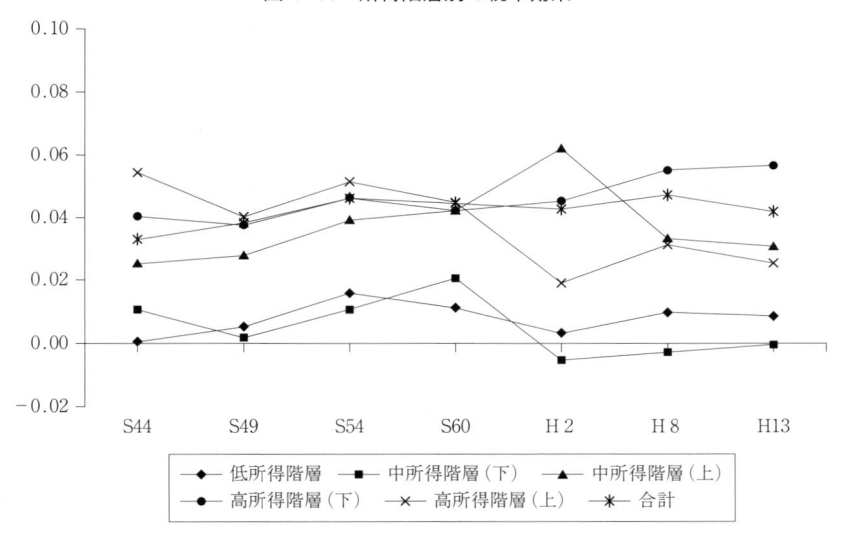

第 4 章 市町村民税における所得階層別・種類別の再分配効果 115

図 4-11 所得階層別の税率効果

るいは制度改正等が反映されたものと考えられる。

 他方、図 4-12 は階層別の控除効果を示している。すべての所得階層の効果は、0.018〜0.024 と安定的に推移している。同様に、高所得階層（下）、高所得階層（上）についても比較的安定している。しかしながら、低所得階層から中所得階層（上）では、いくらか変動的で、とりわけ低所得階層の動きが大きくなっている。この点から、全体の効果でみた低所得階層の平成 2 年以降における急激な伸びは、こうした控除効果の動きが大きく反映されていることが理解される。

 また、すべての期間を通じて、低所得階層と中所得階層（下）の効果が相対的に大きくあらわれているが、これは、低所得階層ほど所得に占める所得控除の割合が高くなるために、所得水準が低くなれば、それだけ所得控除による効果がより強く作用するからであると考えられる。

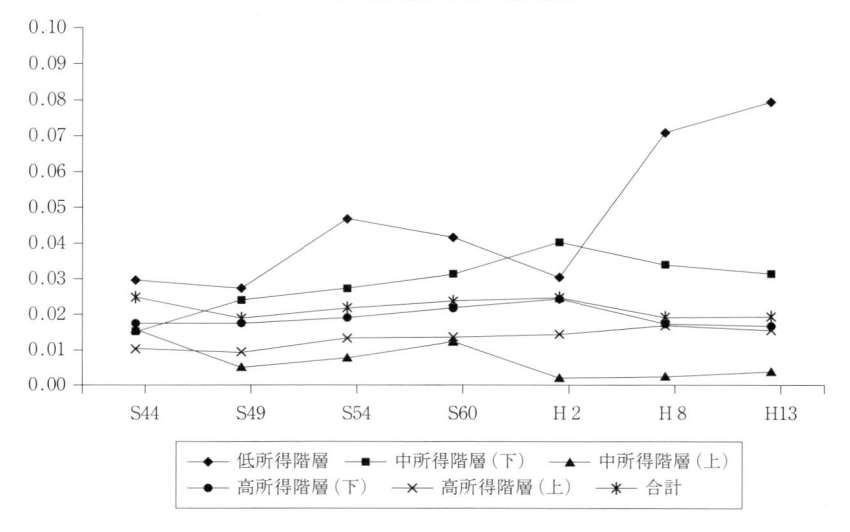

図4-12 所得階層別の控除効果

凡例: ◆低所得階層 ■中所得階層(下) ▲中所得階層(上) ●高所得階層(下) ×高所得階層(上) ＊合計

4．所得種類別の効果

Ⅱで示した分析方法に従って、各種所得にかかる実効税率およびその寄与度を所得階層ごとに、昭和49年から平成13年の6カ年について推計した結果を示したのが表4-3である。まず総所得等についてみると、いずれの年度においても低所得階層から高所得階層に移るにつれて確実に実効税率が高まっており（例えば、平成13年で0.11～8.72％）、一様に累進的な負担構造が実現されていることがわかる。これは、総所得等の構成要素である、総所得・山林所得・退職所得については、それぞれその課税所得に対して一般の累進税率表が適用されることからして当然の結果といえる。

これら総所得等に対する実効税率を経年で比較すると特に次の2点が指摘できる。第一に、全体の平均実効税率については、昭和49年から平成2年まで上昇するものの、平成8年以降は低下している[11]。第二に、最高所得階層にかかる実効税率も、昭和60年をピークにしてそれ以降下落傾向にある。こうした趨

勢は、昭和の末期から段階的に進められた税率構造のフラット化（税率ブラケットについては、昭和63年にそれまでの最高14％の13段階から最高12％の7段階に、平成4年には最高11％の3段階に削減され、さらに平成11年に最高税率は10％に引き下げられた）を顕著に反映しているものと考えられる。

次に、すべての所得を合算した合計所得の実効税率とこれに対する各種所得の寄与度を対照することにより、いくつかの事実を見出すことができる。第一に、いずれの年度においても、最低所得階層における合計所得の実効税率が中所得階層並みの値を示している。この点については、この階層における長期譲渡所得の突出した寄与度から、給与所得など総合課税の対象となる所得がほとんどない個人によって多額の長期譲渡所得が実現されたためであると考えられる（例えば、平成13年において、最低所得階層は長期譲渡所得全体の3分の1を得ている）。ここでの所得階層区分はあくまで「総所得等」の課税標準（所得控除後）を基準としているので、「総所得等」に含まれずに別建ての税率が適用される譲渡所得などの金額が大きければ、それだけ支払い税額も増加して「合計所得」の実効税率が高まることになる。

第二に、合計所得の平均実効税率は、図4-13で確認されるように、一般の税率表が適用される総所得等の平均実効税率とほとんど変わらないか、あるいは若干高くなっている。これは、総所得等の寄与度（合計）から明らかなように、総所得等の実効税率が住民税全体の税率水準をほぼ決定しているからである。合計所得のうち総所得等の占める割合は、6カ年の平均で94.6％にも及ぶ。また、合計所得の平均実効税率が総所得等のそれよりも僅かに高くなっているのは、平均実効税率が総所得等よりも高い長期譲渡所得への課税がその主因であるといえる。いずれの年においても、総所得等以外の所得の中では長期譲渡所得の寄与度が際立って高い数値を示しているからである。

第三に、第一の点を除けば、合計所得の実効税率も、総所得等のそれと同様に、所得階層が高くなるにつれて一様に上昇しているが、税率上昇の度合いは総所得等の場合と比べて緩慢になっており、この特徴はとりわけ平成に入って以降顕著である。この点に対しても長期譲渡所得への課税状況が大きな影響を

表4-3 市町村民税の所得種類別・所得階層別の

(1) 平成13年

	実効税率（％）				
	総所得等	短期譲渡所得	長期譲渡所得	株式譲渡所得	合計
5万円以下の金額	0.108	7.078	3.492	3.570	2.080
5万円を超え10万円以下	0.183	8.548	3.532	3.657	0.286
10万円を超え20万円以下	0.326	8.762	3.473	3.617	0.418
20万円を超え40万円以下	0.568	8.901	3.447	3.586	0.634
40万円を超え60万円以下	0.852	8.202	3.433	3.497	0.901
60万円を超え80万円以下	1.057	8.594	3.420	3.556	1.097
80万円を超え120万円以下	1.258	9.130	3.399	3.561	1.288
120万円を超え160万円以下	1.433	8.862	3.419	3.556	1.454
160万円を超え200万円以下	1.524	8.601	3.408	3.556	1.542
200万円を超え300万円以下	2.127	8.623	3.291	3.422	2.137
300万円を超え400万円以下	2.944	8.692	3.135	3.253	2.946
400万円を超え550万円以下	3.730	8.771	3.258	3.367	3.725
550万円を超え700万円以下	4.449	9.210	3.399	3.509	4.434
700万円を超え1,000万円以下	5.418	9.312	3.545	3.635	5.378
1,000万円を超え2,000万円以下	6.921	9.864	3.688	3.812	6.820
2,000万円を超える金額	8.724	10.166	3.864	3.967	8.451
合計	3.055	8.763	3.466	3.758	3.062

(2) 平成8年

	実効税率（％）					
	総所得等	土地事業所得	短期譲渡所得	長期譲渡所得	株式譲渡所得	合計
5万円以下の金額	0.104	8.291	7.396	4.490	3.747	3.190
5万円を超え10万円以下	0.208	9.454	7.433	4.702	3.986	0.434
10万円を超え20万円以下	0.377	10.105	8.321	4.607	3.989	0.576
20万円を超え40万円以下	0.659	10.823	9.028	4.738	3.997	0.817
40万円を超え60万円以下	1.004	10.836	8.855	4.707	3.998	1.116
60万円を超え80万円以下	1.252	9.054	8.803	4.696	3.995	1.338
80万円を超え120万円以下	1.500	9.877	148.730	0.093	0.135	0.791
120万円を超え160万円以下	1.705	9.653	8.956	4.728	4.025	1.750
160万円を超え200万円以下	1.800	11.536	9.152	4.713	3.993	1.839
200万円を超え300万円以下	2.509	10.583	9.341	4.724	4.012	2.538
300万円を超え400万円以下	3.468	10.671	9.416	4.706	3.994	3.485
400万円を超え550万円以下	4.204	11.116	9.660	4.728	4.008	4.213
550万円を超え700万円以下	4.836	11.770	10.018	4.672	4.012	4.832
700万円を超え1,000万円以下	5.853	12.524	10.657	4.662	3.995	5.814
1,000万円を超え2,000万円以下	7.531	11.647	10.807	4.663	3.994	7.410
2,000万円を超える金額	9.494	13.914	10.786	4.607	4.021	9.144
合計	3.415	10.592	9.586	1.327	2.359	3.213

実効税率および寄与度

	寄与度（%）			
総所得等	短期譲渡所得	長期譲渡所得	株式譲渡所得	合　計
0.001	0.000	0.022	0.001	0.024
0.001	0.000	0.001	0.000	0.001
0.003	0.000	0.000	0.000	0.004
0.013	0.000	0.002	0.000	0.014
0.024	0.000	0.002	0.000	0.026
0.035	0.000	0.002	0.000	0.036
0.094	0.000	0.003	0.000	0.097
0.119	0.000	0.003	0.000	0.122
0.119	0.000	0.002	0.000	0.122
0.351	0.000	0.004	0.000	0.356
0.362	0.000	0.003	0.000	0.366
0.474	0.000	0.004	0.001	0.479
0.288	0.000	0.003	0.001	0.292
0.310	0.000	0.004	0.001	0.315
0.408	0.000	0.005	0.002	0.416
0.383	0.000	0.005	0.006	0.393
2.987	0.000	0.066	0.012	3.062

	寄与度（%）				
総所得等	土地事業所得	短期譲渡所得	長期譲渡所得	株式譲渡所得	合　計
0.000	0.000	0.000	0.040	0.001	0.042
0.001	0.000	0.000	0.001	0.000	0.002
0.003	0.000	0.000	0.002	0.000	0.005
0.012	0.000	0.000	0.003	0.000	0.015
0.024	0.000	0.000	0.003	0.000	0.028
0.036	0.000	0.000	0.003	0.000	0.039
0.104	0.000	0.000	0.007	0.000	0.111
0.138	0.000	0.000	0.006	0.000	0.144
0.137	0.000	0.000	0.005	0.000	0.142
0.401	0.000	0.000	0.001	0.001	0.411
0.393	0.000	0.000	0.007	0.000	0.401
0.466	0.000	0.000	0.008	0.001	0.475
0.285	0.000	0.000	0.006	0.000	0.292
0.320	0.000	0.000	0.008	0.001	0.329
0.421	0.000	0.000	0.010	0.001	0.433
0.335	0.000	0.000	0.008	0.003	0.347
3.077	0.000	0.001	0.127	0.008	3.213

(3) 平成2年

	実効税率（%）					
	総所得等	短期譲渡所得	長期譲渡所得	土地事業所得	株式譲渡所得	合　計
5万円以下の金額	0.111	9.242	4.149	10.670	3.878	3.724
5万円を超え10万円以下	0.235	9.303	4.212	11.560	3.998	0.785
10万円を超え20万円以下	0.420	9.386	4.255	12.366	3.999	0.915
20万円を超え40万円以下	0.726	9.738	4.272	11.614	3.994	1.093
40万円を超え60万円以下	1.065	9.671	4.303	11.303	3.987	1.337
60万円を超え120万円以下	1.509	9.999	4.267	11.235	3.897	1.664
120万円を超え200万円以下	2.495	10.020	4.337	11.366	3.990	2.572
200万円を超え300万円以下	3.635	10.200	4.372	8.806	3.998	3.668
300万円を超え500万円以下	4.594	10.736	4.387	12.373	4.107	4.591
500万円を超え1,000万円以下	6.258	11.300	4.547	12.747	4.140	6.131
1,000万円を超え2,000万円以下	8.407	11.504	4.624	12.708	3.998	8.020
2,000万円を超える金額	9.920	11.623	4.868	12.906	4.274	9.273
合　計	3.934	10.387	4.339	11.744	4.120	3.981

(4) 昭和60年

	実効税率（%）				
	総所得等	短期譲渡所得	長期譲渡所得	土地事業所得	合　計
5万円以下の金額	0.195	7.667	4.076	7.836	3.079
5万円を超え10万円以下	0.295	9.155	4.243	9.167	0.542
10万円を超え20万円以下	0.451	8.766	4.264	8.345	0.653
20万円を超え45万円以下	0.837	8.765	4.214	10.468	0.961
45万円を超え70万円以下	1.383	8.382	4.245	9.293	1.453
70万円を超え95万円以下	1.868	8.905	4.255	9.043	1.916
95万円を超え120万円以下	2.308	8.792	4.231	9.022	2.341
120万円を超え220万円以下	3.138	8.923	4.326	9.485	3.159
220万円を超え370万円以下	4.269	9.299	4.335	10.370	4.273
370万円を超え570万円以下	5.396	10.052	4.382	11.810	5.374
570万円を超え950万円以下	6.611	10.463	4.575	11.830	6.540
950万円を超え1,900万円以下	8.155	11.357	4.739	12.596	8.014
1,900万円を超え2,900万円以下	9.382	12.676	5.078	13.488	9.213
2,900万円を超え4,900万円以下	10.418	13.171	5.094	14.591	10.258
4,900万円を超える金額	11.695	14.008	5.738	15.395	11.498
合　計	3.856	9.286	4.312	9.902	3.876

第4章　市町村民税における所得階層別・種類別の再分配効果

寄与度（%）					
総所得等	短期譲渡所得	長期譲渡所得	土地事業所得	株式譲渡所得	合　計
0.001	0.004	0.115	0.001	0.001	0.121
0.000	0.000	0.003	0.000	0.000	0.004
0.004	0.000	0.006	0.000	0.000	0.001
0.017	0.000	0.011	0.000	0.000	0.029
0.032	0.000	0.011	0.000	0.000	0.044
0.186	0.001	0.029	0.000	0.000	0.217
0.434	0.001	0.030	0.000	0.001	0.466
0.603	0.001	0.028	0.000	0.001	0.633
0.808	0.002	0.038	0.000	0.001	0.849
0.720	0.003	0.044	0.000	0.002	0.769
0.427	0.002	0.025	0.000	0.002	0.457
0.355	0.002	0.019	0.001	0.006	0.382
3.589	0.018	0.358	0.003	0.014	3.981

寄与度（%）				
総所得等	短期譲渡所得	長期譲渡所得	土地事業所得	合　計
0.001	0.002	0.041	0.000	0.043
0.001	0.000	0.001	0.000	0.003
0.005	0.000	0.003	0.000	0.008
0.034	0.000	0.006	0.000	0.040
0.083	0.000	0.006	0.000	0.089
0.134	0.000	0.006	0.000	0.140
0.174	0.000	0.005	0.000	0.180
0.810	0.001	0.017	0.000	0.828
0.882	0.001	0.016	0.000	0.899
0.556	0.000	0.012	0.000	0.569
0.405	0.001	0.011	0.000	0.417
0.319	0.001	0.008	0.000	0.328
0.126	0.000	0.003	0.000	0.129
0.107	0.000	0.002	0.000	0.109
0.093	0.000	0.002	0.000	0.094
3.729	0.008	0.138	0.001	3.876

(5) 昭和54年

	実効税率（％）				
	総所得等	短期譲渡所得	長期譲渡所得	土地事業所得	合　計
5万円以下の金額	0.119	7.314	4.239	7.089	2.573
5万円を超え10万円以下	0.271	8.437	4.534	8.418	0.459
10万円を超え30万円以下	0.531	8.544	4.435	8.217	0.657
30万円を超え50万円以下	0.927	8.402	4.504	9.122	1.005
50万円を超え80万円以下	1.458	8.348	4.473	8.733	1.502
80万円を超え110万円以下	1.975	8.452	4.516	8.719	2.008
110万円を超え150万円以下	2.506	8.546	4.479	8.920	2.534
150万円を超え250万円以下	3.311	8.824	4.615	8.994	3.338
250万円を超え400万円以下	4.441	9.177	4.808	9.928	4.460
400万円を超え600万円以下	5.559	9.974	4.906	10.956	5.558
600万円を超え1,000万円以下	6.773	10.461	5.109	11.516	6.737
1,000万円を超え2,000万円以下	8.247	11.116	5.382	12.082	8.178
2,000万円を超え3,000万円以下	9.460	12.433	5.850	13.885	9.389
3,000万円を超え5,000万円以下	10.469	14.284	6.514	14.652	10.413
5,000万円を超える金額	11.659	14.397	6.416	15.385	11.616
合　計	3.143	8.846	4.551	9.496	3.193

(6) 昭和49年

	実効税率（％）				
	総所得等	短期譲渡所得	長期譲渡所得	土地事業所得	合　計
5万円以下の金額	0.128	7.820	3.286	7.597	2.513
5万円を超え10万円以下	0.324	8.745	3.426	7.995	0.738
10万円を超え30万円以下	0.673	8.871	3.387	9.201	0.939
30万円を超え50万円以下	1.117	8.846	3.386	8.423	1.260
50万円を超え80万円以下	1.597	8.933	3.385	8.748	1.693
80万円を超え110万円以下	2.081	8.987	3.381	8.267	2.160
110万円を超え150万円以下	2.642	8.966	3.379	8.658	2.700
150万円を超え250万円以下	3.535	9.402	3.384	9.538	3.541
250万円を超え400万円以下	4.753	9.892	3.382	9.780	4.613
400万円を超え600万円以下	5.847	10.164	3.388	10.200	5.531
600万円を超え1,000万円以下	6.941	10.560	3.388	11.042	6.402
1,000万円を超え2,000万円以下	8.298	11.273	3.396	11.660	7.487
2,000万円を超え3,000万円以下	9.457	12.421	3.396	13.438	8.441
3,000万円を超え5,000万円以下	10.363	13.105	3.399	14.401	9.090
5,000万円を超える金額	11.408	13.160	3.398	14.497	9.696
合　計	2.536	9.140	3.349	9.966	2.654

注：「平成8年度課税標準額段階別所得割額等に関する調」の表においては、数箇所にわたって明らかに誤りであると 120万円の所得階層における「短期譲渡所得」、「長期譲渡所得」、「株式譲渡所得」の各所得に対する実効税率および 合計所得の数値についても必ずしも信頼性が高くないことに注意する必要がある。また、昭和49年の同様の表にお 額に占める比率はごく微小にすぎないので、ここでの推計にはほとんど影響はない。

第4章　市町村民税における所得階層別・種類別の再分配効果

寄与度（%）				
総所得等	短期譲渡所得	長期譲渡所得	土地事業所得	合　計
0.001	0.004	0.038	0.000	0.043
0.002	0.000	0.002	0.000	0.004
0.022	0.001	0.005	0.000	0.028
0.056	0.001	0.005	0.000	0.062
0.183	0.001	0.007	0.000	0.191
0.258	0.001	0.006	0.000	0.265
0.354	0.001	0.007	0.000	0.363
0.656	0.003	0.013	0.000	0.672
0.550	0.003	0.012	0.000	0.565
0.279	0.002	0.008	0.000	0.289
0.243	0.002	0.006	0.000	0.251
0.229	0.001	0.004	0.000	0.235
0.086	0.000	0.001	0.000	0.088
0.072	0.000	0.001	0.000	0.073
0.064	0.000	0.000	0.000	0.065
3.056	0.021	0.115	0.001	3.193

寄与度（%）				
総所得等	短期譲渡所得	長期譲渡所得	土地事業所得	合　計
0.002	0.006	0.147	0.000	0.156
0.006	0.000	0.009	0.000	0.015
0.060	0.002	0.030	0.000	0.092
0.131	0.002	0.025	0.000	0.157
0.270	0.002	0.029	0.000	0.302
0.253	0.002	0.023	0.000	0.277
0.273	0.002	0.022	0.000	0.297
0.383	0.004	0.035	0.000	0.422
0.253	0.003	0.025	0.000	0.281
0.176	0.002	0.017	0.000	0.195
0.168	0.002	0.016	0.000	0.186
0.146	0.001	0.012	0.000	0.160
0.045	0.000	0.003	0.000	0.049
0.032	0.000	0.002	0.000	0.034
0.028	0.000	0.002	0.000	0.030
2.226	0.029	0.398	0.001	2.654

推測される数値が記載されている。それらを反映して、平成8年の表で80～
その寄与度は異常な値を示している。このような理由から、同表においては
いても、「減免税額」について明らかな誤りが存在する。しかし、その算出税

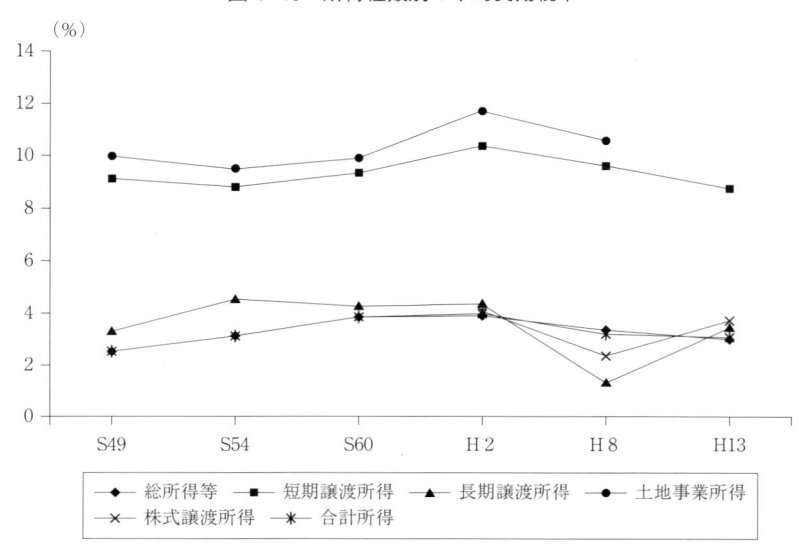

図4-13　所得種類別の平均実効税率

凡例：総所得等　短期譲渡所得　長期譲渡所得　土地事業所得　株式譲渡所得　合計所得

与えたとみられる。すなわち、総所得等の実効税率が、すでにみたとおり所得階層ごとに0.1～10％前後まで大きく変動するのに対して、長期譲渡所得に対する実効税率については、階層ごとの変動幅はそれほど大きくない（最大でも昭和54年の4.2～6.4％）。したがって、このような長期譲渡所得への分離課税は、低所得階層に対しては合計所得の実効税率を押し上げ、逆に高所得階層に対しては合計所得の実効税率を押し下げる方向に作用することになったのである。近年の土地バブル崩壊以降における長期譲渡所得に対する税率の引き下げ傾向[12]は、通常の税率構造のフラット化に加えて、平成に入ってさらに市町村民税全体の累進性を弱める結果になったと推測される。

　第四に、その他の短期譲渡所得・株式等譲渡所得・土地事業所得は、その寄与度の点からいって、合計所得の実効税率にほとんど影響を与えていない。これらの所得は少なくとも市町村民税全体の累進性とはほとんど無関係である。

Ⅳ. むすび

　最後に本章の分析で明らかになった結果を要約することで、むすびに代えたい。
(1)　所得税同様、市町村民税も再分配効果を有しており、その効果は所得税の約30〜40％に及ぶ。両者の再分配効果の特徴として、所得税については、景気や制度改正等その時代背景に左右され変動は大きく、全体としては低下傾向にある。一方、市町村民税については、非常に安定的であり、全体として上昇傾向にある点が明らかとなった。
(2)　全体の再分配効果に対しグループ間タイル尺度の寄与度が高く、その寄与率は約80〜90％に及ぶ。また、所得階層別にみると高所得階層の寄与度が高く、特に高所得階層(上)の寄与率が約80〜90％と高い値を示している。
(3)　全体の再分配効果のうち、所得控除の効果は30〜40％を占める。その所得控除の効果は、所得水準が低い階層へ大きな影響を及ぼし、特に低所得階層および中所得階層(下)への効果が際立っている。
(4)　税率の効果は全体の効果の60〜70％である。それは、所得水準が高い階層へ大きな影響を及ぼし、特に近年では中所得階層(上)への効果が高まっている。
(5)　市町村民税全体の実効税率の水準は、「総所得」に「山林所得」、「退職所得」を合算した「総所得等」に対する実効税率によってほぼ決定される。
(6)　いずれの年度においても実効税率が所得階層の高まりとともに一様に上昇していることから、「課税標準が高まるにつれてその実効(平均)税率が上昇する」という意味での累進課税は市町村民税において実現しているといえる。
(7)　平成に入って以降、市町村民税全体の累進性が低下傾向にあるが、これには通常の税率構造のフラット化だけでなく、分離課税の対象となる

「土地建物等の長期譲渡所得」に対する税率引き下げが影響を与えたとみられる。

注
1) 地方財務協会編［2003］、4頁。
2) ほとんど唯一の例外は、林［1995］である。
3) Theil［1967］, Chapter 2 & 4, Cowell & Kuga［1981a］および Cowell & Kuga［1981b］を参照。
4) 詳細は第3章のⅡを参照。
5) 『地方税制の現状とその運営の実態』における昭和33年、昭和34年および昭和39年の課税標準額の区分は、それ以降の年のものと大きく乖離している。したがって、経年比較を実施する場合において、他の年の階層区分との整合性を考慮し、上記3年分のデータは分析対象外としている。
6) 昭和44年における各階層区分の $\frac{n_k}{n}$ は、課税標準額10万円以下の低所得階層に集中していることから、他の年のものと若干異なる。
7) ここでの控除効果には、税額控除の影響も反映されている。ただし、その効果は平成13年における算出税額に占める税額控除額の割合10.3％を例外とし（定率減税による税額控除額が含まれるため、その割合は高い）、分析の対象となったほかの年における同割合は0.2％前後と低いため、本分析においては特に区別していない。
8) 昭和49年からこれまで個人の不動産業者等が所有期間5年以下の土地等で事業所得または雑所得となるものを譲渡した場合には、「土地等に係る事業所得等の課税の特例」として、他の所得と分離して住民税所得割が重課されてきたが、平成10年から平成25年末までの土地等の譲渡については、上記の課税の特例は適用しないこととされている。
9) 株式等の譲渡所得については、平成元年にそれまでの原則非課税から原則課税に改められ、源泉分離課税を選択した場合を除き、他の所得と分離し申告を通じて課税することとされた（源泉分離課税は平成14年末をもって廃止）。
10) 所得税（申告分）の各値は、国税庁『税務統計から見た申告所得税の実態』を基礎として算定しているが、同資料は、昭和38年より公刊されており、それ以前のデータは当該統計書から入手することができない。したがって、昭和38年の市町村民税のタイル尺度および再分配係数に対応する所得税の各値は昭和38年のものとなっている。
11) ただし、平成13年における総所得等に対する平均実効税率は、このときの定率減税の効果を除けば3.36％となる。
12) 土地建物等の長期譲渡所得にかかる一般の税率は、それまでの一律6％から平成8年以降一定金額以下の所得に対して軽減税率が適用されるようになり、平成12年には一律4％に引き下げられている。また、長期譲渡所得のうち特に優良住

宅地等のものについては、平成3年にそれまでの4％から3.4％に引き下げられ、その後、一般の税率と同様、一定金額以下の所得に対して軽減税率が適用されるようになっている。

【参考文献】

Aronson, J. R. & P. J. Lambert [1994] "Decomposing the Gini coefficient to reveal the vertical, horizontal, and reranking effects of income taxation", *National Tax Journal*, vol. 47, pp. 273-294.

Atkinson, A. B. [1970] "On the measurement of inequality", *Journal of Economic Theory*, vol. 2, pp. 244-263.

Cowell, F. A. & K. Kuga [1981a] "On the structure of additive inequality measures", *Review of Economic Studies*, vol. 47, pp. 521-531.

Cowell, F. A. & K. Kuga [1981b] "Inequality measurement: an axiomatic approach", *European Economic Review*, vol. 15, pp. 287-305.

Cowell, F. A. [1985] "Multilevel decomposition of Theil's index of inequality", *Review of Income & Wealth*, vol. 31, pp. 201-205.

Davies, J. B. & M. Hoy [2002] "Flat rates and inequality measurement", *Journal of Public Economics*, vol. 84, pp. 33-46.

Davies, J. B., Hoy, M. & T. Lynch [2003] "Flat taxes and inquality in Canada", *Fiscal Policy, Inequality, and Welfare: Research on Economic Inequality*, vol. 10, pp. 125-146.

Jenkins, S. [1991] "The measurement of income inequality", Osberg, L. (ed.), *Economic Inequality and Poverty*, Armonk, New York and London, M. E. Sharp., pp. 3-38.

Karoly, L. A. [1994] "Trends in income inequality: the impact of, and implications for, tax policy", Slemrod, J (eds.), *Tax Progressivity and Income Inequality*, New York, Cambridge University Press, pp. 95-129.

Slemrod, J. [1992] "Taxation and inequality: a time-exposure perspective", *Tax Policy and the Economy*, vol. 6, pp. 105-127.

Theil, H. [1967], *Economics and Information Theory*, Amsterdam, North-Holland.

青木昌彦 [1979] 『分配理論 (第2版)』筑摩書房。

跡田直澄・橋本恭之・前川聡子・吉田有里 [1999] 「日本の所得課税を振り返る」『フィナンシャル・レビュー』第50号、29-92頁。

石弘光 [1979] 『租税政策の効果——数量的接近——』東洋経済新報社。

上村敏之 [2001] 『財政負担の経済分析——税制改革と年金政策の評価——』関西学院大学出版会。

大竹文雄 [1999] 「所得不平等化の背景とその政策的含意——年齢階層内効果、年齢階層間効果、人口高齢化効果——」『季刊社会保障研究』第35巻第1号、65-76頁。

貝塚啓明・新飯田宏 [1965] 「税制の所得再分配効果」舘龍一郎・渡部経彦編『経済

成長と財政金融』岩波書店、44-80頁。
経済企画庁総合計画局［1975］『所得・資産分配の実態と問題点』大蔵省印刷局。
小西秀樹［2002］「所得格差とジニ係数」宮島洋・連合研究所編『日本の所得分配と格差』東洋経済新報社、209-240頁。
高林喜久生［2005］『地域間格差の財政分析』有斐閣。
田近栄治・古谷泉生「日本の所得税――現状と理論――」『フィナンシャル・レビュー』第53号、129-161頁。
豊田敬［1987］「税の累進度と所得再分配係数」『経済研究』第38巻第2号、一橋大学経済研究所、166-170頁。
林宏昭［1995］『租税政策の計量分析――家計間・地域間の負担配分――』日本評論社。
舟岡史雄［2001］「日本の所得格差についての検討」『経済研究』第52巻第2号、一橋大学経済研究所、117-131頁。
村上雅子［1967］「財政による所得分配――昭和28～39年――」藤野生三郎・宇田川璋仁編『経済成長と財政金融政策』勁草書房、242-264頁。
両角良子・荒木万寿夫・美添泰人［2005］「80年代以降の日本の勤労者世帯の所得格差――所得分散とタイル尺度による検証――」美添泰人編『統計的照合技術の研究と家計データ分析への応用』（平成14-16年度科学研究費補助金基盤研究（B）(2) 研究成果報告書）。

【参考資料】
国税庁『税務統計から見た申告所得税の実態』各年版。
地方財務協会『地方税制の現状とその運営の実態』（昭和33年、昭和34年、昭和39年、昭和45年、昭和50年、昭和56年、昭和62年、平成4年、平成9年、平成15年）。

第5章　個人所得税の再分配政策
　　　——地方住民税所得割を中心として

Ⅰ．はじめに

　本章の目的は、これまでの地方住民税による再分配効果の実態を把握するとともに、これを国税の再分配効果と対比させることによって、わが国個人所得課税全体の再分配政策において地方住民税がどのような役割を果たしてきたかについて明らかにすることである。

　伝統的な財政学の知見によれば、公共部門の基本的な機能の一つである再分配政策は中央政府が全国一律の基準で行うことが望ましいとされる。住民が地域間を容易に移動できるということが地方レベルでの再分配政策の実効性を大きく減退させると考えられるからである。実際、Oates［1972］も、20世紀に入って以降、多くの国で中央政府が再分配政策の領域に対して主たる責任を負い、かつそれを拡大してきたことが観察されると述べている[1]。

　だが、林［1995］は、ジニ係数に基づく再分配係数の推計を通じて、個人所得課税のうち地方住民税は、これまで国の所得税による再分配機能が低下するなかで、相対的にその効果の比重を高めてきたことを明らかにしている。例えば、分析対象とされた最新年である1990年において、国の所得税の再分配効果に対して地方住民税の効果は69％に及ぶとされる。そうした検討の結果、林［1995］は、一方で住民税のフラット化を進めることと、他方で国税である所得税を通じて再分配政策が行われるような方向での改革が望ましいことを示唆している[2]。その後、いわゆる「三位一体改革」によって平成19年（2007年）から個人住民税の10％へのフラット化が実現したことは周知のとおりである。

そこで、本章では、以下の3点において林［1995］を敷衍・補強することにより、これまでのわが国個人所得課税を通じた再分配政策における個人住民税の役割を改めて検証したい。第一に、林［1995］では、再分配効果の推計に際して『家計調査年報』を用いていることから、分析の対象が勤労者世帯に限定されているだけでなく、個票データであるため税額の正確性という点で必ずしも信頼性が高いとはいえない。これに対して、本稿においては、税務統計（「市町村民税の課税標準額別所得割額等に関する調」）を利用することにより、全世帯を対象とした、より客観的なデータに基づき、課税方式別の分析を行う。第二に、同様に税務統計には所得階層別の所得控除額が記載されていることから、林［1995］とは異なり、本分析では、住民税の再分配効果を税率に基づく部分と控除に基づく部分に区別して定量的に捕捉することが可能となる。第三に、林［1995］では、当然ながらその発表年次に制約されて、1990年代以降現在までの住民税の再分配効果が明らかでないことから、本章はこの点をも補足する。

本章の構成は以下のとおりである。Ⅱでは、課税の再分配効果に関する推計方法について簡単に説明したのち、地方住民税による再分配効果の全体像を把握する。続くⅢで、市町村民税の再分配効果を税率効果と控除効果に分けて要因分析を行う。Ⅳでは、同様に道府県民税の再分配効果について検討する。Ⅴでは、そうした地方住民税の再分配効果を国税のそれと比較することによって、国と地方を通じた個人所得課税全体の再分配政策における地方住民税の意義について考察する。Ⅵで、本章における分析結果を要約することでむすびに代えられる。

Ⅱ．地方住民税全体の再分配効果

1．推計方法

本節では、地方住民税の再分配効果を、主としてタイル尺度を用いて推計す

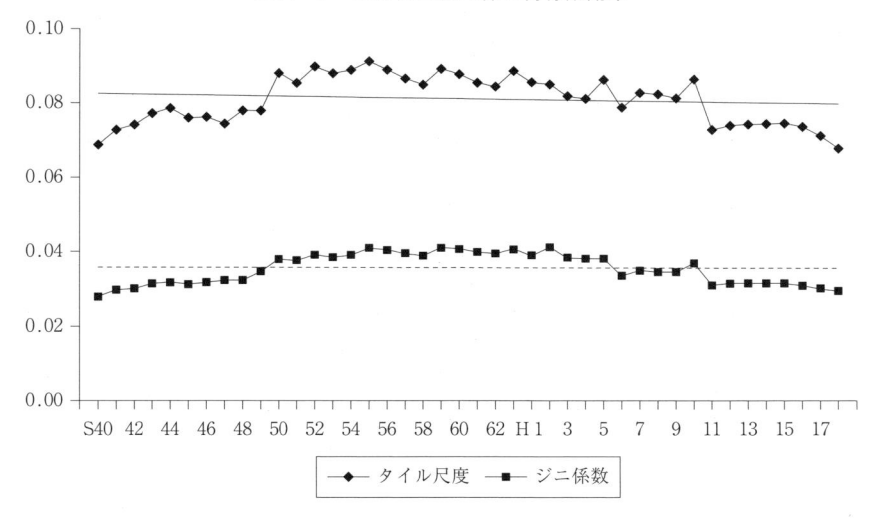

図 5-1　地方住民税全体の再分配効果

[図：昭和40年から平成18年までのタイル尺度およびジニ係数の推移グラフ。タイル尺度は0.07〜0.09の範囲、ジニ係数は0.03〜0.04の範囲で推移]

　　　　　　　　　　　　　　◆ タイル尺度　■ ジニ係数

　る。周知のごとく、税制の再分配効果とは、ある所得や資産の分配が課税により事後的にどれだけ変化したか、すなわち特定の経済指標に基づく不平等度がどれだけ変化したかを意味している。具体的に本章で問題にする所得再分配効果の大きさは、課税前所得のタイル尺度（T_x）と課税後所得のタイル尺度（T_y）の変化率である再分配係数 $\left(\psi = \dfrac{T_x - T_y}{T_x}\right)$ によって測定される。この指標により、これまで地方住民税が所得再分配の点でいかなる役割を果たしてきたのか評価することが可能となる。

　図5-1は、個人住民税全体の再分配効果をタイル尺度および、もう一方の代表的な不平等指数であるジニ係数を用いて推計した結果を、昭和40年から平成18年について示している。それぞれのグラフに当てはめた傾向線からわかるように、両者の再分配効果は、分析対象期間においてごく僅かながら低下傾向にある。このようにジニ係数とタイル尺度による再分配効果は、経年的にほぼ同様の推移をたどることから、両者の同等性が確認される。本章では、以下において再分配効果の要因分解が容易に可能であるという理由から、タイル尺度

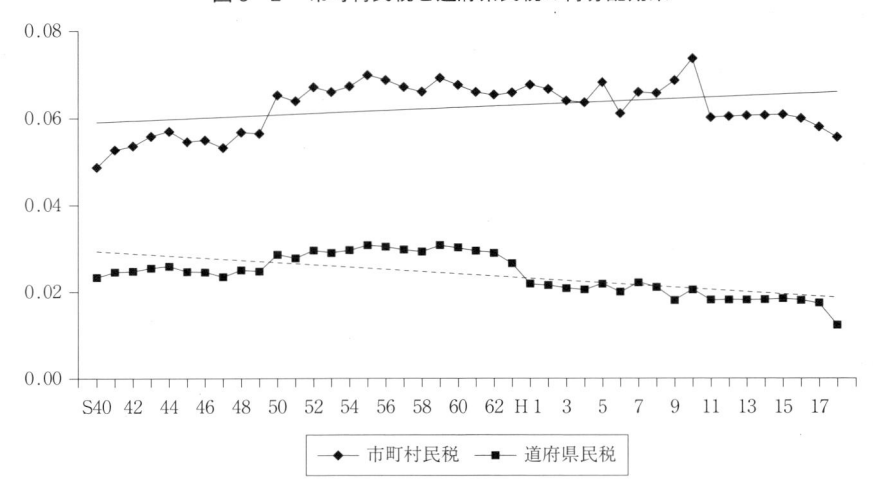

図 5-2　市町村民税と道府県民税の再分配効果

に依拠して分析を進める。

2．市町村民税と道府県民税の概観

　図 5-2 は、再びタイル尺度に基づいた地方住民税の再分配効果を、それを構成する市町村民税と道府県民税のそれぞれの効果に分けて示している。この図から 2 つの事実がみてとれる。一つは、分析の対象期間を通じて市町村民税の再分配効果が上昇傾向にあるのとは反対に、道府県民税の効果は低下傾向にあることである。したがって、地方住民税の再分配効果が全体として僅かに弱まっているのは、後者の効果が前者のそれを上回ったからであると考えられる。

　もう一つは、市町村民税の再分配効果が、道府県民税の効果よりも大きく、経年を通じて 2～5 倍程度の開きがあることである。先に見たとおり、両者の効果が趨勢的に反対方向に推移していることから、両者の差も拡大する傾向にある。例えば、昭和40年では両者の差が2.1倍であったのが、平成18年では4.6倍に増大している。しかしながら、同図から、少なくとも所得課税による再分配政策の観点から、これまで市町村民税の果たしてきた役割が道府県民税より

も大きかったことは明らかである。

以下、市町村民税と道府県民税の再分配効果の動きについて、より詳細に検討していく。

Ⅲ. 市町村民税の再分配効果

本節では、市町村民税の再分配効果がどのような要因によって生じたのかを明らかにするため、再分配効果を課税方式別に推計するとともに、全体の効果を税率効果と控除効果に分けて要因分析を行う。

1. 課税方式別の全体効果

本章で利用する「市町村民税の課税標準額別所得割額等に関する調」は、①総合課税を行った給与所得者、営業等所得者、農業所得者、その他所得者と、②土地等に係る事業所得等並びに長期譲渡所得、短期譲渡所得、株式等に係る譲渡所得等および先物取引に係る雑所得等について分離課税を行った者とに、区分してデータを記載している[3]。そこで、以下では、このような「総合課税を行った者」と「分離課税を行った者」それぞれについて再分配効果を推計することにより、上述した市町村民税全体の再分配効果に対して、両者がいかなる影響を及ぼしているかについて検討する。なお、市町村民税については、昭和45年から分離課税が開始されたため、本分析においても同年以降、総合課税を行った者と分離課税を行った者の両者について推計を行っている。

図5－3は、①市町村民税全体、②総合課税を行った者、③分離課税を行った者の、それぞれについて再分配効果の推移を示している。

まず、総合課税を行った者の再分配効果をみると、市町村民税全体の効果とほぼ同様の変遷をたどっている。両者の相関係数は0.940ときわめて高い。また、再分配効果の推計の基礎となる課税前と課税後のタイル尺度についても、両者の値は近接している。これらの事実から、①と②については、納税者や課税ベースそれ自体が大きく重複していることが推測される。この点を確認するた

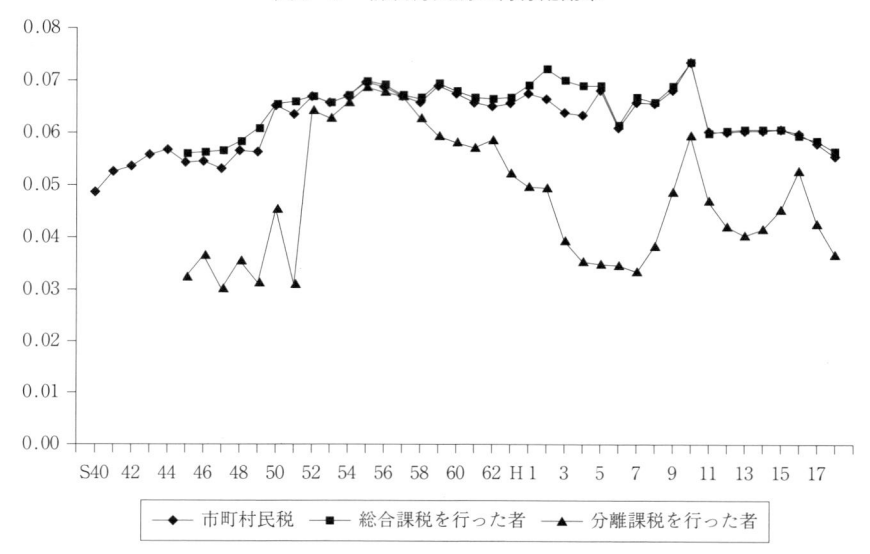

図5-3 課税方式別の再分配効果

凡例: ◆ 市町村民税　■ 総合課税を行った者　▲ 分離課税を行った者

め、表5－1において、平成18年における市町村民税所得割の(i)納税義務者数、(ii)総所得金額、(iii)課税標準額、(iv)市町村民税の所得割額（税額）をそれぞれの課税方式別について示した。これをみると、すべての項目について、市町村民税全体に対して総合課税を行った者の割合は、0.92～0.99と高いのがわかる。したがって、市町村民税全体の再分配効果は、総合課税を行った者のそれによってほぼ説明できるといってよい[4]。

他方、分離課税を行った者の再分配効果についてみると、この間の動きは市町村民税全体のそれよりも大きく乖離している。表5－1から確認されるように、再分配効果算定の基本データのうち分離課税を行った者について、各値の割合が0.01～0.08と低くなっていることから、市町村民税全体の再分配効果に対して、分離課税の影響はきわめて小さいといえる。

また、図5－3より、分離課税を行った者の再分配効果について注目すべきは、分析対象期間において大きな変動幅をもって推移していることである。その特

第5章　個人所得税の再分配政策　135

徴は、(1)昭和51年から昭和52年にかけて急上昇したのち、(2)昭和55年から平成10年にかけてＵ字型に推移し、(3)同様に平成10年から平成16年にかけても小幅なＵ字型を形成しつつ、激しく変動していること、である。

分離課税を行った者の再分配効果が、このように顕著な変動幅をともないながら推移する要因の一つとして、土地譲渡所得課税を指摘することができる。国税の所得税について、第3章で検討しているように、市町村

表5-1　課税方式別の基本データ（平成18年）

納税義務者数	（万人）	割合
市町村民税全体	5,504	1.000
総合課税を行った者	5,430	0.987
分離課税を行った者	74	0.013
総所得金額	（億円）	割合
市町村民税全体	1,868,260	1.000
総合課税を行った者	1,762,688	0.943
分離課税を行った者	105,572	0.057
課税標準額	（億円）	割合
市町村民税全体	1,241,829	1.000
総合課税を行った者	1,146,270	0.923
分離課税を行った者	95,558	0.077
所得割額	（億円）	割合
市町村民税全体	59,913	1.000
総合課税を行った者	55,774	0.931
分離課税を行った者	4,137	0.069

民税においても同様の制度変更（後述）により、高所得階層の土地譲渡所得に対する課税の軽減が全体の再分配効果を大きく低下させた可能性が考えられる。

2．税率効果と控除効果

理論的に、所得課税の再分配効果は、①累進税率構造に起因する要素（税率効果）と、②所得控除や税額控除といった控除制度に起因する要素（控除効果）という大きく2つの要素によってもたらされる。そこで、本節では、第3章および第4章に従い、市町村民税における再分配効果の要因を税率効果と控除効果に分解することによって、両者を定量的に把握する。

(1) 税率効果

図5-4は、市町村民税所得割の再分配効果を税率効果と控除効果に分けて示している。はじめに税率効果の動きをたどると、昭和40年（0.027）から昭

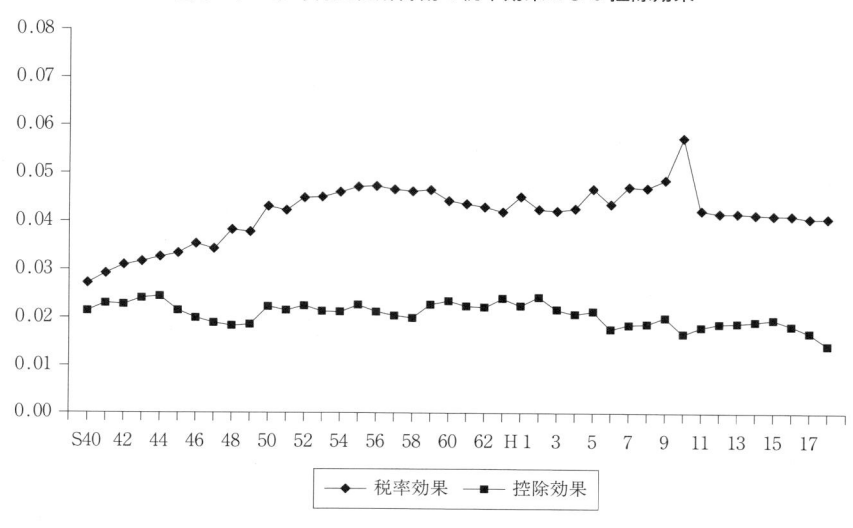

図 5-4　市町村民税所得割の税率効果および控除効果

和56年（0.047）までは安定的に上昇するものの、昭和63年（0.042）にかけてなだらかに低下している。その後、平成10年（0.057）まで断続的に上昇したのち、平成11年（0.042）に急激に低下して以降は安定的に推移している。とはいえ、全期間を通じて見れば、市町村民税の税率効果は、上昇傾向にある（昭和40年の0.027から平成18年の0.041まで）。

こうした税率効果の全体の再分配効果に対する寄与率を求めると、0.556（昭和40年）〜0.774（平成10年）となり、後述の控除効果よりも高いことから、市町村民税所得割全体の再分配効果に対して、税率効果は相対的に大きな説明力を有しているといえる。

ここで、税率効果がいかなる要因で上記のような動きを示すのか検討するため、個人住民税所得割の税率の改定（表5-2）について確認しておこう。まず昭和55年度と60年度の改正では、税率の刻み数は13段階と変化ないが、いずれにおいても課税所得階級の変更（各階級を区分する所得金額の引き下げ）が行われている。さらに、昭和60年改正では最低所得階級に適用される税率が

第5章 個人所得税の再分配政策　137

表5-2　市町村民税の税率改正の推移

昭和40年度		昭和48年度		昭和55年度		昭和60年度		昭和63年度	
税率	階級(万円超)	税率	階級(万円超)	税率	階級(万円超)	税率	階級(万円超)	税率	階級(万円超)
2	0	2	0	2	0	2.5	0	3	0
3	15	3	30	3	30	3	20		
4	40	4	50	4	45	4	45		
5	70	5	80	5	70	5	70	5	60
6	100	6	110	6	100	6	95		
7	150	7	150	7	130	7	120	7	130
8	250	8	250	8	230	8	220	8	260
9	400	9	400	9	370	9	370	10	460
10	600	10	600	10	570	10	570		
11	1,000	11	1,000	11	950	11	950	11	950
12	2,000	12	2,000	12	1,900	12	1,900	12	1,900
13	3,000	13	3,000	13	2,900	13	2,900		
14	5,000	14	5,000	14	4,900	14	4,900		

平成元年度		平成3年度		平成7年度		平成9年度		平成11年度	
税率	階級(万円超)	税率	階級(万円超)	税率	階級(万円超)	税率	階級(万円超)	税率	階級(万円超)
3	0	3	0	3	0	3	0	3	0
8	120	8	160	8	200	8	200	8	200
11	500	11	550	11	700	12	700	10	700

出所：総務省自治税務局『地方税制関係資料』より作成。

2％から2.5％に引き上げられるといったように、昭和55年度および60年度改正は、税率の引き上げの傾向にあったといえよう。しかし、その後、一変して昭和63年度以降においては、累進税率の緩和が図られている。昭和63年度改正では、税率の刻み数が2.5～14％の13段階から3～12％の7段階に、平成元年度改正では3％、8％、11％の3段階にそれぞれ削減された。平成9年度改正には、最高所得階級（700万円超）に対する税率が12％に引き上げられるものの、平成11年度改正において再び10％に引き下げられている。また、平成元年度、3年度、7年度改正では、各課税所得階級を区分する所得金額についても引き上げられた。

以上のように実際の税制改正の動向と税率効果を比較すると、税率の大きな

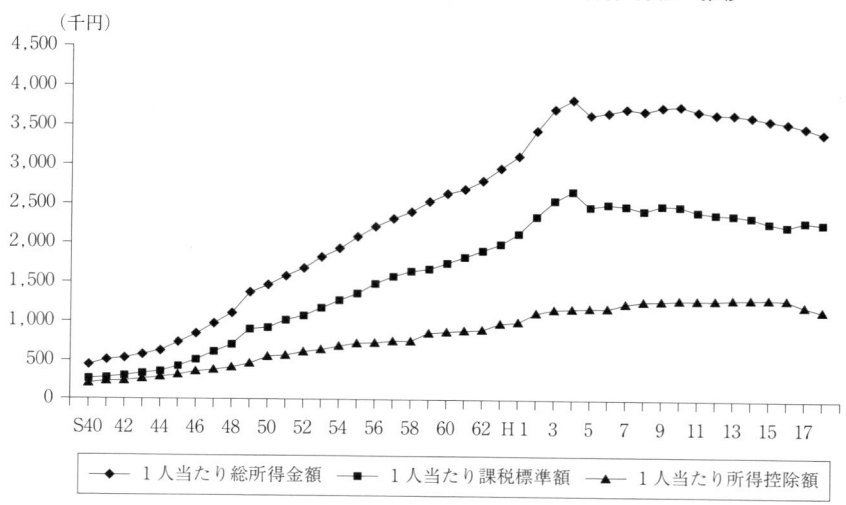

図5-5　1人当たり総所得金額、課税標準額、所得控除額の推移

（千円）

凡例：
- ◆ 1人当たり総所得金額
- ■ 1人当たり課税標準額
- ▲ 1人当たり所得控除額

引き上げのなかった昭和40年から昭和54年にかけて税率効果が上昇し、同じく累進税率の緩和が行われた昭和63年から平成10年までにおいても同効果が高まっているという事実から、「税率引き下げによる税率効果の低下」といったような通常想定される対応関係は必ずしも見受けられていない。

そこで、この逆説的な現象を説明する一つの可能性として、税率効果を推計する際の重要な要素となる実際の課税標準額の動きをみよう。図5-5は、市町村民税所得割における納税義務者1人当たりの総所得金額、課税標準額ならびに所得控除額の推移を示したものである。納税義務者1人当たりの課税標準額は、昭和40年は26.2万円であったが、平成4年にかけて10倍の265.5万円に上昇している。その後、平成5年（246.0万円）から平成18年（225.6万円）にかけて低下するが、比較的安定した水準となっている。このような1人当たり課税標準額の上昇は、超過累進税率の下で、仮に税率および課税所得階級区分に変化がないならば、納税者が直面する税率を引き上げ、その結果、税率改正がなくとも税率による再分配効果を高める要因になりうると考えられる。同様

に、たとえ税制のフラット化が進んだとしても、1人当たり課税標準額が上昇した場合は、必ずしもそれが再分配効果を引き下げる結果にはつながらない可能性がある。

(2) 控除効果

一方、図5-3において、控除効果の推移をみると、若干の変動はあるものの、全体としては、昭和40年の0.022から平成18年の0.015まで低下傾向にある。同じ図から市町村民税の控除効果は、税率効果よりも低い水準で推移している。控除効果の全体の再分配効果に対する寄与率は、0.444（昭和40年）～0.227（平成10年）で、税率効果のそれより相対的に低くなっている。

税率効果の場合と同様に、控除効果の変化を、市町村民税所得割における控除制度の変更と関連づけて検討しよう。分析対象となった昭和40年以降、基礎控除、配偶者控除、扶養控除、老年者控除といった主たる人的控除についてみると、度重なる制度改正によりそれらの控除額は増加の途をたどってきた。加えて、この間、老人配偶者控除（昭和56年）、配偶者特別控除（昭和62年）、特定扶養控除（昭和63年）等の新たな人的控除も相次いで創設されている。その結果、納税義務者1人当たりの所得控除額は、図5-5に示されるように平成4年まで明らかな増加基調にある。こうして納税者に適用される控除額が拡大していることから、当該期間において所得控除を通じた再分配効果が高まることが予想される。

しかしながら、上述したとおり、実際の推計結果では、分析対象期間において控除効果は低下傾向にある。その要因の一つとして、控除の絶対額が上昇した場合でも、総所得金額に対する控除の相対額が低下した場合には控除効果が低下する可能性が考えられる。そのことを確認するために、図5-5において、1人当たり所得控除額と対比させながら、1人当たり総所得金額の変遷をみると、昭和40年には45.0万円であった平均総所得金額は、一貫して上昇傾向にあり、平成4年には8.5倍の381.5万円となっている。

だが、以上のように総所得と所得控除の絶対額ではともに上昇傾向にあるも

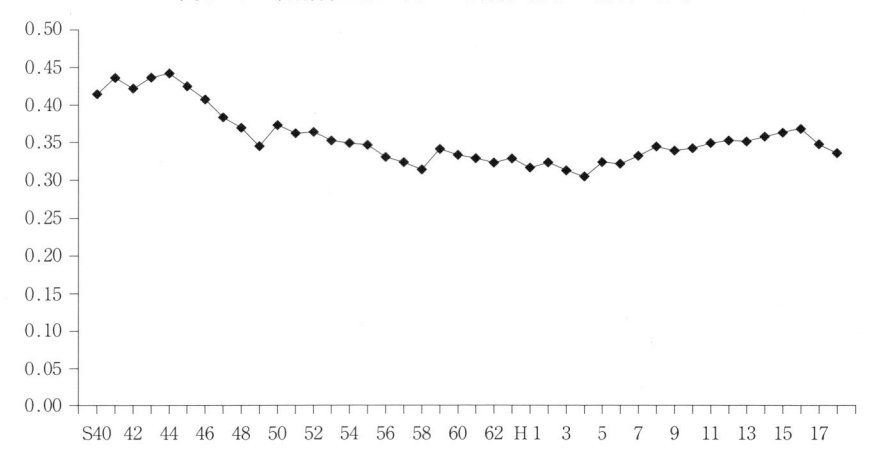

図5-6　総所得金額に占める所得控除額の割合の推移

のの、相対額では必ずしもそうならない。図5-6は、相対額の変化をみるために、（1人当たり）総所得金額に対する所得控除額の割合を示したものである。それは、昭和40年（0.419）から平成4年（0.304）にかけて低下し、その後、平成16年（0.368）まで上昇するものの、全体としては低下傾向にある。したがって、1人当たりでみて控除額の拡大を上回るような総所得金額の上昇が、総所得金額に対する控除の相対的割合を引き下げ、それが控除効果を低下させる結果になった可能性が考えられる。

(3) 課税方式別の効果

図5-7は、税率効果について、これまでと同様に①市町村民税全体、②総合課税を行った者および③分離課税を行った者に区別し、その推移を見たものである。これから、市町村民税全体と総合課税を行った者の税率効果は、ほぼ同様な動きを示している。この点を裏づけるように、例えば平成18年において、市町村民税全体の納税義務者数に対する総合課税を行った者の割合は98.7%、市町村民税全体の課税標準額に対する総合課税を行った者の課税標準額の割合は92.3%、また市町村民税全体と総合課税を行った者に関する税率効果の相関

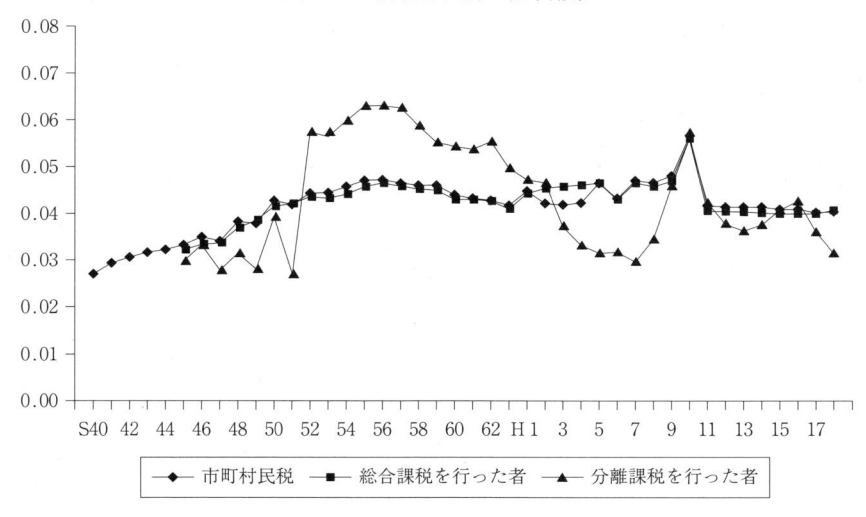

図5-7 課税方式別の税率効果

（グラフ：横軸 S40〜H17、縦軸 0.00〜0.08、凡例：市町村民税、総合課税を行った者、分離課税を行った者）

係数も0.956と、それぞれ高い値となっている。それゆえ、市町村民税全体の税率効果は、総合課税を行った者の税率効果によってほぼ説明される。

次に、分離課税を行った者の税率効果についてみると、市町村民税全体および総合課税を行った者と比較し、その変動幅は相対的に大きい。それは、昭和51年（0.027）から52年（0.058）において急激に上昇し、昭和55年（0.063）から平成7年（0.030）にかけて大幅に低下する。そして、平成10年（0.056）をピークに急上昇したのち、平成13年（0.036）まで再度低下している。

上述のように、分離課税を行った者の税率効果を大きく変動させた背景の一つとして、土地譲渡益課税の制度変更がある。市町村民税所得割において、従来、分離比例課税制度であった土地譲渡益課税が、昭和52年より譲渡所得2,000万円以下は20％、2,000万円超に対し、その4分の3について総合課税を適用するというように課税が強化されたことから、昭和52年に税率効果が急上昇したものと推測される。

一方、図5-8は、市町村民税の控除効果について同様な課税方式別に示し

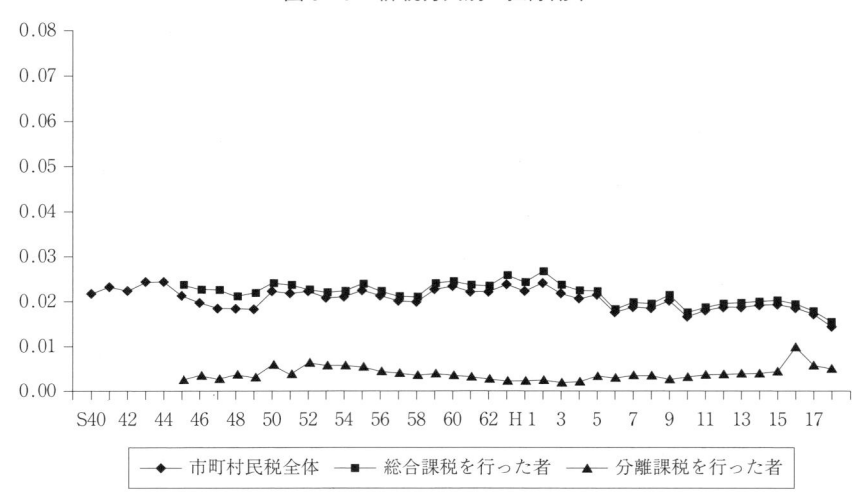

図5-8　課税方式別の控除効果

凡例: ―◆― 市町村民税全体　―■― 総合課税を行った者　―▲― 分離課税を行った者

ている。税率効果の場合と同じく、市町村民税全体と総合課税を行った者の控除効果は、ほとんど同じ足取りをたどっている。しかしながら、総合課税を行った者の控除効果の値はおよそ0.02と低く、全体の再分配効果に対する影響は弱い。なお、分離課税を行った者の控除効果は、昭和45年（0.003）から平成18年（0.005）ときわめて低い水準で推移している。

Ⅳ．道府県民税の再分配効果

1．税率効果と控除効果

本節では、地方住民税のもう一方の柱である道府県民税の再分配効果の要因について検討する。図5-9は、改めて道府県民税全体の再分配効果をその税率効果と控除効果とともに示している。

同図から、全体の効果に占める税率効果および控除効果それぞれの割合は、税率効果について0.444（昭和41年）から0.803（平成18年）、控除効果につい

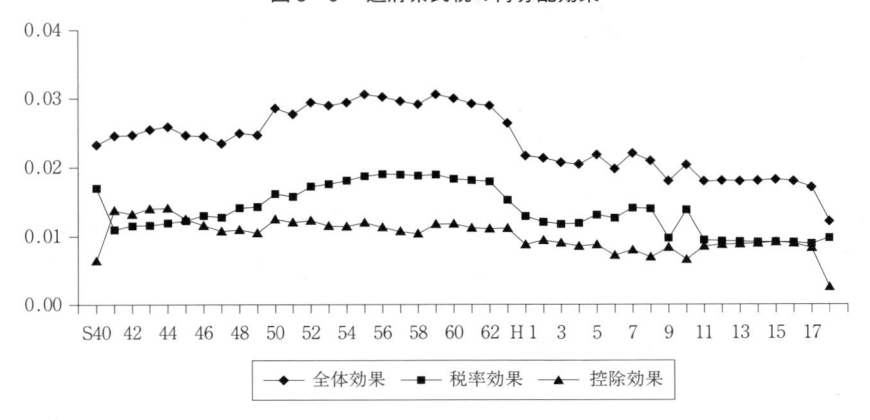

第5章　個人所得税の再分配政策　143

図5-9　道府県民税の再分配効果

（グラフ：横軸 S40〜H17、縦軸 0.00〜0.04、系列：全体効果、税率効果、控除効果）

て0.556（昭和41年）から0.197（平成18年）となっていることから、道府県民税においても市町村民税と同様、全体の再分配効果に対して、税率効果が相対的に高い説明力を有している。

しかし、先述のとおり、市町村民税と道府県民税の税率構造の違いから、市町村民税における税率効果の比重が一貫してその控除効果の比重よりも大きく、上昇傾向にあるのに対して、道府県民税における税率効果の比重は、市町村民税のそれよりも低くなっている。特に道府県民税の税率効果は昭和41年（0.444）から昭和45年（0.495）において控除効果よりも低く、また平成11年（0.524）から平成17年（0.518）では控除効果とほぼ同程度の水準となっている。

2．制度的背景

では、このように道府県民税の再分配効果が推移した背景として、この間どのような制度改正が行われたのだろうか。再分配効果の推移と道府県民税の制度的変遷を対照してみよう。

まず、図5-9より、税率効果は、昭和41年（0.011）から昭和62年（0.018）までは上昇傾向にある反面、昭和63年（0.015）から平成18年（0.010）までは低下傾向にあり、分析対象期間全体では僅かながら低下傾向を示している。

表5-3 道府県民税の税率改正の推移

昭和40年度		昭和63年度		平成元年度		平成3年度		平成7年度		平成9年度	
税率	階級(万円超)	税率	階級(万円超)	税率	階級(万円超)	税率	階級(万円超)	税率	階級(万円超)	税率	階級(万円超)
2	0	2	0	2	0	2	0	2	0	2	0
		3	130								
4	150	4	260	4	500	4	550	4	700	3	700

出所:総務省自治税務局『地方税制関係資料』より作成。

　そこで、このような税率効果の推移がいかなる要因に基づくものか探るため、表5-3から、この間における道府県民税所得割の税率改正について確認しておこう。まず、昭和63年から平成7年までの4度にわたる改正では、いずれも課税所得階級を区分する所得金額の引き上げが行われている。また、平成9年においては、最高所得階級(700万円超)に対する税率が4%から3%に引き下げられるといったように、これまでの税率改正において常に累進構造の緩和が図られてきたのがわかる。

　このような税制改正の動向から、税率効果については、次のように説明することができる。第一に、税率改正の行われなかった昭和62年までの税率効果の上昇は、前節で述べたとおり、課税標準額の増大に起因するとみられる。すなわち、図5-5に示されるような1人当たり課税標準の上昇が、超過累進税率の下で納税者が直面する税率を引き上げ、たとえ税率の改定をともなわなくても、結果として、税率による再分配効果を強めることになったと考えられるのである[5]。第二に、昭和63年以降の税率効果の低下は、同年以降における度重なる累進税率構造の緩和の影響を受けているとみられ、特に、平成9年における最高所得階級に対する税率引き下げは、税率効果の大幅な低下をもたらすことになった(平成8年の0.014から平成9年の0.010への低下)。

　他方、控除効果については、昭和41年から平成に入ってまではいくぶん低下傾向を示しているが、その後、平成10年から翌年にかけて僅かながら上昇に転じている。こうした趨勢は、前節でみた市町村民税の控除効果の動きと近似しており、市町村民税と道府県民税の課税標準(したがって控除額)がほぼ共通

第 5 章　個人所得税の再分配政策　145

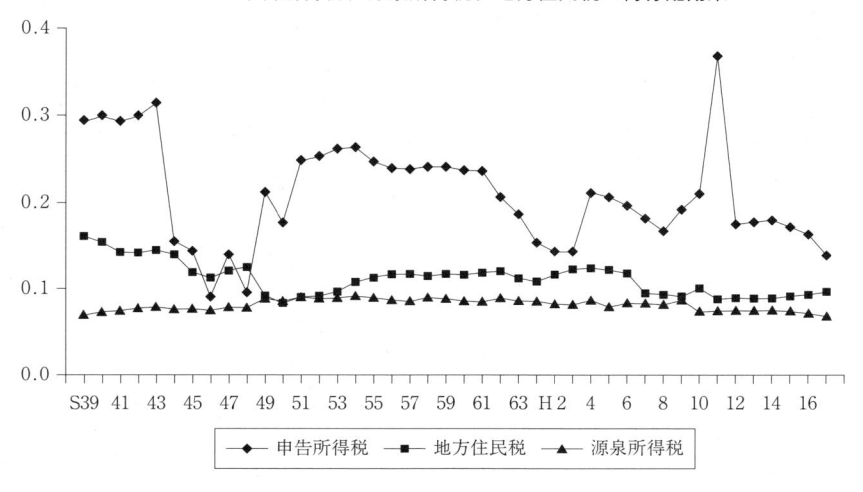

図 5-10　申告所得税、源泉所得税、地方住民税の再分配効果

であることから、市町村民税の場合と同様に、総所得金額に占める控除額の割合の変動によっておおよそ説明されるものと考えられる。

V．国税所得税との比較

本節では、地方住民税所得割の再分配効果を国税所得税のそれに対比させることによって、国と地方を通じた個人所得課税全体の再分配政策における地方住民税の位置づけを明らかにしたい。

1．所得税の概観

図 5-10は、昭和39年以降における国税の申告所得税および源泉所得税の再分配効果を、地方住民税全体のそれとともに示している。ただし、ここでは、地方住民税が前年所得に対する課税であることを考慮して、国税との比較のため住民税の係数は翌年の値をとっている。これによると、すべての期間を通じて、すでに述べた地方住民税の再分配効果に比べて、申告所得税の効果が大き

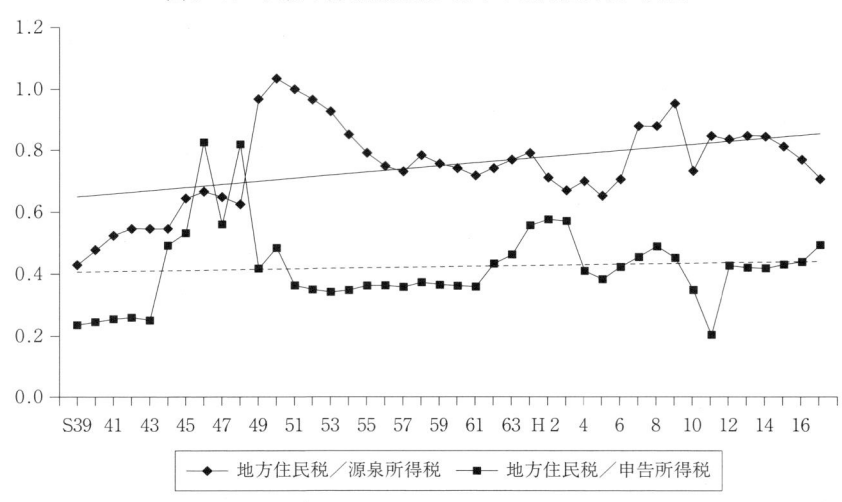

図 5-11　国税の再分配効果に対する地方住民税の比重

――◆―― 地方住民税／源泉所得税　――■―― 地方住民税／申告所得税

く変動しているのがわかる。とりわけ、昭和44年から昭和50年と昭和62年から平成3年の両期間にかけて顕著な低下と上昇を繰り返している。こうした申告所得税における急激な変動については、先に指摘したとおり土地譲渡益課税の改定が主因であるとみられる。一方で、同じ国税の源泉所得税は、昭和50年までやや急速に低下してからは、比較的安定的な動きをたどっている。

2．地方住民税の相対的重要性

では、このような国税の再分配効果に対して、地方住民税の効果が相対的にどの程度の重要性をもっていたのであろうか。図5-11から図5-13は、昭和39年以降における申告所得税および源泉所得税の再分配効果に対しての、地方住民税全体・市町村民税所得割・道府県民税所得割の各効果の比率を順に示している（ただし、ここでは、住民税が前年所得に対する課税であることを考慮して、国税との比較のため地方住民税の係数は翌年の値をとっている）。

まず国税所得税の再分配効果に対する地方住民税の比重の動きを見よう。図5-11から、それらの比率は、おおよそ源泉所得税に対して0.4～1.0、申告所

第5章　個人所得税の再分配政策　147

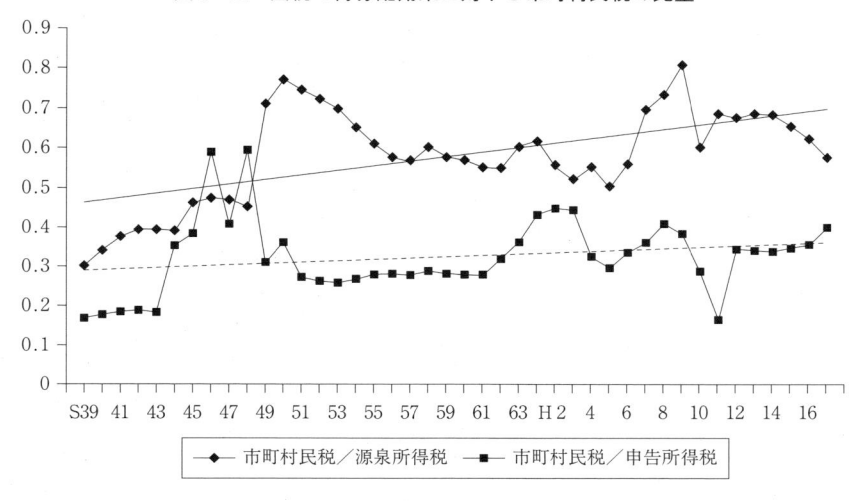

図5-12　国税の再分配効果に対する市町村民税の比重

　　　　　　―◆― 市町村民税／源泉所得税　　―■― 市町村民税／申告所得税

得税に対して0.2〜0.6の変動幅で推移し、ほとんどの期間を通して地方住民税の源泉所得税に対する比率が、申告所得税に対するそれよりも高くなっている。もちろん、これは、第3章で示したとおり、これまでほとんど期間において申告所得税の再分配効果が源泉所得税の効果を上回っていたからである。また、全期間にわたって、源泉所得税および申告所得税に対する比率が上昇傾向にあるが、この点も、これまで国税の再分配効果が低下傾向にあったことが強く反映されているのは明らかである。

　そうしたなかで、市町村民税のみの国税の効果に対する比重を示した図5-12によると、その水準は源泉所得税に対して0.3〜0.8、申告所得税に対して0.2〜0.4といくらか低下するものの、経年的な趨勢は地方住民税全体のケースとほとんど同じである。

　これに対して、同様に道府県民税のみの比重を示した図5-13からは、すべての期間を通じて、源泉所得税と申告所得税に対してともに低下傾向にあったことがわかる。このことは、道府県民税の再分配効果の趨勢的な下落率が国税のそれよりも大きかったことをあらわしている。

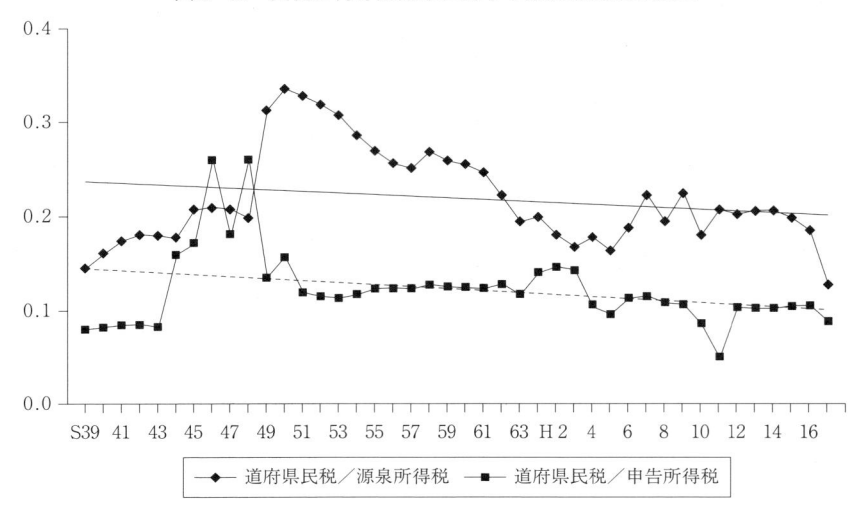

図5-13 国税の再分配効果に対する道府県民税の比重

　　　　　━◆━ 道府県民税／源泉所得税　　━■━ 道府県民税／申告所得税

以上の点から、これまで国税の再分配効果に対して地方住民税全体のウェイトが高まってきているのは、もっぱら市町村民税の効果によるものであり、より正確には、市町村民税の効果の上昇と国税の効果の低下という2つの要因が複合した結果であるとみられる。

3．地方住民税と所得税との関係

次に、再分配効果の観点から地方住民税と国税所得税との関係を明らかにするために、表5-4において申告所得税、源泉所得税、地方住民税、市町村民税および道府県民税それぞれの再分配係数に関する相関係数を示している。

表5-4から、地方住民税全体の再分配効果について、国税のそれとの間で強い相関がみられないなかで、とりわけ市町村民税が源泉所得税と負の相関を有していることがわかる[6]。統計的にも、両者には1％有意水準で有意な相関が認められた。このことが意味するのは、すべての期間を通じたおおよその傾向として、一方の再分配効果が弱い場合には、もう一方の再分配効果がそれを

表5-4　各所得税の再分配効果に関する相関係数

	申告所得税	源泉所得税	地方住民税	市町村民税	道府県民税
申告所得税	1.000	—	—	—	—
源泉所得税	0.270	1.000	—	—	—
地方住民税	0.145	−0.196	1.000	—	—
市町村民税	0.053	−0.480**	0.867**	1.000	—
道府県民税	0.381*	0.254	0.703**	0.324**	1.000

注：*は5％有意水準で有意。
　　**は1％有意水準で有意。

補うように強く作用するという形で、市町村民税所得割と国税の源泉所得税がそれぞれ機能してきたということである[7]。

そこで、両者の相関関係の時系列的な安定性を検証するために、異なるサンプル期間ごとに相関係数を求めたのが表5-5である。これによると、両者の相関係数は、昭和58年までの20年間で−0.752であったのが、昭和63年までの25年間では−0.718と絶対値でいくぶん低下するものの、それ以降サンプル期間を5年ごとに延長しても平成10年までほとんど変化ない。しかし、平成11年に前年から絶対値で大きく減少してからは、サンプル期間を1年ずつ延長するたびに、市町村民税と源泉所得税の相関係数は着実に低下している。ちなみに、平成に入ってからの17年間だけで改めて係数を計算すると0.246となり、もはや両者に有意な相関性は認められない。

以上の結果から推察されるのは、これまで国と地方を通じた、わが国の個人所得税全体の再分配政策において、地方住民税の国税所得税（特に源泉所得税）に対する相対的重要性が趨勢的に高まるなかで、市町村民税が源泉所得税の機能を一部補完する機能を果たしてきたということである。ここでいう源泉所得税とは、給与所得者に対する源泉課税のみを意味しているものの、その納税者と課税所得金額は申告所得税の3〜4倍の規模であり、その動向が国税全体による所得再分配効果の枢要を決定しているものとみられる[8]。その意味で、平成19年度において国から地方への税源移譲をともなう住民税のフラット化が実現する以前の市町村民税は、政策当局が意図するとせざるとにかかわらず、結

表5-5 市町村民税と源泉所得税の再分配効果に関する相関係数

サンプル期間 （S39年〜）	相関係数
〜S58年	−0.752
〜S63年	−0.718
〜H5年	−0.696
〜H10年	−0.701
〜H11年	−0.659
〜H12年	−0.627
〜H13年	−0.597
〜H14年	−0.572
〜H15年	−0.548
〜H16年	−0.517
〜H17年	−0.480

注：すべて1％有意水準で有意。

果として今日までわが国の所得再分配政策上、無視できない一定の役割を担ってきたと考えられる。

しかし、これまでの分析から明らかなように、このような市町村民税の補完的機能は、昭和50年代後半まで強く認められる一方で、近年次第に弱まってきている。ここで特に平成11年以降、両者の相関係数が絶対値で著しく低下していることについては、以下のような制度改正による影響が可能性として考えられる。一つは、この年に国税と地方税において、並行して所得課税の累進税率構造の緩和が図られたことである。つまり、国税の所得税最高税率がそれまでの50％から37％に引き下げられると同時に、市町村民税においても、前述のとおり、最高税率が従来の12％から10％に引き下げられた。いま一つは、この年以降、所得税と市町村民税の両者について、一定の税額控除を認める定率減税が実施されたことである[9]。これら所得税と地方税を連動させた改正は、所得税と市町村民税の双方に対して再分配効果を同じ方向に働かせることになり、結果として両者における負の関係を弱めることになったものと推測される。

VI. むすび

これまでの分析で得られた結果をまとめると以下のとおりである。
(1) 分析の対象期間である昭和40年から平成18年までにおいて分析の対象期間を通じて市町村民税の再分配効果は上昇傾向にあるが、そうした動きのほとんどは、総合課税を行った者への税率効果によって説明される。
(2) 市町村民税において分離課税を行った者の再分配効果が全体の再分配効果に与える影響は小さい。しかし、それは土地譲渡益課税制度の変更

(3) これに対して、道府県民税の再分配効果は、市町村民税の効果の2分の1から5分の1程度と小さく、分析対象期間において低下傾向にある。
(4) 所得再分配政策における地方住民税の国税に対する相対的重要性は、市町村民税の効果を主因として過去40年の間で趨勢的に高まっている。
(5) すべての期間において、市町村民税の再分配係数と源泉所得税のそれには、有意な負の相関が認められ、この点から、これまで市町村民税が所得再分配の面で部分的に源泉所得税の補完的機能を果たしてきたと推測される。
(6) 住民税のフラット化が実現する以前の地方住民税は、もっぱら市町村民税を通じて、国と地方による個人所得税全体の再分配政策において、無視できない重要な役割を担ってきたと考えられる。
(7) ただし、所得再分配の側面からの市町村民税と源泉所得税との負の相関関係は、平成11年以降、徐々に弱まってきている。

注
1) Oates［1972］（訳書）、204頁。
2) 林［1995］、164頁。
3) 「市町村民税の課税標準額別所得割額等に関する調」では、総合課税を行った給与所得者、営業等所得者、農業所得者、その他所得者のデータの合計が「小計」として記載されている。したがって、本章における「小計」は、総合課税を行った者の合計として示している。
4) 市町村民税全体と総合課税を行った者の課税前のタイル尺度は、統計で確認できる昭和45年から平成18年にかけて、それぞれ0.273〜0.289、0.267〜0.276と推移している。課税後のタイル尺度についても、この間それぞれ0.258〜0.273（全体）、0.252〜0.260（総合課税）と近似している。
5) 市町村民税の課税標準額と道府県民税の課税標準額は、制度的要因により若干の違いがあるものの、ほぼ同額である。例えば、平成18年における課税標準額は、市町村民税が124兆1,829億円、道府県民税が124兆1,876億円で、両者の差額は47億円程度にすぎない。
6) 源泉所得税における課税前所得のタイル尺度と市町村民税における同様の尺度との相関係数が0.689（1％有意水準で有意）であることから、再分配効果の面での市町村民税と源泉所得税との逆相関関係は、両者の課税前所得の変動の差異に

7) そうした要因の一つとして、高度成長期における国と地方の租税政策の非連動性が考えられる。例えば、昭和40年代においては、高い経済成長率によって生じた多くの自然増収を所得税の減税（特に課税最低限の引き上げ）を通じて国民に還元する政策がとられたが、地方住民税のレベルでは、必ずしもそのような減税政策が所得税改正と同時並行的に行われたわけではなかった。詳しくは、佐藤・宮島 [1982]、藤 [2005] を参照。
8) 平成17年における申告所得税の納税者830万人・総所得金額44兆円に対して、源泉所得税については、それぞれ3,850万人・202兆円、市町村民税所得割については、それぞれ5,504万人・187兆円（平成18年度分）である。
9) 国税所得税においては上限25万円のもとで税額の20％、個人住民税においては上限4万円のもとで税額の15％の控除がそれぞれ認められた。

【参考文献】

Atkinson, A. B. [1995] *Public Economics in Action: The Basic Income/Flat Tax Proposal*, Oxford University Press, Oxford.

Davis, J. B. & M. Hoy [1995] "Making Inequality Comparisons When Lorenz Curves Intersect", *American Economic Review*, vol. 85, pp. 980-986.

Davis, J. B. & M. Hoy [2002] "Flat Rate Taxes and Inequality Measurement", *Journal of Public Economics*, vol. 84, pp. 33-46.

Davis, J. B., Hoy, M. & T. Lynch [2003] "Flat Taxes and Inequality in Canada", *Fiscal Policy, Inequality, and Welfare: Research on Economic Inequality*, vol. 10, pp. 125-146.

Hemming, R. & M. J. Keen [1983] "Single Crossing Conditions in Comparisons of Tax Progressivity", *Journal of Public Economics*, vol. 20, pp. 373-380.

Oates, W. E. [1972] *Fiscal Federalism*, New York: Harcourt Brace Jovanovich, Inc.（米原淳七郎・岸昌三・長峯純一訳『地方分権の財政理論』第一法規、1997年）.

佐藤進・宮島洋 [1982]『戦後税制史（増補版）』税務経理協会。

林宏昭 [1995]『租税政策の計量分析：家計間・地域間の負担配分』日本評論社。

藤貴子 [2005]「所得税課税ベースの縮小と税収への影響――昭和40年代――」『経済論究』第123巻、九州大学大学院経済学会、143-162頁。

【参考資料】

国税庁『税務統計から見た申告所得税の実態』各年版。
国税庁『税務統計から見た民間給与の実態』各年版。
総務省自治税務局市町村税課『課税標準額段階別所得割等に関する調』（総務省資料）、昭和38～平成18年度。

第Ⅲ部　三位一体改革による税源移譲の効果

第6章　地方住民税のフラット化による税収予測と再分配効果

I．はじめに

　本章の目的は、効率的で公平な所得課税の視点から、税源移譲をともなって地方住民税が10％にフラット化されることによる所得再分配効果について実証分析を行うことである。

　良く知られているように、Atkinson [1970] では、社会的厚生関数を用いた再分配効果の基準が提示されている。この基準に基づいて、Atkinson [1995] は、所得税の税率のフラット化が人々の行動に対してより「中立的」であるという意味で効率的な所得課税の実現を可能にすることを明らかにした。

　一方で、所得再分配の公平性の基準から、Hemming & Keen [1983] は、税率のフラット化された所得税が累進所得税に対してより公平な再分配効果の基準を満たす場合（ローレンツ曲線が下から1回交差する場合、ローレンツ優位な再分配効果をもつこと）が存在することを理論的に示した。その後、Davies & Hoy [1995] は、この理論的基準に基づき、ローレンツ曲線を用いてアメリカにおける1986年の税制改正について分析している。また、Davies & Hoy [2002] は、税率のフラット化を適切な所得控除制度と組み合わせることによって、より効率的で公平な所得課税の実現が可能であることを理論的に明らかにした。さらに、Davies, Hoy & Lynch [2003] では、カナダの現行所得税と比較しながら税率のフラット化が効率的で公平な所得課税を実現することを実証的に示している。

　わが国でも、平成19年度から国から地方への税源移譲により、地方住民税が

10％にフラット化されている。したがって、この税源移譲をともなった住民税のフラット化が、効率的で公平な所得課税の視点からどのような効果をもつかを検証することは、大きな意味を持つことになる。

本章の構成は以下のとおりである。Ⅱで、本章での実証分析が指針とする「効率的で公平な所得課税」とはいかなるものかを説明するために、先行研究に従って一つの理論モデルを提示する。Ⅲで、税源移譲をともなう地方住民税のフラット化が実際に地方税収にどの程度の増収効果をもたらすかをシミュレーションにより明らかにする。Ⅳでは、税率のフラット化が、他方でこれまでの住民税の再分配機能にどのような変更を加えるかについて、その仮想的な効果を分析する。同様にⅤでは、住民税の再分配効果が所得階層別にみて改革の前後でどのように変化するかを検証する。最後のⅤで、以上の分析から得られた結果を要約することで、むすびに代えられる。

Ⅱ．基本モデル

本章の分析が基本とする理論モデルは、Davies & Hoy & [1995]に従って、以下のように示される[1]。まず、所得水準の区間 $X = [\underline{x}, \overline{x}]$ は、非負で有限とする。その所得分布の確率分布関数（相対度数関数）を課税前所得 ψ、課税後所得 ϕ であらわすとすると、課税後所得の不平等指標 I は、累進的移転では低下し、逆進的移転では上昇する。その際、この特徴を備えた不平等指標は、Pigou-Dalton の移転原理に従うことになる[2]。

次に、フラット化への移行前の累進税率税表を $T_G(x)$ とし、フラット税率の税表を $T_F(x, t, A)$ とする。ただし、$t(0<t<1)$ は限界税率、$A(0<A)$ は所得控除をそれぞれ示している。税収中立の仮定の下では、t と A は独立ではなくなるので、以下では、フラット税率の税表を $T_F(x, t)$ とする。$T_G(x)$ と $T_F(x, t)$ によって導出される課税後所得の密度関数は、それぞれ $\phi_G(x)$、$\phi_F(x)$ であらわされる。

以上の前提に基づき、効率的で公平な所得課税を明示的に説明するのが図

第 6 章 地方住民税のフラット化による税収予測と再分配効果 157

図 6-1 フラット税率と再分配効果

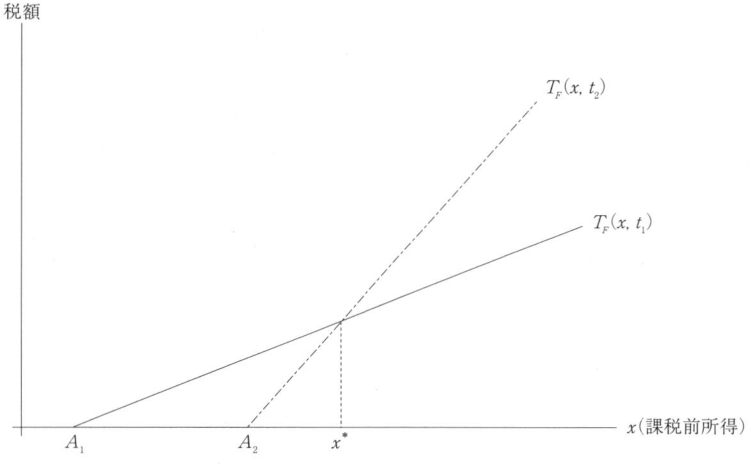

6-1である。そこでは、税収中立の仮定の下で、フラット税率の税表である $T_F(x, t_1)$ と $T_F(x, t_2)$ が比較されている（ただし、$t_1 < t_2$、$A_1 < A_2$ である）。これによると、税表 $T_F(x, t_2)$ は、税表 $T_F(x, t_1)$ を下から x^* の点で 1 回交差している。その際、Hemming & Keen [1983] が明らかにしたように、前者の課税後所得分布は後者の課税後所得分布に対してローレンツ優位になる。

フラット税率の税表 $T_F(x, t)$ がフラット税率 t と所得控除 A の組み合せいかんによっては再分配効果が異なるという議論を応用して、図 6-2 は、フラット化への移行前の累進税率の税表 $T_G(x)$ を基準としながら、そこからのフラット化による再分配効果の変化をいくつかのケースで比較している。図より、A_G 以下の所得控除を備えたフラット税率の税表 $T_F(x, t)$ は、$T_G(x)$ を上から交差することになり、必ずローレンツ劣位になる。税収中立の仮定の下で、フラット化前の税表よりも必ずローレンツ劣位となる、所得控除 A_G をもつフラット税率の税表のうち、上限の税率となるのが t_F^l で、そのときの税表は $T_F(x, t_F^l)$ とあらわされる。

他方の極端なケースを示しているのが、$T_F(x, t_F^u)$ である。これは、次のよ

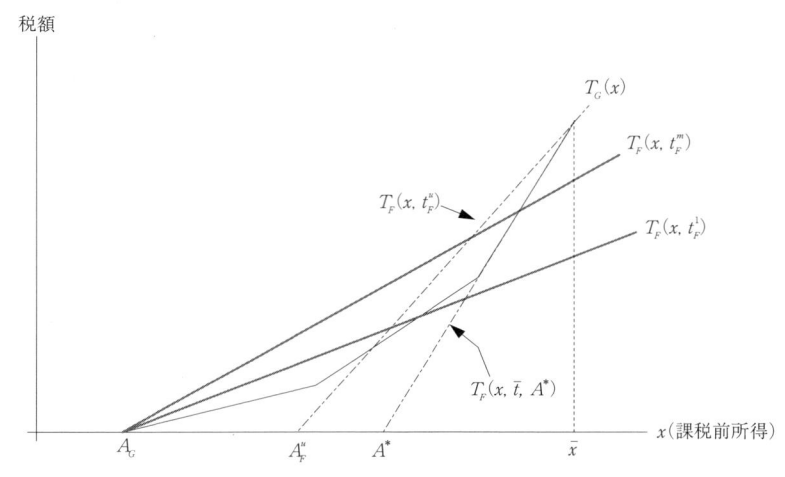

図6-2　累進税率からフラット税率への移行による再分配効果の変化

うに導出される。まず、フラット化前の税表 $T_G(x)$ の最高限界税率 $\bar{t}$ をフラット税率として適用した場合の所得控除を求めると A^* が得られ、その税表は、$T_F(x, \bar{t}, A^*)$ と示される。この税表では、フラット化前の税表の下でよりも明らかに減収となる。そこで、最高所得者の税額を変えずに、税収中立を維持するように税率と所得控除を引き下げるならば、$T_F(x, t_F^u)$ が得られる。このフラット税率の税表 $T_F(x, t_F^u)$ は、フラット化前の税表 $T_G(x)$ を下から1回交差することから、ローレンツ優位を示すことになる。

これら2つの極端なケースの中間領域が $t_F^l < t < t_F^u$ である。課税後所得の不平等指標 I は、税率 t によって変化をすることから $I(\phi_F|t)$ とあらわされる。$I(\phi_F|t)$ は税率 t の減少関数であるから、t が t_F^l から引き上げられるに従って t_F^u となる前に、$I(\phi_G)$ と一致する。この値が基準値 $t_F^* = t_F^*(I)$ である。すなわち、$t < t_F^*$ のとき、フラット税率の税表 $T_F(x, t)$ は $T_G(x)$ よりも逆進的であり、その反対に、$t > t_F^*$ のときは累進的となる。したがって、フラット税率の税表 $T_F(x, t)$ は、税率と所得控除の組み合せによっては再分配効果を高めることができるのである。

さて、Davies & Hoy [1995] による基本モデルに基づいて、今回の税源移譲をともなう住民税のフラット化の効果を検討すると、2つの部分に区分されることになる。(1) 税収中立の下で住民税がフラット化された効果、(2) 税収中立を超えて税源移譲が行われたことによる税率引き上げの効果、である。図6-2では、(1)の部分が、$T_F(x, t_F^l)$ となる。この税収中立の下での $T_F(x, t_F^l)$ でさえ、フラット化が実現する前の住民税に比べてローレンツ劣位であることが示されている。一方、(2)の部分は $T_F(x, t_F^m)$ である。この部分が加えられることによって、新たな制度は、従来よりもさらにローレンツ劣位となっていることがわかる。

では、今回の税率のフラット化は、住民税の再分配効果をはたしてどの程度弱めるとみられるだろうか。また、その税収面でのプラスの効果はどれくらいであろうか。原則として、今回の税率10％へのフラット化は、住民税の課税最低限の変更をともなわなかったことから、以下では、$t_F^m = 10\%$として分析を進める。

III. フラット化の税収予測

1. 分析方法

本節では、税源移譲をともなう地方住民税のフラット化がどの程度の増収効果をもたらすと予測されるか、以下の手順に従って検討する。第一に、税源移譲前後における住民税所得割額とそれらの差額分である増収額を推計する。その際、税源移譲後の住民税のフラット税率（$t_F^m = 10\%$）のうち市町村民税6％、道府県民税4％として、かつ税源移譲前後での課税最低限（図6-2のA_G点）などの諸条件を一致させて増収額を計算している。

第二に、算出された増収額を課税標準額で除して増収税率（$t_F^m - t_F^l$）を算定し、これを、税源移譲後のフラット税率（t_F^m）から差し引くことにより、税収中立の仮定の下でのフラット税率 t_F^l（税収中立税率）を求める。これらの作業によ

り、税源移譲の増収効果を税率に換算して示すことが可能となる。

　本章での推計にあたっては、総務省自治税務局市町村税課『課税標準額段階別所得割等に関する調』（総務省資料）を用いる。同資料には、課税標準の段階ごとに、納税義務者数、総所得金額、所得控除額、課税標準額、算出税額、税額控除額、所得割額等のそれぞれの項目について詳細なデータが記載されており、これにより税源移譲がもたらす住民税の増収効果を平成7年から17年にわたって分析できる。

　本来、税源移譲後の所得割額を過去に遡って求めようとする場合、税源移譲の実施時点（平成19年度）での諸制度を基準に推計するのが望ましい。具体的には、地方住民税において、平成17年度より配偶者特別控除のうち控除対象配偶者に該当する部分が撤廃されたほか、平成18年度に老年者控除、平成19年度には定率減税がそれぞれ廃止されたことから、税源移譲後の所得割額は、それらの諸控除をすべて除外して計算する必要がある。だが、単純に税源移譲前後の所得割額の差によって求められる増収分には、税源移譲による部分だけでなく、諸控除の廃止にともなう増収分も含まれてしまうため、税源移譲による純粋な増収効果だけを取り出すことができない。そこで、以下に示したとおり、推計の基礎となる税源移譲後の税額を求めるにあたっては、平成19年度時点ではすでに存在しない、配偶者特別控除のうち控除対象配偶者に該当する部分および老年者控除を所得控除額に含め、また、税源移譲前および税源移譲後ともに定率減税分は考慮（控除）していない。

(1) 税源移譲前の所得割額

　平成7年から平成10年については、『課税標準額段階別所得割等に関する調』の所得割額を用いる。他方、平成11年から平成17年については、同資料の所得割額に定率減税の額を加算した所得割額を用いる。

(2) 税源移譲後の所得割額

　同資料の課税標準額に税源移譲後のフラット税率を乗じた額から、税源移譲

表6-1 税源移譲による増収額

	市町村民税				道府県民税				地方住民税			
	所得割額 (10億円)		増収額 (10億円)	増加率 (%)	所得割額 (10億円)		増収額 (10億円)	増加率 (%)	所得割額 (千円)		増収額 (10億円)	増加率 (%)
	移譲前	移譲後			移譲前	移譲後			移譲前	移譲後		
H7	6,238	6,945	707	11.33	2,560	4,700	2,140	83.56	8,799	11,645	2,847	32.35
H8	6,133	6,856	723	11.79	2,504	4,638	2,134	85.22	8,637	11,494	2,857	33.08
H9	6,951	7,569	618	8.89	2,704	5,048	2,344	86.71	9,654	12,617	2,963	30.69
H10	6,244	6,772	528	8.45	2,298	4,624	2,327	101.26	8,542	11,396	2,854	33.42
H11	6,528	7,301	773	11.85	2,621	4,870	2,249	85.78	9,149	12,171	3,022	33.03
H12	6,343	7,111	769	12.12	2,553	4,743	2,190	85.76	8,896	11,854	2,958	33.25
H13	6,294	7,043	749	11.90	2,533	4,697	2,165	85.47	8,826	11,740	2,914	33.01
H14	6,168	6,885	717	11.63	2,479	4,592	2,113	85.23	8,647	11,478	2,830	32.73
H15	5,876	6,581	705	11.99	2,372	4,389	2,018	85.07	8,248	10,970	2,722	33.01
H16	5,695	6,460	765	13.44	2,317	4,308	1,992	85.96	8,011	10,768	2,757	34.41
H17	5,991	6,814	823	13.74	2,424	4,546	2,122	87.56	8,415	11,360	2,945	35.00

にともなう調整控除額、定率減税による税額控除以外の税額控除額を差し引いて求める。

上記の「調整控除」とは、国税所得税と地方住民税の人的控除額の差に基づく負担の増加を解消するための減額措置である。これは、税率フラット化にともない、平成19年度より住民税の所得割額の算定において国税との間に設けられた制度である[3]。

調整控除額は次のように算定した。まず、所得税と地方住民税の各人的控除の差額に5％（市町村民税3％、道府県民税2％）を乗じ、それらの金額を地方住民税における人的控除額で除することにより調整控除率（地方住民税にかかわる人的控除単位当たりの調整控除額）を求める。次に、住民税の各人的控除額に調整控除率を乗じて、人的控除ごとの調整控除額を算出する。最後に、それらを合計して全体の調整控除額とした[4]。

2．分析結果

表6-1は、市町村民税、道府県民税および地方住民税全体について推計さ

表6-2　増収税率と税収中立税率

(単位：金額：10億円、税率：％)

	課税標準額	市町村民税		道府県民税		地方住民税		税収中立税率
		増収額	増収税率	増収額	増収税率	増収額	増収税率	
H7	126,388	707	0.56	2,140	1.69	2,847	2.25	7.75
H8	124,742	723	0.58	2,134	1.71	2,857	2.29	7.71
H9	129,694	618	0.48	2,344	1.81	2,963	2.28	7.72
H10	129,693	528	0.41	2,327	1.79	2,854	2.20	7.80
H11	125,472	773	0.62	2,249	1.79	3,022	2.41	7.59
H12	122,173	769	0.63	2,190	1.79	2,958	2.42	7.58
H13	120,995	749	0.62	2,165	1.79	2,914	2.41	7.59
H14	118,312	717	0.61	2,113	1.79	2,830	2.39	7.61
H15	113,158	705	0.62	2,018	1.78	2,722	2.41	7.59
H16	111,083	765	0.69	1,992	1.79	2,757	2.48	7.52
H17	116,891	823	0.70	2,122	1.82	2,945	2.52	7.48

れた増収額とその増加率等を示している。分析対象期間において、地方住民税全体の増収額は2兆7,222億～3兆220億円（税収増加率は30.7～35.0％）と推計された。増収額の傾向をみると、市町村民税よりも道府県民税の増収効果の方が大きくなっているのが特徴的である。市町村民税の増加率が8.5～13.7％であるのに対し、道府県民税のそれは83.6～101.3％となっている。これは、両者における、税源移譲前後での税率構造の変化の違いによるものと考えられる。すなわち、道府県民税においては4％、市町村民税においては6％のフラット税率が新たに適用され、道府県民税においてはすべての課税所得階層で適用される税率が上昇するのに対し、市町村民税では200万円以下の階層では適用される税率が上昇するものの、200万円超の階層では低下することになったからである[5]。

なお、ここでの推計によると、平成17年において、市町村民税は8,231億円、道府県民税は2兆1,220億円、地方住民税全体では2兆9,451億円の増収額であった。これに対して、総務省が平成18年度税収見込額をもとに税源移譲による増収額の推計を行っているが、そこでは市町村民税が約8,300億円、道府県民税が約2兆1,800億円、地方住民税全体では約3兆100億円と試算されており、

本章の推計額に近い数値が示されている[6]。

表6-2は、これらの増収額の課税標準に対する割合（増収税率）および税収中立を維持するために必要となる税率（税収中立税率）等を示している。まず、増収税率をみると、市町村民税では0.41〜0.70％、道府県民税では1.69〜1.82％、さらに地方住民税全体では2.20〜2.52％であった。その結果、フラット化税率（10％）からこれら増収税率を引いた税収中立税率は、7.48〜7.80％と推計された。

以上の結果を先のⅡで示された基本モデルに沿って解釈すると次のようになる。税源移譲による増収分は、税収中立を超えた税源移譲による税率引き上げの効果 $T_F(x, t_F^m)$ と、税収中立の下で住民税がフラット化された効果 $T_F(x, t_F^l)$ との差の部分であり、その増収効果は増収税率（$t_F^m - t_F^l$）の水準に依存する。今回の制度変更が「税額」の移譲ではなく、あくまで「税源」の移譲であることに留意するならば、増収税率（$t_F^m - t_F^l$）は今後の税収予測に対して重要な意味をもつと考えられる。この点において、本節での推計の結果、地方住民税の税率 $t_F^m = 10\%$ へのフラット化は、それぞれの課税標準に対し市町村民税においては0.4〜0.7％、道府県民税においては1.7〜1.8％、地方住民税全体においては2.2〜2.5％の増収効果をそれぞれ生じさせることが明らかとなった。

一方、地方住民税のフラット化は、負担分任の原則に近づくものといえるが、所得再分配の基準からは、ローレンツ劣位な改定となる。図6-2から明らかなように、税源移譲前の税表に対して、税収中立税率 $t_F^l = 7.5 \sim 7.8\%$ の税表は、ローレンツ劣位となるからである。したがって、今回の税源移譲をともなう税率 $t_F^m = 10\%$ へのフラット化は、そうしたローレンツ劣位な税表を増収税率（$t_F^m - t_F^l = 2.2 \sim 2.5\%$）分だけさらに引き上げたということになる。

Ⅳ. 税源移譲による再分配効果の変化

1. 分析方法

　本節では、先にみたローレンツ劣位な税表による地方住民税の再分配効果に対する影響ついて検証する。まずタイル尺度を用いて、税率フラット化後の地方住民税の再分配効果を平成7年から17年について推計する。ただし、この場合の再分配効果は、前節の税収予測と同様に、基本的には、これまでに実現された所得分布を所与として、これに新たなフラット税率が適用されたと仮定した場合の効果をあらわしている。そのうえで、この税源移譲後の効果を、現実の移譲前における再分配効果を比較する。その際、全体の再分配効果を、税率に基づく部分（税率効果）と控除に基づく部分（控除効果）に分けて評価することによって、今回のフラット化が地方住民税の再分配効果に及ぼす影響について検討する[7]。

2. 分析結果

(1) 全体の効果

　このようにして推計された、地方住民税・市町村民税・道府県民税のそれぞれの再分配効果を、税源移譲の前後に分けて示したのが図6-3である。はじめに、地方住民税の移譲前の効果についてみると、平成7年の0.089から平成17年の0.076まで、平成10年を除いて0.08～0.09と比較的高い水準で推移している。これに対して、移譲後の効果は、平成7年の0.044から平成17年の0.044というように、移譲前の約2分の1に低下する。これにより、税率フラット化後の地方住民税の再分配効果が大きく低下することは明らかである。

　一方、税源移譲前の効果を市町村民税と道府県民税について比較すると、前者の方が後者よりも高くなっているが、これは、当然ながら両者の累進構造の違いが反映されたものと推測される。市町村民税が最高10％の3段階の税率構

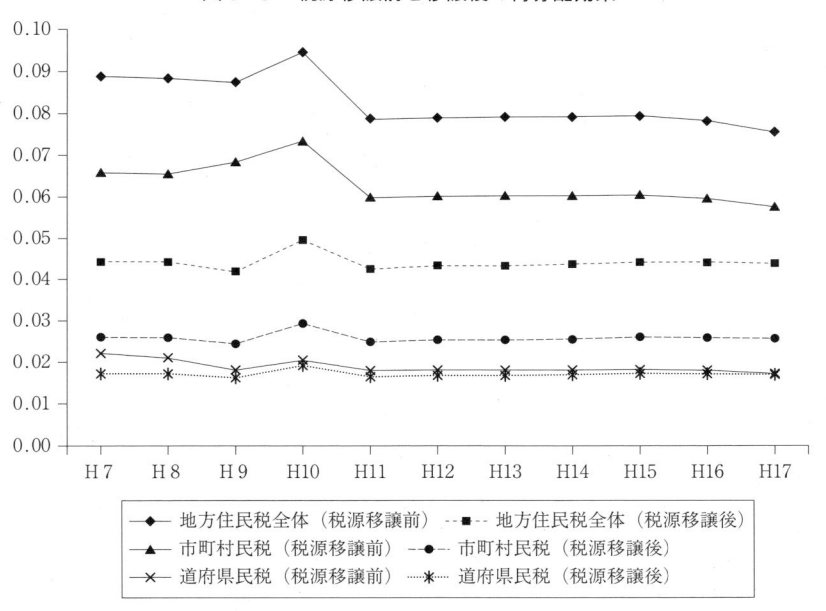

図6-3　税源移譲前と移譲後の再分配効果

凡例：
- ◆ 地方住民税全体（税源移譲前）
- ■ 地方住民税全体（税源移譲後）
- ▲ 市町村民税（税源移譲前）
- ● 市町村民税（税源移譲後）
- × 道府県民税（税源移譲前）
- ＊ 道府県民税（税源移譲後）

造であるのに対して、道府県民税は2～3％の2段階であったからである。

　税源移譲後の再分配効果についても、こうした両者の違いが顕著にあらわれている。税源移譲による再分配効果の低下率を計算すると、市町村民税で55～64％、道府県民税で1～22％と、前者の低下率が相対的に高くなっている。フラット化による改革は、とりわけ市町村民税の再分配効果を大きく低下させることになったのである。

(2) 税率効果と控除効果

　以上のような税源移譲にともなう住民税の再分配効果の変化を税率効果と控除効果に分解して示したのが、図6-4～図6-6である。税源移譲前の効果に注目すると、先の推測を裏づけるように、市町村民税の税率効果は、すべての期間にわたって道府県民税のそれよりも圧倒的に高く、住民税全体の税率効果

図6-4　地方住民税の税率効果と控除効果

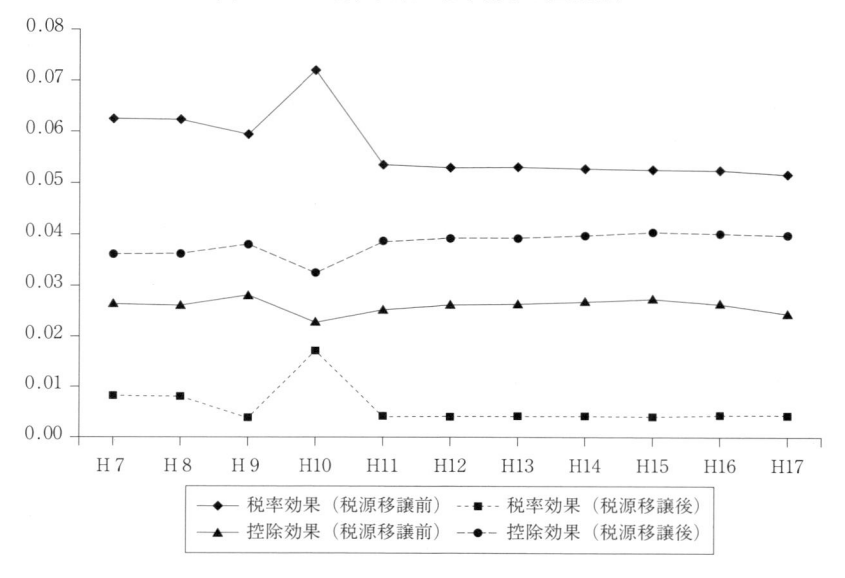

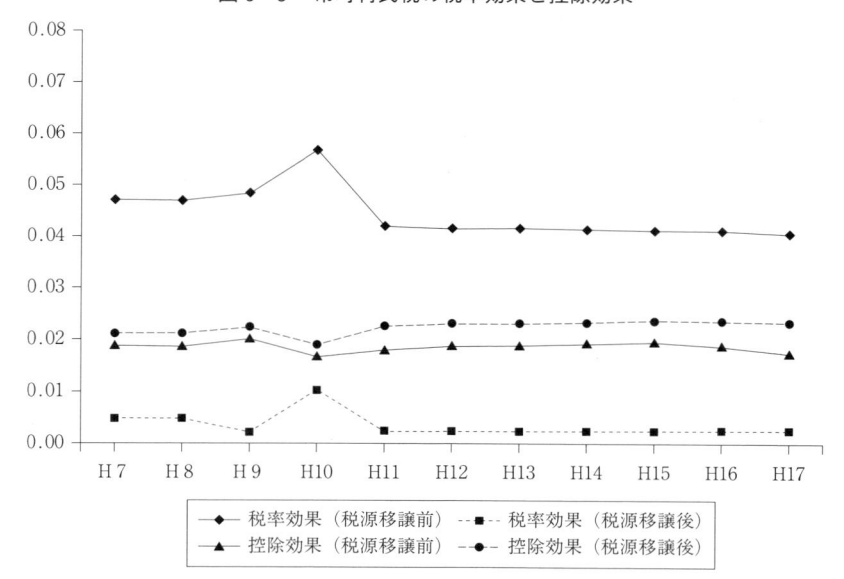

図6-5　市町村民税の税率効果と控除効果

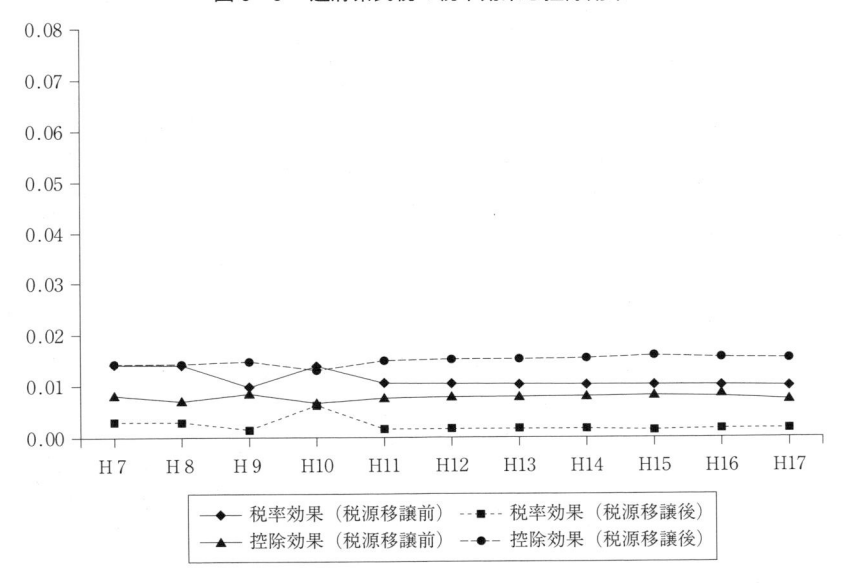

図6-6　道府県民税の税率効果と控除効果

```
0.08
0.07
0.06
0.05
0.04
0.03
0.02
0.01
0.00
      H7  H8  H9  H10 H11 H12 H13 H14 H15 H16 H17
```

―◆― 税率効果（税源移譲前）　‐‐■‐‐ 税率効果（税源移譲後）
―▲― 控除効果（税源移譲前）　‐‐●‐‐ 控除効果（税源移譲後）

の8割程度を占めている。一方、移譲前の控除効果についても、この間、市町村民税は道府県民税の2倍以上の水準を維持している。

　これらを踏まえて税源移譲後の効果に目を転じると、税率のフラット化を反映して予想どおり、住民税全体の税率効果は著しく低下している。そうしたなかで、やはり市町村民税の税率効果の落ち込みは際立っており、住民税全体の税率効果低下のほとんどを説明している。他方、税源移譲後の控除効果は、市町村民税、道府県民税のいずれのケースにおいても高まっているが、その上昇率は後者の方（70〜110％）が前者のそれ（10〜40％）を大幅に上回っている。これは、両者における先の増収税率（$t_F^m - t_F^l$）の違い（道府県民税が相対的に高い）が強く反映されたものとみられる。こうして、税源移譲後では、住民税の再分配効果の約9割が控除効果で占められることになり、税率効果はほとんど働かなくなる。

　以上の結果から、今回の税源移譲をともなう税率フラット化は、これまでの

住民税の再分配効果を約2分の1に低下させることになるが、その大部分が市町村民税における税率効果の大幅な後退によって生じることが明らかとなった。

V. 所得階層別にみた再分配効果の変化

1. 分析方法

本節では、税率フラット化が地方住民税の再分配効果に与える影響を異なる所得階層ごとに検証する。Ⅲで述べたような、今回のローレンツ劣位なフラット化によって、階層別の再分配効果がどのように変化するかを明らかにしようというわけである。

再びⅡの基本モデルに戻って、図6-2で $T_G(x)$ と $T_F(x, t_F^m)$ の交点に対応する課税前所得を x^* とすれば、$T_F(x, t_F^m)$ を $T_G(x)$ と比較して、$A_G \sim x^*$ の所得水準では、$T_F(x, t_F^m)$ の税負担の方が重くなる。一方、$x^* \sim \bar{x}$ の所得水準では、$T_F(x, t_F^m)$ の方が軽くなる。これにより、x^* の所得金額を基準として再分配効果に対する影響が変化することがわかる。

したがって、本来であれば今回の税源移譲における x^* の水準を推計し、これを基準として異なる所得水準に対する効果についてより正確に吟味することが望まれる[8]。しかし、全世帯の所得階級ごとの集計されたデータしか利用できないという制約から、x^* を厳密に算定することは不可能である。よって、本推計では、所得階層別の集計データを基礎としながら、上記の理論モデルを検証する。

そこで以下では、『課税標準額段階別所得割等に関する調』における課税標準額の段階を、表6-3に示されるように低所得階層(下)、低所得階層(上)、中所得階層(下)、中所得階層(中)、中所得階層(上)、高所得階層(下)、高所得階層(上)の7つに区分し、それぞれの階層について再分配効果の推計を行う。

階層別の再分配効果は、それぞれの所得階層における課税前後のタイル尺度

を算定し、それら両尺度の変化率によって求める。そして、改革前の累進税率の下での再分配効果と改革後のフラット税率の下での効果を比較することで、税源移譲が異なる所得階層における再分配効果にどのような影響を与えるかについて検討する。

なお、上述のとおり、x^*を分岐点として異なる所得水準に位置する納税者の税負担が変化する

表6-3 増収税率と中立税率

所得階層区分	課税標準額の段階	
低所得階層(下)	5万円以下の金額 5万円を超え10万円以下	下位階層
低所得階層(上)	10万円を超え20万円以下 20万円を超え40万円以下	
中所得階層(下)	40万円を超え60万円以下 60万円を超え80万円以下 80万円を超え120万円以下	
中所得階層(中)	120万円を超え160万円以下 160万円を超え200万円以下 200万円を超え300万円以下	上位階層
中所得階層(上)	300万円を超え400万円以下 400万円を超え550万円以下	
高所得階層(下)	550万円を超え700万円以下 700万円を超え1,000万円以下	
高所得階層(上)	1,000万円を超え2,000万円以下 2,000万円を超える金額	

(相対的に高所得者の負担が軽減される)と想定されるが、そうした効果を明確に示す狙いから、表6-3に示したすべての所得階層を下位階層区分(低所得階層(下)、低所得階層(上)、中所得階層(下))と上位階層区分(中所得階層(中)、中所得階層(上)、高所得階層(下)、高所得階層(上))の2つに細区分している。

2．分析結果

図6-7および図6-8は、地方住民税全体について、それぞれ下位階層および上位階層における税源移譲前後の再分配効果を示している[9]。まず、図6-7から下位階層における再分配効果の変化についてみると、この層に属するすべての所得階層において税源移譲後の再分配効果が上昇している。この点は、累進税率の税表$T_G(x)$からフラット税率の税表$T_F(x, t_F^m)$への制度変更が、それらの交点であるx^*を下回る所得水準において再分配効果を高めることを

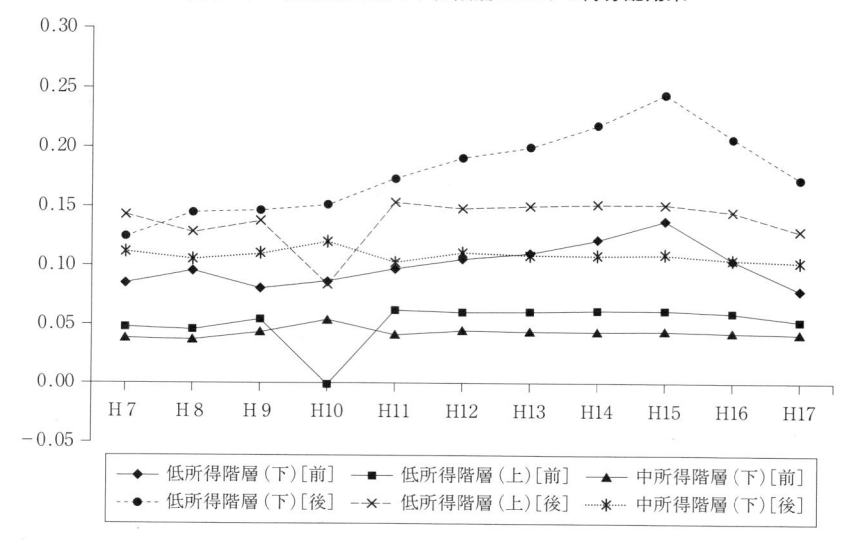

図6-7　地方住民税の下位階層における再分配効果

凡例：低所得階層（下）[前]　低所得階層（上）[前]　中所得階層（下）[前]
低所得階層（下）[後]　低所得階層（上）[後]　中所得階層（下）[後]

示唆している。また、そうした効果の上昇率を計算すると、低所得階層（下）で0.46〜1.19、低所得階層（上）で1.45〜2.01、中所得階層（下）で1.23〜1.93というように、とりわけ低所得階層（上）と中所得階層（下）の効果が高くなっている。

これに対して、図6-8から、上位階層においては、ほとんどの所得階層において税源移譲後の再分配効果が低下しているのがわかる。この場合も、下位階層のケースとは逆に、x^*を超える所得水準において再分配効果が弱まったことが反映されたものと考えられる。階層別の下落率では、特に中所得階層（上）（0.30〜0.41）と高所得階層（上）（0.56〜0.73）が大きい[10]。

先述のとおり、平成19年における税源移譲をともなう地方住民税の税率フラット化（$t_F^m = 10\%$）は、税収中立税率（$t_F^l = 7.5〜7.8\%$）の下でのローレンツ劣位な再分配構造を、増収税率（$t_F^m - t_F^l = 2.2〜2.5\%$）の効果の分だけさらに強めることになった。その結果、従来の累進税率の税表$T_G(x)$とフラット税率の税表$T_F(x, t)$の交点x^*がより高い水準にシフトする。そのため、税源移

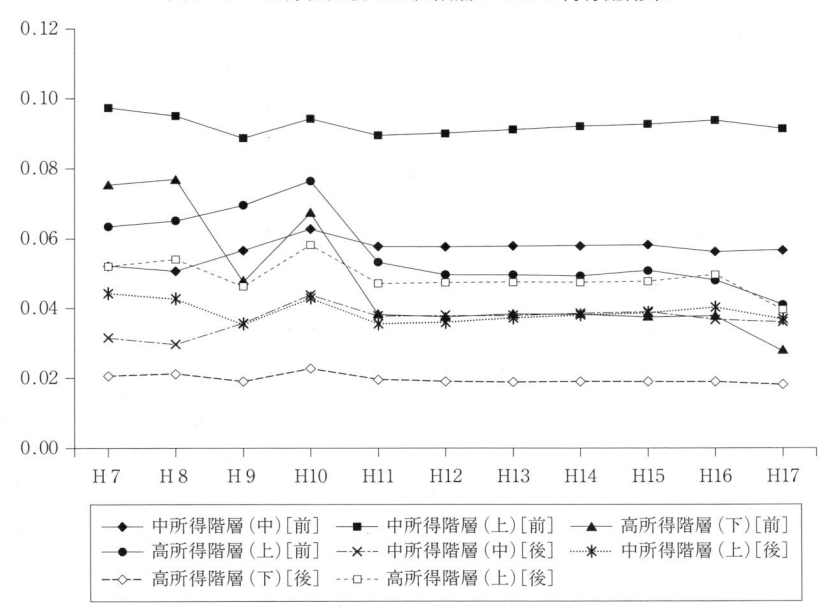

図6-8 地方住民税の上位階層における再分配効果

凡例：
- 中所得階層（中）［前］
- 中所得階層（上）［前］
- 高所得階層（下）［前］
- 高所得階層（上）［前］
- 中所得階層（中）［後］
- 中所得階層（上）［後］
- 高所得階層（下）［後］
- 高所得階層（上）［後］

譲をともなう税率10％へのフラット化は、税収中立税率（$t_F^l = 7.5 \sim 7.8\%$）を適用した場合と比べて、税負担が重くなる、相対的に低い所得階層に属する納税者を増加させるとともに、税負担が軽減される、相対的に高い所得階層に属する納税者を減少させることになる。

翻って、本節での推計結果によれば、税源移譲がもたらす再分配効果への影響は、課税標準額でみた場合、少なくとも中所得階層（下）と中所得階層（中）の間を分水嶺としている。すなわち、今回の改革は、前節で示したとおり、改革前と比較して住民税全体の再分配効果を半減させるとみられるが、その内実は、課税標準額120万円以下の階層における再分配効果の上昇と、同120万円超の階層における再分配効果の低下をともなうものであったのである[11]。こうして、今回の税源移譲が、地方住民税の公平性（垂直的公平）を大きく後退させることは明らかであるが、同時に税率フラット化の側面は、人々の行動に対し

て「中立的」であるという意味でより効率的な所得課税を実現するとともに、住民税を本来の負担分任原則に近づけることになるものと評価されよう。

VI. むすび

　本章では、平成19年の税源移譲をともなう地方住民税のフラット化が税収とその再分配効果に対してどのような影響を与えるかについて、シミュレーションによる検証を行った。本章の分析で得られた結果を要約すると、以下のようになる。

(1)　今回の住民税の税率フラット化は、それぞれの課税標準に対し市町村民税において0.4〜0.7%、道府県民税において1.7〜1.8%、地方住民税全体において2.2〜2.5%の増収効果をもつと予測される。

(2)　同様に、税源移譲をともなう税率フラット化により、地方住民税全体の再分配効果は約2分の1に低下するが、その低下の大部分が市町村民税の税率効果に起因する。

(3)　税源移譲後の再分配効果については、税率効果が極端に低下した結果、そのほとんどが控除効果となる。

(4)　税率フラット化による再分配効果の低下は、理論的に、税収中立税率（7.5〜7.8%）の下でのローレンツ劣位な再分配構造が、増収税率（2.2〜2.5%）の効果の分だけさらに強められたことによって説明される。

(5)　具体的に、地方住民税全体の再分配機能の後退は、課税標準額120万円以下の階層における再分配効果の上昇と、同120万円超の階層における再分配効果の低下という形で引き起こされると予想される。

(6)　こうして、今回の改革が地方住民税の公平性を損なうことは明らかであるが、同時に税率フラット化の側面は、人々の行動に対してより「中立的」であるという意味でより効率的な所得課税を実現するとともに、住民税を本来の負担分任原則に近づけるものになると評価される。

注

1) Davies & Hoy [1995], pp. 34-42.
2) 「Pigou-Dalton の移転原理」とは、高所得者から低所得者への、所得順位を逆転させることのない所得移転によって、所得分配の不平等度は減少するということである。青木［1979］、78-82頁を参照。
3) 所得税に比べて住民税の人的控除の額は低く設定されているため、税源移譲の際、住民税は人的控除の差に、移譲前の最低税率（市町村民税：3％、道府県民税：2％）から移譲後のフラット税率（市町村民税：6％、道府県民税：4％）への上昇分を乗じた額だけ税負担が増加してしまう。調整控除は、このような税源移譲による税負担の増加を相殺するために、地方住民税の所得割額から一定金額を控除する仕組みである。
4) 厳密に、調整控除額は、所得割の納税義務者の合計課税所得金額（課税総所得金額、課税退職所得金額および課税山林所得金額の合計額）に応じ、次に掲げる金額を所得割の額から控除する（当該控除の額は、他の税額控除前、税率適用後の所得割の額から控除する）ものである。
   (1) 個人住民税の合計課税所得額が200万円以下の者については、以下の①と②のいずれか小さい額の5％（道府県民税2％、市町村民税3％）
      ①5万円に、人的控除額の差の合計額を加算した金額
      ②個人住民税の合計課税所得金額
   (2) 個人住民税の合計課税所得額が200万円超の者については、以下の①の金額から②の金額を控除した金額（5万円を下回る場合には5万円）の5％（道府県民税2％、市町村民税3％）
      ①5万円に、人的控除額の差の合計額を加算した金額
      ②個人住民税の合計課税所得金額から200万円を控除した金額

   したがって、実際に①と②のどちらに基づいて調整控除額が決まるかは判然としない。しかし、ほとんどのケースで①＜②と想定されることから、①を基本としてこれに5％を乗じて計算した。このように、調整控除の大きさにより実質的な所得控除額は変化することになるため、本分析での「税源移譲前後で課税最低限が一定である」という仮定は、必ずしも正しくない。以下の分析でも、現実の調整控除額によって、推定される住民税の再分配効果が影響を受ける可能性があることには留意する必要がある。
5) 平成18年度の地方住民税所得割の税率構造は以下のとおりである。道府県民税では、課税所得700万円以下の金額に2％、課税所得700万円超の金額に3％である。市町村民税では、課税所得200万円以下の金額に3％、課税所得200万円超700万円以下の金額に8％、課税所得700万円超の金額に10％がそれぞれ適用された。第5章の表5-2および表5-3を参照。
6) 総務省自治税務局『地方税制関係資料』平成18年5月を参照。
7) 詳細な分析方法は、第3章を参照。
8) 厳密には、世帯の態様により所得控除等も変化することから、それに対応した

x^* の水準を推計しなければならない。こうした所得控除の違いによる世帯別分析については、Davies, Hoy & Lynch [2003], pp. 131-143を参照。
9) 図中の［前］、［後］の表記は、それぞれ税源移譲前、税源移譲後の再分配効果を示している。
10) 同様に、市町村民税と道府県民税における税源移譲前後での再分配効果を推計したところ、地方住民税全体における上記の結果とほぼ同様な傾向が確認された。
11) 住民税の税率が5％から10％に引き上げられたのは課税所得200万円以下の階層であるにもかかわらず、再分配効果の上昇は120万円以下の中所得階層（下）までしか認められない。一方で、120万円超から300万円以下の中所得階層（中）での効果は低下している。その理由を探るには、200万円を基準にして中所得階層（中）の階層区分を細分化する必要があると考えられるが、それはデータの制約から困難である。また、異なる所得金額に対応した税負担の増減を問題とする場合には、上記の課税標準額に、世帯構成に応じた課税最低限（給与所得控除、社会保険料控除、基礎控除、配偶者控除、扶養控除等）を加味した検討が求められる。

【参考文献】

Atkinson, A. B. [1970] "On the Measurement of Inequality", *Journal of Economic Theory*, vol. 2, pp. 244-263.

Atkinson, A. B. [1995] *Public Economics in Action: The Basic Income/Flat Tax Proposal*, Oxford University Press, Oxford.

Davis, J. B. & M. Hoy [1995] "Making Inequality Comparisons When Lorenz Curves Intersect", *American Economic Review*, vol. 85, pp. 980-986.

Davis, J. B. & M. Hoy [2002] "Flat Rate Taxes and Inequality Measurement", *Journal of Public Economics*, vol. 84, pp. 33-46.

Davis, J. B., Hoy, M. & T. Lynch [2003] "Flat Taxes and Inequality in Canada", *Fiscal Policy, Inequality, and Welfare: Research on Economic Inequality*, vol. 10, pp. 125-146.

Hemming, R. & M. J. Keen [1983], "Single Crossing Conditions in Comparisons of Tax Progressivity", *Journal of Public Economics*, vol. 20, pp. 373-380.

青木昌彦［1979］『分配理論』筑摩書房。

林宏昭［1995］『租税政策の計量分析――家計間・地域間の負担配分――』日本評論社。

【参考資料】

総務省自治税務局市町村税課『課税標準額段階別所得割等に関する調』（総務省資料）昭和44年度～平成17年度。

総務省自治税務局『地方税制関係資料』平成18年5月。

第7章　税源移譲後における所得税の再分配効果

I．はじめに

　財政面から地方分権を推進するための「三位一体改革」の一環として、平成19年度において国から地方への3兆円の税源移譲が実施されるとともに、個人住民税の所得割を一律10％とするフラット化が実現した。この改革は、個人所得税の再分配政策という視点から鑑みると、国税所得税と地方住民税の果たすべき役割が明確化されるという意味をもつ。すなわち、税源移譲をともなう地方住民税のフラット化は、国税と地方税を通じた再分配政策において、従来までの国と地方の役割分担を転換し、地方住民税が果たしてきた再分配機能を国税所得税に移管するものと位置づけることができる。

　第5章では、税源移譲前における、国と地方を通じた個人所得税全体の再分配政策のなかで、地方住民税、とりわけ市町村民税所得割が国税所得税の果たすべき機能の一部を補完する役割を担ってきたことを示した。このような地方住民税の補完的機能は、すでに述べたとおり、所得課税の累進税率の緩和、一定の税額控除を認める定率減税、国税と地方税の連動した制度改正等により、近年において次第に弱まってきてはいるものの、国税の再分配機能に対しての相対的重要性は依然として高く、所得再分配政策上、無視できない機能を果たしてきたといえる。

　また、第6章では、シミュレーションを通じて、税率フラット化による税源移譲が、地方住民税全体で約2分の1の再分配効果の低下をもたらすと予測され、その主因は市町村民税にあることを明らかにした。

表 7-1　平成19年度税制改正における税率構造の変化

平成18年まで		平成19年以降	
税率（％）	課税所得階級（万円）	税率（％）	課税所得階級（万円）
		5	～195
10	～330	10	～330
		20	～695
20	～900	23	～900
30	～1,800	33	～1,800
37	1,800～	40	1,800～

　そうしたなかで、今回の税源移譲による改革が、個々の納税者が支払う所得税と住民税の合計額に増減をともなわない「分配中立」を意図して行われたため、一方で国税所得税の再分配機能がどの程度強化されたかという点が残された重要な課題として検証されなければならない。

　税源移譲後において国税所得税の再分配機能を強化するという政策的意図は、税率構造の変化から読み取ることができる。表7-1のとおり、改正により、国税所得税では、課税所得階級が695万円超から900万円以下では20％から23％、900万円超から1,800万円以下では30％から33％、1,800万円超では37％から40％といったように、相対的に高い所得階級に適用される限界税率がそれぞれ引き上げられたからである。そこで、本章では、これら税率の上昇によって、現実に国税所得税の再分配効果が、改正前のそれと比較して、どの程度強化されたか、またその要因は何かについて検証していく。その際、国税の再分配効果について検討した第3章および第5章との重複を避けるため、本章では平成16年から税源移譲後の平成19年までを分析対象とし、特に平成18年から19年にかけての再分配効果の変化に焦点を当てる。

　本章の構成は以下のとおりである。まずⅡで、今回の税源移譲により所得税の再分配効果がどのように変化したかを確認する。Ⅲで、すべての申告所得者に対する所得税の再分配効果を税率効果と控除効果に分けて把握する。Ⅳで、税源移譲による所得階層別の効果を源泉所得税と申告所得税のケースごとに検証する。そこでは、限界税率の引き上げにもかかわらず、最高所得階級におけ

る申告所得税の再分配効果が改革によってもほとんど変化しなかったことが示される。そこでVでは、特にこうした最高所得層における申告所得税の効果の変化に注目して、その要因について探る。最後のVIで、本章の分析で得られた結果がまとめられるとともに、若干の政策的含意が導かれる。

II．税源移譲前後における再分配効果の変化

本節では、税源移譲前後において国税所得税の全体的な再分配効果がどのように変化したかについて確認しておく。税源移譲前の国税所得税の再分配効果について検証した第3章と第5章の結果によると、源泉所得税および申告所得税ともに税率のフラット化の影響を受け、分析の対象期間全体を通じて低下傾向にあった。ただし、源泉所得税については昭和50年までやや急速に低下してからは、比較的安定的な動きをたどっているのに対して、申告所得税では、昭和40年代後半および昭和から平成にかけて2度の急激な落ち込み（ボトム効果）と、平成11年に顕著な上昇（ジャンピング効果）が観察されるというような違いがある。

図7-1は、源泉所得税および申告所得税について、不平等指標としてのタイル尺度に基づき、平成16年から平成19年までの再分配係数を推計し、これを昭和38年から平成15年までの結果に接続して示したものである[1]。

これによると、源泉所得税の再分配係数は、平成16年（0.093）から平成19年（0.104）にかけて安定的に上昇しているのがみてとれる。一方、申告所得税のそれは、平成16年（0.163）から平成17年（0.139）に低下するものの、その後、平成19年まで上昇している。税源移譲前後の再分配効果に注目すると、平成18年から平成19年にかけて、源泉所得税については0.102から0.104、申告所得税は0.140から0.145へとそれぞれ上昇していることから、改革が実施された平成19年において、源泉所得税および申告所得税ともにその効果が高まっていることがわかる。

以上の結果から、はじめに述べた、今回の改正で限界税率の引き上げを通じ

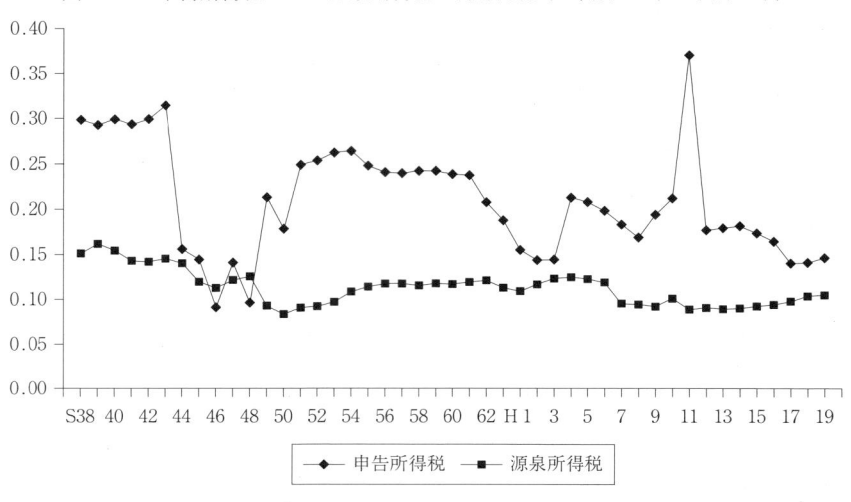

図7-1 申告所得税および源泉所得税の再分配効果（昭和38年～平成19年）

て所得税の再分配機能の強化を図るという政策的意図は、現実においても、源泉所得税および申告所得税の再分配係数の上昇という形で実現されたと評価することができよう。

Ⅲ．税率効果と控除効果

　第3章以降の分析で示したとおり、所得課税の再分配効果は、数量的に、税率に起因する部分（税率効果）と控除に起因する部分（控除効果）に分解することが可能である。以下では、前節で得られた国税所得税の再分配効果の結果を税率効果と控除効果に分解し、改革によって効果が高まった要因について検証する。

　申告所得税については、所得控除前の総所得金額および所得控除後の課税標準額のデータが公表されている。そのため、タイル尺度の計測にあたり、前者を基礎とした場合には全体の再分配効果、後者を基礎とした場合には税率効果が得られることから、両者の差をおおよその控除効果として測定することがで

第 7 章 税源移譲後における所得税の再分配効果 179

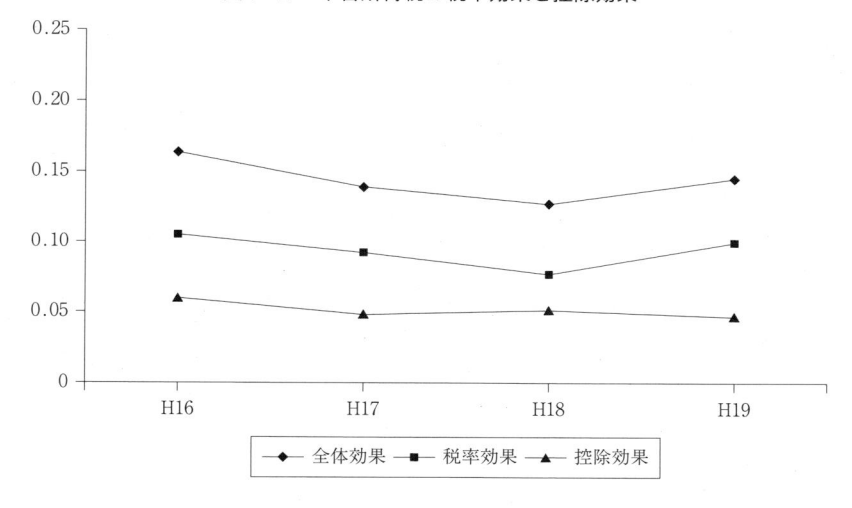

図 7-2 申告所得税の税率効果と控除効果

きる。ところが、源泉所得税に関しては、所得控除後の課税標準額のデータが明らかにされていないため、この種の要因分析を行うことはできない。

図 7-2 は、平成16年から平成19年までの申告所得税全体の再分配効果を税率効果と控除効果に分けて示したものである。これによると、平成18年から平成19年にかけての税率効果は、0.076から0.099へと上昇するのに対して、控除効果は0.050から0.046へと低下している。こうした変化にともなって、同期間の全体効果に対する税率効果の寄与率も60.1％から68.3％に上昇する半面、控除効果のそれは39.9％から31.7％へと低下している。これらの結果から、税源移譲後における申告所得税全体の再分配効果の上昇は、もっぱら税率効果に起因しており、当初の予想どおり、今回の改革における所得税率の引き上げが現実に反映されたものとみることができる。

Ⅳ. 所得階層別の効果

次に、全体の再分配効果を所得階層別に把握することにより、税源移譲がい

表7-2 源泉所得税の所得階層区分

区　分	超（万円）	以下（万円）	n_k（人）	n_k/n
低所得階層・中所得階層（下）	100	100 200	9,631,881	0.2163
中所得階層（上）	200 300	300 400	14,599,911	0.3279
高所得階層（下）	400 500 600	500 600 700	13,760,269	0.3090
高所得階層（上・下）	700 800 900 1,000	800 900 1,000 1,500	6,005,524	0.1349
高所得階層（上・上）	1,500 2,000 2,500	2,000 2,500	532,607	0.0120
合　計			44,530,192	1.0000

ずれの所得階層間で、どのような変化をもたらしたかをみよう。

ここでも、第3章などでの分析手法に倣って、全体の所得階層を、源泉所得税および申告所得税について、それぞれ表7-2と表7-3に示されるようにグルーピングした[2]。以下ではこれらの階層別区分に従って、それぞれの所得階層間における再分配効果を推計する。なお、与えられた国税庁のデータでは、所得階級区分の所得基準が源泉所得税（控除前所得ベース）と申告所得税（控除後所得ベース）とで異なっている点に留意が必要である。

1. 源泉所得税のケース

まず、源泉所得税について所得階層別の再分配効果をみてみよう。図7-3に示されるとおり、分析対象期間を通じて、全体の再分配効果は、所得階級が高まるに従って強く働いている。この点は、より高い所得階層ほど適用される限界税率が上昇するため、それら上位の階層に対して税率による効果がより強くあらわれたからであると考えられる。

表7-3 所得階層区分（申告）

区　分	超（万円）	以下（万円）	n_k（人）	n_k/n
低所得階層	70	70 100	396,187	0.0532
中所得階層（下）	100 150	150 200	1,881,682	0.2529
中所得階層（上）	200 250 300	250 300 400	2,494,184	0.3352
高所得階層（下）	400 500 600	500 600 700	1,311,651	0.1763
高所得階層（上・下）	700 800 1,000	800 1,000 1,200	746,249	0.1003
高所得階層（上・上）	1,200 1,500 2,000 3,000 5,000	1,500 2,000 3,000 5,000 	610,840	0.0821
合　計			7,440,793	1.0000

　ここで、今回の改革が各所得階層にもたらした分配上の効果を、平成18年から平成19年についてみると、一つの特徴的な点が明らかである。それは、所得が1,500万円超の高所得階層（上・上）の再分配効果だけが0.309から0.386へと際立って上昇していることである。こうした変化は、課税所得が400万円超700万円以下の高所得階層（下）を除き、他のすべての所得階層において再分配効果が低下していることとは対照的である。これらの点から、第2節で示された税源移譲後における全体の再分配効果の上昇に対しては、とりわけ高所得階層（上・上）での効果がプラスに作用したものと考えられる。

2．申告所得税のケース

　同様に、申告所得税の所得階層別効果を示したのが図7-4である。これによると、源泉所得税とは異なり、平成16年を除き、所得階級が高まるにつれて

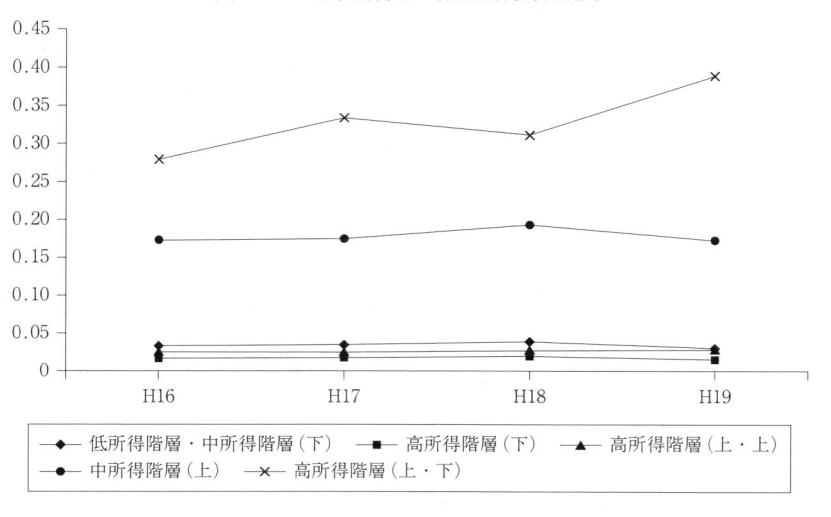

図7-3　源泉所得税の階層別再分配効果

凡例：◆ 低所得階層・中所得階層（下）　■ 高所得階層（下）　▲ 高所得階層（上・上）
● 中所得階層（上）　× 高所得階層（上・下）

再分配効果も強くなるといった傾向はほとんど認められない。確かに、分析対象期間を通じて、所得が400万円超700万円以下の高所得階層（下）および同所得700万円超1,200万円以下の高所得階層（上・下）については、他の所得階層に比してより高い水準で推移している。ところが、所得が1,200万円超の高所得階層（上・上）における効果は、平成16年（0.161）から平成18年（0.018）に急激に低下し、平成19年（0.014）では、ここでの所得階層区分のなかでは、最も低い水準となっている。

このような所得階層別の再分配効果の動きを、税率効果と控除効果に分けて示したのがそれぞれ図7-5と図7-6である。これらから、それぞれの効果を全体の効果と対比させると、当該期間を通じて控除効果が比較的安定的に推移するのに対して、税率効果は、全体の効果と同様な動きを示しているのがわかる。これにより、申告所得税の階層別の再分配効果は、税率の効果によってほぼ説明することが可能であり、先にみたような高所得階層（上・上）における際立った動きも、ほとんど税率効果に起因するとみられる。

ここで、改めて平成18年と平成19年における再分配効果の変化に注目すると、

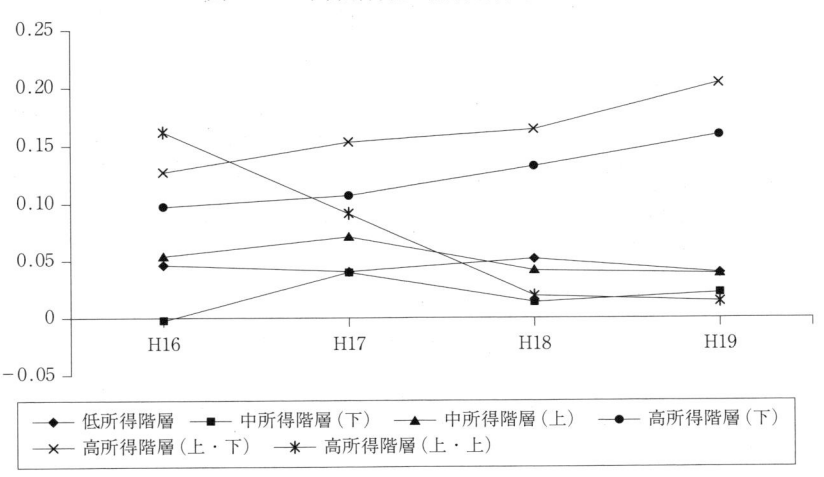

図7-4　申告所得税の階層別再分配効果

凡例：低所得階層／中所得階層（下）／中所得階層（上）／高所得階層（下）／高所得階層（上・下）／高所得階層（上・上）

高所得階層（下）が0.131から0.159に、高所得階層（上・下）が0.164から0.204にそれぞれ上昇しているように、比較的高所得の階層において再分配効果が高まっているのがわかる。しかしながら、最も高い所得階層区分である高所得階層（上・上）では、0.018から0.014へとほとんど変化しておらず、低所得階層および中所得階層（上）でも僅かながら低下を示している。

これらの結果から、税源移譲による申告所得税の再分配効果の高まりは、主として所得が400万円超700万円以下の高所得階層（下）、および同所得700万円超1,200万円以下の高所得階層（上・下）の効果が強く反映されて生じたものと推定される。

V．最高所得階層における効果

1．階級別の平均税率

では、1,200万円超の高所得階層（上・上）では、何ゆえに再分配効果がほと

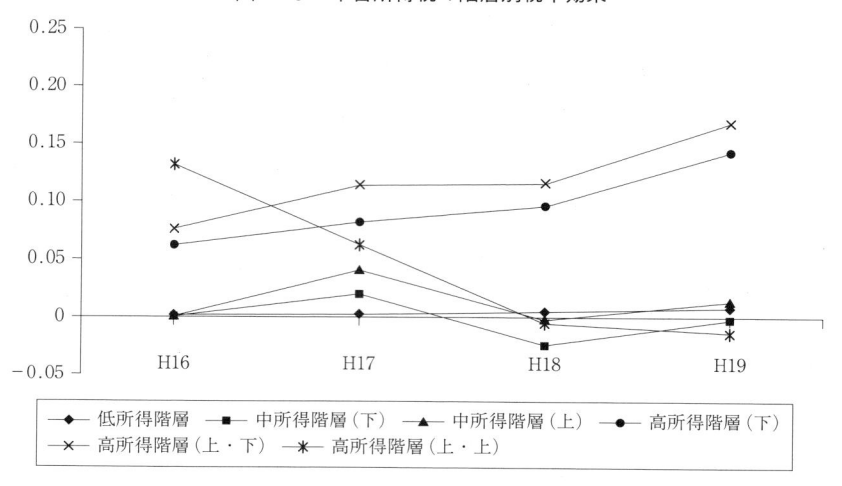

図7-5　申告所得税の階層別税率効果

凡例：
- ◆ 低所得階層
- ■ 中所得階層（下）
- ▲ 中所得階層（上）
- ● 高所得階層（下）
- × 高所得階層（上・下）
- ＊ 高所得階層（上・上）

んど変化しなかったのであろうか。この階層内では、1,800万円以下で30％から33％に、1,800万円超では37％から40％に限界税率がそれぞれ引き上げられたことから、源泉所得税のケースと同様に、その効果は高まることが予想される。だが、先の推計では、同階層内の再分配効果が改革後において顕著に上昇するという事実は認められなかった。

限界税率の引き上げは、税率効果の上昇としてあらわれるはずであるが、前節の図7-5で示されるとおり、高所得階層（上・上）の税率効果は、平成16年から平成18年にかけて段階的に低下した後、平成18年から平成19年にかけてはほとんど変化していない。

そこで、これらの動きを説明するため、この間における、これら最高所得層の階級別平均税率を示したのが図7-7である[3]。それによると、平成16年では、所得階級が高まるにつれて着実に平均税率が上昇しており、最高所得階層において累進的な負担がされていることがわかる。ところが、平成17年以降では、所得階級が5,000万円以下から5,000万円超に上がると平均税率が2％ポイント低下するというように、これらの階級間において逆進的な負担構造となってい

第7章 税源移譲後における所得税の再分配効果 185

図7-6 申告所得税の階層別控除効果

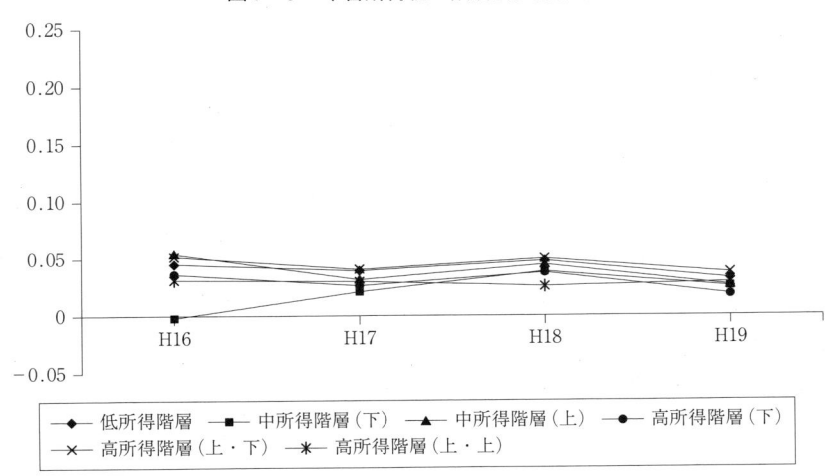

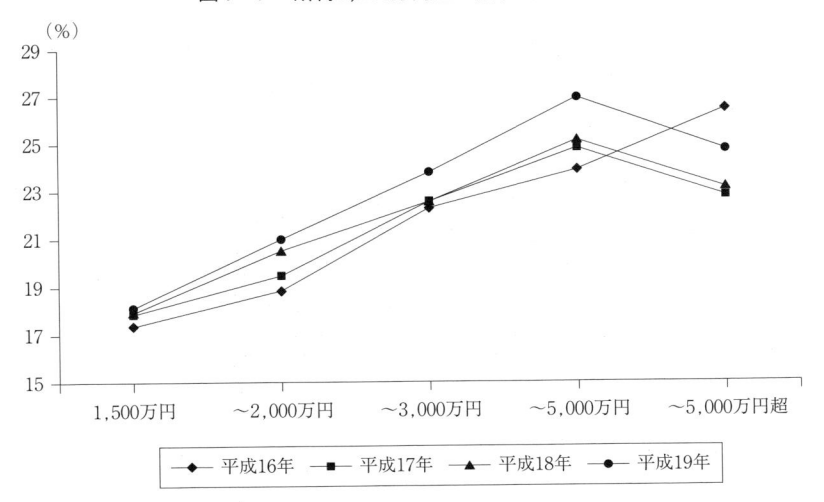

── ◆ ── 低所得階層　── ■ ── 中所得階層（下）　── ▲ ── 中所得階層（上）　── ● ── 高所得階層（下）
── ✕ ── 高所得階層（上・下）　── ✳ ── 高所得階層（上・上）

図7-7 所得1,200万円超の階級別平均税率

── ◆ ── 平成16年　── ■ ── 平成17年　── ▲ ── 平成18年　── ● ── 平成19年

表7-4 所得1,200万円超の納税者の総所得に占める分離所得の割合

(単位:％)

平成16年	株式譲渡所得	長期土地譲渡所得	短期土地譲渡所得	分離所得合計
～1,500万円	1.7	7.3	0.1	9.1
～2,000万円	1.9	9.6	0.1	9.1
～3,000万円	2.4	13.8	0.1	16.4
～5,000万円	3.3	18.1	0.2	21.5
5,000万円超	18.0	25.3	0.2	43.4
平成17年	株式譲渡所得	長期土地譲渡所得	短期土地譲渡所得	分離所得合計
～1,500万円	3.3	7.4	0.1	10.8
～2,000万円	3.7	9.4	0.1	13.2
～3,000万円	4.6	13.5	0.2	18.2
～5,000万円	5.5	18.0	0.2	23.7
5,000万円超	27.1	23.2	0.4	50.7
平成18年	株式譲渡所得	長期土地譲渡所得	短期土地譲渡所得	分離所得合計
～1,500万円	2.6	7.6	0.1	10.3
～2,000万円	2.8	9.7	0.1	12.6
～3,000万円	3.4	13.9	0.2	17.4
～5,000万円	4.2	18.7	0.3	23.2
5,000万円超	22.8	26.4	0.6	49.8
平成19年	株式譲渡所得	長期土地譲渡所得	短期土地譲渡所得	分離所得合計
～1,500万円	2.1	7.3	0.1	9.5
～2,000万円	2.3	9.2	0.2	11.7
～3,000万円	3.0	13.5	0.2	16.7
～5,000万円	3.9	18.5	0.3	227
5,000万円超	21.2	27.9	0.5	49.6

出所:国税庁『税務統計から見た申告所得税の実態』より作成。

る。

このような最高所得層における負担構造の変化をもたらした制度的要因として考えられるのが、分離課税の存在である。第1節で言及した、過去における2度の再分配効果の顕著な落ち込み（ボトム効果）が土地等の長期譲渡所得への分離課税に起因していたことは第3章で詳細に議論したとおりである。こうした資産所得などに対する低率の分離比例課税の利用は、本来累進課税の下で高い限界税率が適用されるはずであった高所得者の平均税率を大幅に低下させることを通じて、所得課税全体による再分配効果を著しく弱める可能性がある。

2．分離課税の効果

現行所得税において分離比例課税の対象となる所得のうち、所得階級別のデータが入手可能なものとしては、①株式等の譲渡所得等、②所有期間が5年超である土地・建物等の長期譲渡所得、③所有期間が5年以下である土地・建物等の短期譲渡所得、の3つがある。そこで、表7－4は、高所得階層（上・上）の総所得に占めるこれら分離所得の割合を示している。同様に、表7－5と表7－6は、申告納税者1人当たりの株式譲渡所得および長期土地譲渡所得の金額とその対前年変化率をそれぞれ示したものである。

表7－5　所得1,200万円超の階級における1人当たり株式譲渡所得と長期土地譲渡所得

(単位：百万円)

株式譲渡所得	平成16年	平成17年	平成18年	平成19年
～1,500万円	3.9	4.5	4.1	4.0
～2,000万円	5.4	6.3	5.7	5.3
～3,000万円	8.0	9.6	8.3	8.2
～5,000万円	13.4	1.3	13.6	13.7
5,000万円超	115.5	140.7	137.7	140.9
長期土地譲渡所得	平成16年	平成17年	平成18年	平成19年
～1,500万円	9.6	9.6	9.7	9.7
～2,000万円	12.8	12.8	12.9	13.0
～3,000万円	18.6	18.6	18.7	19.0
～5,000万円	29.7	30.1	30.3	30.7
5,000万円超	85.2	89.3	96.0	101.1

出所：国税庁『税務統計から見た申告所得税の実態』より作成。

表7－4から、平成16年から17年にかけて、とりわけ5,000万円超の階級での株式譲渡所得の割合が18%から27%へと顕著に拡大しており、そのことが同階級での分離所得合計の総所得に占めるウェイトを大きく高めることになったことがみてとれる。表7－5においても、この最高所得階級の1人当たり株式譲渡所得額は、1億1,5500万円から1億4,090万円へと増大している。もっとも、1人当たり株式譲渡所得額はそれ以下の階級でも増大しているが、階級別の各所得の対前年変化率を示した表7－6から、この間における同所得額の上昇率は、5,000万円超の階級で最も高くなっているのが確認される。これらの点から、平成16年から翌年にかけて所得1,200万円超の階層で税率効果が著しく低下したのは、主に5,000万円超の最高所得階級における株式譲渡所得の増大によって同階級における平均税率が大幅に低下したからであると考えられる。

次に、平成17年から18年にかけての動きはどうか。図7－5にみられたように、

表7-6 所得1,200万円超の階級における株式譲渡所得と長期土地譲渡所得の対前年変化率

(単位：%)

株式譲渡所得	平成17年	平成18年	平成19年
～1,500万円	14.5	-8.3	-2.8
～2,000万円	17.1	-10.0	-6.0
～3,000万円	19.8	-13.4	-1.5
～5,000万円	14.3	-11.2	0.8
5,000万円超	21.7	-2.1	2.3
長期土地譲渡所得	平成17年	平成18年	平成19年
～1,500万円	0.1	0.3	0.1
～2,000万円	-0.1	0.4	0.6
～3,000万円	-0.1	0.7	1.1
～5,000万円	1.3	0.8	1.1
5,000万円超	4.9	7.5	5.3

高所得階層（上・上）における税率効果はこの年にも引き続き低下しているが、この点は必ずしも平均税率を示した図7-7にあらわれておらず、表7-4における階級別の分離所得割合もあまり変化していない。しかし、表7-5に示される1人当たりの長期土地譲渡所得額は、この間最高所得階級のみ8,900万円から9,600万円へと大きく伸長しており、その増加率（7.5％）はそれ以下の階級に比べて際立っている（表7-6）。同様に、株式譲渡所得の変化率をみても、他の階級が総じて-10％前後であったのに対して、最高所得階級では-2％の減少で止まっている。結局、このような最高所得階級での個人レベルにおいて、これら分離所得の特定の個人への集中度が引き続き高まったことが、この期間の税率効果の低下をもたらしたものと予想される[4]。

では、以上のような趨勢に反して、平成18年から19年において税率効果がほとんど変化しなかったことはどのように解釈されるであろうか。図7-7から、平成19年では、税率の引き上げを反映して、比較的高所得の階層において平均税率がそれまでの年に比べて一様に上昇している一方で、所得5,000万円以下の階級から5000万円超の階級にかけては依然として平成18年と同様に平均税率が低下するという逆進的な負担構造となっている。このことは、最高所得階級において分離所得の比重がほとんど変わっていないことと整合的であるが、同時に①最高所得階級における1人当たりの株式譲渡所得と長期土地譲渡所得がそれぞれ増大していること（表7-5）や、②平成19年の同じ階級におけるそ

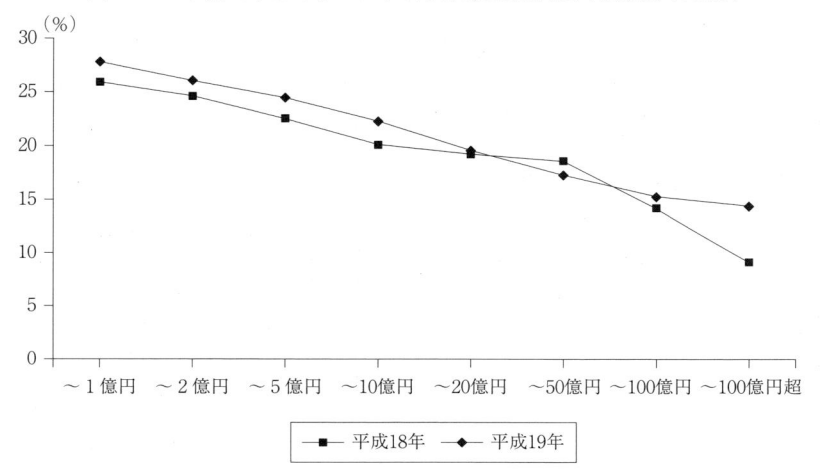

図7-8 平成18年と19年における所得5,000万円超の階級別平均税率

（横軸：～1億円、～2億円、～5億円、～10億円、～20億円、～50億円、～100億円、～100億円超）
（凡例：■ 平成18年　◆ 平成19年）

れら分離所得の伸長率が際立って高い（表7-6）といったように、逆再分配的な負担構造を強める要素も認められる。

　この点に関連して、図7-8は、平成18年と19年における所得5,000万円超の最富裕層について、その平均税率をより詳細な階級別に示している[5]。所得10億円までの階級では、平成18年から19年にかけて平均税率が2％程度上昇しているものの、所得10億円から100億円までの階級では平均税率がほとんど同じか、逆に平成19年の方が下回っているケースもある。このことは、1,200万円超の最高所得層における再分配効果を弱める方向に作用したとみられる。この点で、これら10億円超の所得階級における分離所得の集中度の高まりによるマイナスの効果が、限界税率の引き上げにともなうプラスの効果をある程度相殺した可能性が考えられる。つまり、比較的高所得の階層において平均税率が上昇している点において再分配効果はプラスに作用したとみられる反面、これら最高所得階級における逆進的な負担構造が強まったことによって、1,200万円超の高所得層全体としての再分配効果はほとんど変化しなかったと推測されるのである。

VI. むすび

これまでの分析で得られた結果を要約すると、以下のとおりである。
(1) 国税の再分配効果は、税源移譲が実施された平成19年において源泉所得税および申告所得税の両者ともに上昇する。申告所得税に関しては、全体の再分配効果の上昇に対し、税率効果が大きく寄与している。
(2) 全体の再分配効果を所得階層別に分解すると、源泉所得税については、より高い所得階層ほど、再分配効果が相対的に大きくなるといったように、限界税率の上昇の影響が顕著に認められる。
(3) 一方、申告所得税の再分配効果は、特に所得金額400万円超から1,200万円以下の階層において、所得階級が上昇するにつれて大きくなっている。しかしながら、1,200万円超の階層においては、予想に反してこのような傾向は認められなかった。
(4) 平成17年以降、分離課税対象所得の割合が最も大きい最高所得階級では、低率の比例課税が適用される長期土地譲渡所得あるいは株式等の譲渡所得等の影響を受け、その平均税率がそれ以下の階級よりも低くなるという逆進的な負担構造がみられる。
(5) 1,200万円超の階層における申告所得税の再分配効果が税源移譲後にもほとんど変わらなかったのは、限界税率の引き上げにともなうプラスの効果が逆進的な負担構造が強まったことによるマイナスの効果によってほぼ相殺されたからであると考えられる。

以上みてきたとおり、平成19年における税源移譲をともなう改革は、所得税の再分配効果を一定程度引き上げる結果となっている。その意味では、税率引き上げを通じて国税の再分配機能の強化を図るという政策当局の目標は、一応は達成されたと評価できる。しかしながら、少なくとも申告所得税に関する限り、そのような効果の高まりは所得階級が400万円から1,200万円までの中堅所

得層における効果の上昇によって引き起こされたものであり、それよりも高い所得層での再分配効果は限界税率の引き上げにもかかわらず必ずしも高まっていない。そうした要因の一つとして、所得税全体の平均税率を引き下げる作用をもつ、低率の分離比例課税の存在が無視できない。

昨今、いわゆる「格差問題」に対する意識の高まりを受けて、所得再分配の観点から、所得税の最高税率引き上げを検討すべきとの意見も出されてきている。だが、本章の結果が示唆するところによれば、所得の高い階層ほど分離課税の対象となる譲渡所得の実現を操作する余地が大きくなることから、総合課税の最高税率引き上げを通じた再分配の強化にはある程度の限界が存在すると想定される。

とりわけ土地譲渡所得に対する税制上の扱いは、第3章における分析で示されたとおり、所得課税の再分配効果を大きく左右する。もっとも株式譲渡所得の総合課税化がグローバル化の進展した今日において、効率性の観点から困難であることは否定できないとしても、供給弾力性の低い土地の譲渡所得については必ずしもこの限りではない。地価は株価に比べて短期的なボラティリティが低いため、第1章で検討したような課税ベースの安定性という点でも、土地のキャピタル・ゲインは株式のそれよりも総合課税化による問題は小さいとみられる。所得税の再分配機能を高めていくという観点からは、その分離課税の見直しを含めた、土地譲渡所得に対する課税強化も今後の所得税改革における重要な検討課題の一つであると考えられる。

注
1) タイル尺度およびそれを用いた再分配効果の詳細な推計方法については、第3章を参照。
2) ここでも、第3章等と同様に、階層別区分は、全体の人数nに占める各階層の人数n_kのシェア$\frac{n_k}{n}$を基準として行った。
3) ここでいう平均税率とは、課税所得金額に対する算出税額の比率であり、われわれが定義する税率効果そのものの大きさをあらわしている。
4) 表7-4では、階級別の集計データに基づいた総所得に占める分離所得の比重を示しているにすぎないので、個人レベルで分離所得を得る者の所得に占める分離所得の割合がどうであるか必ずしも明らかでない。

5) 平成18年以降の『税務統計から見た申告所得税の実態』では、階級別合計所得の分布と課税状況をあらわすに際しての階級区分が5,000万円超の階級について、図7-8に示されるように、それ以前の総括表よりも細かく区分されている。

【参考文献】

Atkinson, A. B. [1970] "On the measurement of inequality", *Journal of Economic Theory*, vol. 2, pp. 244-63.

Kakamu, K. and Fukushige, M. [2009], "Multilevel Decomposition Methods for Income Inequality Measures", *The Japanese Economic Review*, vol. 60, No. 3, September, pp. 333-344.

Lambert, P. J. [2001] *The Distribution and the Redistribution of Income*, Manchester University Press.

跡田直澄・橋本恭之・前川聡子・吉田有里［1999］「日本の所得課税を振り返る」『フィナンシャル・レビュー』第50号、29-92頁。

石弘光［2008］『現代税制改革史』東洋経済新報社。

佐藤進・宮島洋［1982］『戦後税制史（増補版）』税務経理協会。

田近栄治・古谷泉生［2000］「日本の所得税──現状と理論──」『フィナンシャル・レビュー』第53号、129-161頁。

諸富徹編［2009］『グローバル時代の税制改革──公平性と財源確保の相克──』ミネルヴァ書房。

【参考資料】

国税庁『税務統計から見た申告所得税の実態』各年版。
国税庁『税務統計から見た民間給与の実態』各年版。

索　引

【あ行】

移転原理 ……………………………… 156, 173
営業所得者 ……………………… 69, 79-83, 86, 97

【か行】

課税標準額 ……… vi, 72, 73, 102, 126, 130, 133, 134, 138-140, 144, 151, 159, 160, 168, 171, 172, 174, 178, 179
株式キャピタル・ゲイン ……………………… 25, 26
株式譲渡益課税制度 ……………………… iii, 33, 36, 38
株式譲渡所得 ………… 50, 58, 104, 187, 188, 191
帰属家賃 ……… iv, 5, 42, 43, 45-47, 49, 50, 57-60
逆進的な負担構造 ……………… vi, 184, 188-190
キャッシュフロー・ベース ………… 42, 43, 50
給与所得控除 ……………………… 8, 13, 174
寄与率 …… 77, 88, 90, 94, 113, 125, 136, 139, 179
勤労所得 ……… iii, iv, 4, 12, 13, 17, 24, 34-37, 41-44, 49-60
グループ間タイル尺度 ……… 68, 69, 76, 82-84, 97, 102, 108, 113, 125
グループ内タイル尺度 ……… 68, 69, 76-79, 82, 84, 94-97, 102, 108, 109, 113
源泉所得税 …… v, vi, 50, 145-149, 151, 152, 176-181, 184, 190
源泉分離課税 ……………………… ii, 33, 126
控除効果 …… iv, v, 66, 72-74, 86, 88, 90, 91, 95, 96, 103, 113-115, 126, 130, 133, 135, 136, 139-144, 164, 165, 167, 172, 176, 178, 179, 182
高所得階層 ……… iv-vi, 69, 87-89, 91-93, 95, 96, 103, 113-116, 124, 125, 135, 168-170, 181-184, 187
公的年金等控除 ……………………… 8, 38
国税所得税 ……… v, vi, 145, 146, 148, 149, 152, 161, 175-178
個人所得課税 ……………………… 129, 130, 145

【さ行】

最高限界税率 ……………………… 158
再分配係数 …… v, vii, 65-68, 75, 81, 84, 86, 87, 94, 96, 101, 106, 113, 114, 126, 129, 131, 148, 151, 177, 178
再分配効果 …… ii, iv-viii, 65-69, 72-76, 81, 84-88, 90-97, 101-103, 105, 106, 113, 125, 129-136, 138, 139, 142-151, 155-159, 164, 165, 167-184, 186, 189-191
再分配政策 …… v, 106, 129, 130, 132, 145, 149-151, 175
三位一体改革 ……………………… ii, 129, 175
市町村民税 …… v, vi, 101-106, 108, 124-126, 130, 132-136, 139-145, 147-151, 159, 161-165, 167, 168, 172-175
市町村民税所得割 …… v, 101, 103, 134-136, 138, 139, 141, 146, 149, 152, 175
実現キャピタル・ゲイン …… iii, iv, 3, 4, 25, 26, 28, 29, 31, 34-36, 38, 42, 43, 46
実現キャピタル・ゲインおよびロス ………… 3, 4
実効税率 ……… iv, 52, 55-57, 60, 103-105, 116, 117, 124, 125
ジニ係数 ……… 65-68, 74-76, 95, 96, 101, 105, 106, 129, 131
資本所得 ……… iii, iv, 4, 12, 13, 17, 24, 25, 34, 35, 37, 40-47, 49-51, 54-60
ジャンピング効果 …… 75, 85-88, 90, 94, 95, 177
住民税のフラット化 ……… v, 129, 149, 151, 155, 156, 159, 163, 172, 175
譲渡所得 …… ii, iv-vii, 39, 43, 47, 50, 52, 54, 60, 86, 91-93, 95, 97, 104, 117, 124, 126, 133, 135, 141, 186-188, 190, 191
消費者負債利子 ……………………… 44, 48, 59
所得控除 …… vii, 4, 7-9, 13, 60, 65, 72, 73, 90, 91, 104, 115, 117, 125, 130, 135, 138-140, 156-158, 160, 173, 174, 178, 179
所得控除制度 ……………………… 155
所得の密度関数 ……………………… 156
申告所得税 …… ii, iv-vi, 50, 65, 66, 69, 74, 76, 84, 86, 91, 93, 94, 96, 106, 126, 145-149, 152, 176-183, 190, 192
申告分離課税 ……………………… ii, 33
税額控除 …… vii, 60, 65, 90, 91, 95, 97, 104, 126, 135, 150, 160, 161, 173, 175
税源移譲 ……… ii, v, vi, 149, 155, 156, 159, 160,

162-165,167-177,179,181,183,190
税収中立 …… iii,41,42,49,50,58,156-159,163
税収中立税率 ……………… 159,163,170-172
税収予測 ………………… 155,159,163,164
税務統計 … iv,viii,4,46,65,69,96,126,130,192
税率改正 ……………………………… 138,144
税率効果 …… iv-vi,66,72-74,86,88-91,95,96,
  103,113,114,130,133,135-144,150,164,165,
  167,168,172,176,178,179,182,184,187,188,
  190,191
税率のフラット化 …… 95,155,156,159,167,177
総合課税を行った者 …… 133,134,140-142,150,
  151
増収税率 ……………… 159,163,167,170,172
租税特別措置 …………………………………… 91
その他事業所得者 ……… 69,79,81-83,85,95,97
その他所得者 … iv,69,78,82-86,93,95,133,151
損益通算制度 ………………………………………… 4

【た行】

退職所得控除 ………………………………… 8,9
タイル尺度 …… iv,65-69,72-79,82,84,94-97,
  101,102,105,106,108,109,113,126,130-133,
  151,164,168,177,178,191
地方住民税 ……… ii,v,vi,viii,129-132,142,145-
  149,151,152,155,156,159-164,168-175
中所得階層 ……… vi,69,86-89,91,95,103,109,
  113-115,117,125,168-171,174,183
超過累進税率 ………………………… 114,138,144
調整控除額 ……………………………… 161,173
低所得階層 ……… 69,86,88,91,103,109,113-
  117,124-126,168-170,183
定率減税 ……… ii,59,60,90,95,104,126,150,
  160,161,175
道府県民税 …… v,130,132,133,142-144,146-
  148,151,159,161-165,167,172-174
土地等の譲渡所得 ………………………… ii,46,50

【な行】

二元的所得税 …… iii,4,37,41-44,49,50,54,55,
58,59,61
農業所得者 ……………… 69,80-82,86,133,151

【は行】

発生キャピタル・ゲインおよびロス ……… 3,4,
  18,21,23
発生主義 ………………… iii,12,19,21,23-25,39
比例課税 ……… iv,vi,41,92,95,141,186,187,
  190,191
負担分任の原則 ……………………… 101,106,163
不平等指標 ………………… 75,156,158,177
不平等度 …… 66-69,75,77,80,81,94,102,108,
  131,173
フラット税率の税表 ………… 156-158,169,170
分配中立 ………………………………… vi,176
分離課税 …… ii,v,vi,41,92,104,124,125,133,
  134,186,187,190,191
分離課税を行った者 …… 133-135,140-142,150
分離短期譲渡所得 ……………………………… 43
分離長期譲渡所得 ……………………………… 43
平均実効税率 …… 49,50,55-58,60,116,117,126
変動係数 ………………… 13,24,25,34,35
包括的所得課税ベース ………… iii,3,4,34,37,38
ボトム効果 …… ii,iv,75,85-89,91,94,95,177,
186

【や行】

要因分解 …… iv,65-69,72,76,96,101,102,131
要素所得課税ベース …… 3,4,12,13,17,18,23,
  37,38,42,43,46

【ら行】

利子控除 ………………… 42-44,47,50,57,59,60
累進課税 ……………………… 41,65,92,125,186
累進税率 ……… i,ii,116,135,137,138,144,150,
  156,157,169,170,175
ローレンツ曲線 ………………………………… 155
ローレンツ優位 ………………… 155,157,158
ローレンツ劣位 …… 157,159,163,164,168,170,
172

【著者紹介】

望月正光（もちづき・まさみつ）

関東学院大学経済学部教授

1951年山梨県に生まれる。1984年東京都立大学大学院社会科学研究科博士課程満期退学。2003年大阪市立大学博士（経済学）。関東学院大学経済学部専任講師、助教授を経て、1997年より現職。現在、関東学院大学経済学部長を兼務。

主要著書に、（単著）『公債と政府部門のストック分析──新SNAからみた累積公債──』白桃書房、1997年、（編著）『第三セクター』東洋経済新報社、2007年、（編著）『財政学（第3版）』創成社、2009年など。

野村容康（のむら・ひろやす）

獨協大学経済学部准教授

1970年大阪府に生まれる。1999年早稲田大学大学院経済学研究科博士後期課程満期退学。財団法人日本証券経済研究所研究員・主任研究員を経て、2004年より現職。公益財団法人日本証券経済研究所客員研究員を兼務。

深江敬志（ふかえ・けいじ）

青山学院大学経済学部・関東学院大学経済学部非常勤講師

1975年宮崎県に生まれる。2004年青山学院大学大学院経済学研究科博士後期課程満期退学。青山学院大学経済学部助手を経て、2007年より現職。

所得税の実証分析──基幹税の再生を目指して──

2010年8月18日　第1刷発行　　　　定価（本体4200円＋税）

著　者　　望　月　正　光
　　　　　野　村　容　康
　　　　　深　江　敬　志
発行者　　栗　原　哲　也
発行所　　株式会社　日本経済評論社
〒101-0051　東京都千代田区神田神保町3-2
電話　03-3230-1661　FAX　03-3265-2993
info@nikkeihyo.co.jp
URL：http://www.nikkeihyo.co.jp
装幀＊渡辺美知子　　印刷＊文昇堂・製本＊高地製本所

乱丁・落丁本はお取替えいたします。　　　　Printed in Japan
Ⓒ Mochizuki Masamitsu etc., 2010　　ISBN978-4-8188-2108-8

・本書の複製権・翻訳権・上映権・譲渡権・公衆送信権（送信可能化権を含む）は、
　㈳日本経済評論社が保有します。

・JCOPY〈出版者著作権管理機構　委託出版物〉
　本書の無断複写は著作権法上での例外を除き禁じられています。複写される場合は、
　そのつど事前に、㈳出版者著作権管理機構（電話03-3513-6969、FAX03-3513-6979、
　e-mail: info@jcopy.or.jp）の許諾を得てください。

斉藤美彦・須藤時仁著
国債累積時代の金融政策
A5判　三八〇〇円

国債累積の金融政策への影響、金融調整手段の変貌、中央銀行の独立性の問題点について多面的かつユニークな視点から実証的に検討し、新時代の金融政策のあり方を展望する。

斉藤美彦著
金融自由化と金融政策・銀行行動
A5判　三三〇〇円

金融自由化が進展する過程でわが国の金融政策がどのような変遷をたどったか、その影響を受けて銀行がどのように行動し、金融システムの大変革へと結びついたかを検討する。

斉藤美彦著
イギリスの貯蓄金融機関と機関投資家
A5判　三八〇〇円　オンデマンド版

友愛精神により創設された英国の貯金金融政策（住宅金融組合等）は、いま、吸収合併、銀行への転換を迫られている。金融自由化を背景に、機関投資家との関連で分析する。

須藤時仁著
国債管理政策の新展開
―日米英の制度比較―
A5判　五五〇〇円

国債の大量発行、それにともなう残高の急増により、国債管理政策の整備が求められている。本書は英米の制度とその効果を実証的に考察し、わが国における整備の方向性を解明する。

須藤時仁著
イギリス国債市場と国債管理
A5判　五二〇〇円

英国における国債市場の効率性と管理政策を詳細に分析し、国債残高の急増するわが国の国債制度や市場改革のあるべき方向、課題を明らかにする。

（価格は税抜）　日本経済評論社